中国民间文学与文化研究丛书

安德明 董素山 主编

施爱东 著

民俗研究的学术派系

河北出版传媒集团

河北教育出版社

图书在版编目（CIP）数据

民俗研究的学术派系 / 施爱东著. –– 石家庄 : 河北教育出版社, 2023.12
（中国民间文学与文化研究丛书 / 安德明, 董素山主编）
ISBN 978-7-5545-8234-3

Ⅰ.①民… Ⅱ.①施… Ⅲ.①民俗学—流派—研究—中国 Ⅳ.①K892-34

中国国家版本馆CIP数据核字(2023)第243283号

书　　名	民俗研究的学术派系	
	MINSU YANJIU DE XUESHU PAIXI	
作　　者	施爱东	
策　　划	丁　伟　　田浩军	
出 版 人	董素山	
策划编辑	郝建东	
责任编辑	刘宇阳	
装帧设计	郝　旭	
出　　版	河北出版传媒集团	
	河北教育出版社 http://www.hbep.com	
	（石家庄市联盟路705号，050061）	
印　　制	河北新华第一印刷有限责任公司	
开　　本	787毫米×1092毫米　1/16	
印　　张	18	
字　　数	230千字	
版　　次	2023年12月第1版	
印　　次	2023年12月第1次印刷	
书　　号	ISBN 978-7-5545-8234-3	
定　　价	54.00元	

编 委 会

自　序

引进人才能开宗立派吗

经常有学者发出所谓"钱学森之问"：为什么中国科学技术没有得到充分发育，在现代科学史上"没有自己独特的创新的东西，老是'冒'不出杰出人才"？其实，钱学森自己对于这个问题早已给出了答案："一个重要原因是没有一所大学能够按照培养科学技术发明创造人才的模式去办学。"（《人民日报》2005 年 7 月 31 日第 1 版）

可是，许多事情就是这样，你明知道答案，但就是难以改变。每一步改革推动起来，都会遇到意想不到的阻力。此处行之有效的措施，施之于彼处，却很可能弄得鸡飞蛋打，落得一地鸡毛。就算是全盘照搬，具体落实的时候，也一定会加进利益相关方的不同实施细则。

关于"中国学派"的问题也是这样。学派问题在科学社会学是个常说常新的老话题，之所以能够常新，主要是因为科学界的社会环境一直在变化。但无论如何变化，关于学派是否成立，如何可能的话题，还是有相当多共识的。比如，每个学派都会有一套共同信奉的核心理念，每个学派会有一个或多个学术领袖或核心学者，诸如此类。

今天我们都在提倡建立中国学术的自主话语体系，许多高校都意识到了建立"学派"的重要性，于是，一方面投入财力物力刺激学术生产、催生学派建设，一方面积极引进高端人才，汇聚天下英雄共谋大业。前者是利是弊且不说它，后者却是明显违背学派建设常识的。

高薪引进高端人才有用吗？从学科建设的角度来说，对于加强研究机构的综合实力，活跃研究机构的学术对话等，都是有好处的，但是要从学派建设的角度来说，恐怕就是弊大于利了。

我们首先要搞清楚的一个问题就是：引进人才有可能开宗立派吗？答案是：很难。

学派领袖不仅要有独到的理论思想，还应具备学术领袖的社会地位，这些问题，都能够通过全球选拔和行政赋权来解决。但是，引进人才与既有科研人员之间的人际关系和范式磨合，却是无法通过经济和行政手段得到解决的。

学派不是一个单纯的社会组织，学派是思想、风格、理念的聚合。学派领袖必须具备"引领学术"和"团结同道"两方面的职能，不仅要有学术魅力，还得有人格魅力。一个吹毛求疵、专注个人名利、斤斤计较得失、热衷自我宣传、缺乏服务精神的"学科带头人"固然无法得到同事、同行的学术拥戴，一个临时引进的主任或所长，一样不可能在短时间内得到新同事的认同和拥戴，更加不可能在短时间内就与新同事达到学术理念和观点、方法上的高度融合。也就是说，引领学术和团结同道两方面，引进人才一样都做不到。

学派必须有一个金字塔式的人才结构，其中有学术领袖，有骨干分子，有理论拥趸。一个人单打独斗成不了学派，民俗学史上不乏这样的例子，第一代的周作人、第二代的刘魁立、第三代的刘宗迪，论成绩、论才华，都是一等一的好学者，但也正是因为才华高绝、个性鲜明，导致曲高和寡，难以模仿，虽然不乏叫好者，但是罕见追随者。

学者要想开宗立派，一定要发明一套适合于普通学者操作、方便追随者模仿的研究范式。在这一点上，华中师范大学的刘守华是最具典范性的，他的故事诗学研究范式非常简单，甚至可以归纳出清晰的写作公式：在确认故事类型的基础上，①描述该类型的形态特征，②回顾该类型的既有研究状况，③对该类型的历时传承和空间传播进行历史地理学的复原与描述，④对情节及母题内涵加以文化阐释，⑤在可能的情况下，对故事演述状况和传承语境进行描述和说明，⑥如果需要，还可从文艺学的角度进行美学分析。这套简便易行的操作公式为他赢得了一大批故事诗学的模仿者和追随者。不仅如此，刘守华在担任中文系主任期间，把青年教师黄永林收入旗下，成立了民间文学教研室，申报了民间文学硕士点，为自己的学生陈建宪申请了留校机会。此后，教研室不断发展壮大，黄永林升任学校副校长，陈建宪成为文学院副院长，学派建设渐现雏形。

典型的反例则是刘魁立对于"故事生命树"的形态学研究，尽管刘魁立的学术资源比刘守华多得多，但是他不大注重扶持和奖掖学生，研究范式也过于倚重个人的学术想象力，学生不易模仿，也不便操作，只能"孤峰耸立""自成一派"。另一典型的反例是刘宗迪，他甚至故意绕开青年学者的模仿可能，他在多次会议中公开声称论文有"三不写"：①别人写过的，他不写；②别人没写过但是别人能写的，他不写；③别人没写过但他认为别人也能写得跟他一样好的，他不写。这种风格等于从一开始就亮出了"你们别跟着我"的回避牌。

大凡开宗立派的学术领袖，不仅要在研究范式上传经送宝，在理论问题上解惑答疑，还要注意在学术评议、论文发表、课题评审等方面扶持、奖掖追随者，充分利用自己的学术影响力为追随者创造尽可能有利的发展条件。如此才有可能逐渐团结一批真诚的追随者，凝聚成一股有效的学术力量，打下开宗立派的基础条件。

目　录

第一章
民俗学的学派、流派与门派

科学发展中的学派建设，是科学哲学与科学社会学的核心话题之一，但是，中国的学派建设从 20 世纪 80 年代起步，至今的 40 年中，却始终没有取得突破性的进展，究其主要原因，是在中国的现实语境中，学派与门派、派系、小圈子始终密不可分。本书在厘清学派、流派、门派三者概念的基础上，以中国民俗学的学科建设为例，采用实证研究的方法，比照西方科学发展史与前沿学派理论，剖析了中国现代学术研究中口号先行、意志先行、关门立派等生态弊端，总结了科学学派形成的条件及其主要特征，提出了学派建设的三个要素，勾画了门派、学派、流派的递进路线图。

一、学派，以及流派、门派

什么是学派？虽然不同的科学哲学家有不同的解释，但大致有个最小公倍数，即如《现代汉语词典》所归纳的："同一学科中由于学说、观点不同而形成的派别。"[①] 本书出于分析讨论的需要，将之视作广义的学派。而狭义的学派，则是在广义的学派中排除了流派和门派之后的学术派系。

本书所说的流派，是指在学术史的书写中，史家为了叙述方便，对同一学科内相似理论基础，或相似研究风格的学者所做的类型归纳。也就是说，某某流派并不是当事人自己打出的旗帜，而是由学术史家归纳出来的学术派系。一般来说，那些具有某种派系共通性的学者，总是会信奉同一套理论体系，或者取法同

---

① 中国社会科学院语言研究所词典编辑室：《现代汉语词典》，商务印书馆，2012 年，第 1479 页。

一位学术宗师，每个学者都是该理论或该宗师派下的一脉支流，学术史家将其汇拢在一起，遂为流派。

刘锡诚曾按八种不同的学术取向，将20世纪中国民间文学史归结为八个流派的学术史。比如"文学人类学派"："以泰勒、安德留·兰和弗雷泽为代表的英国人类学派神话学，是最早引进中国的民间文艺学外国学术流派。20世纪上半叶，被一些知名的文学理论家和民间文艺学家传入，并用来研究中国的神话和民间故事，在中国民间文艺学，特别是神话、传说、故事等叙事体裁的研究领域里，曾经占有压倒性的地位。"① 不过，被刘锡诚视作该派代表的周作人、沈雁冰、赵景深、黄石、谢六逸等，虽然都曾译介和应用过人类学派神话学的理论和方法，但相互之间并没有学术互动，也从未打出过学派旗帜，"文学人类学派"是由学术史家刘锡诚归纳命名的。

至于门派就更好理解了，我们可以取《辞海》的定义——"一门学问中由于学说师承不同而形成的派别"。② 简单地说，就是出自同一师门，学术取向或学术观点相近的师承性学术派系。由于中国学术界特别注重师承关系，所以，门派是中国学术界数量最多、旗帜最鲜明、派系色彩最重的一种学术派系。

一般来说，由师门而结成的学术派系并不需要有什么独到的理论思想或方法论体系，只要导师名气够大，门下学生众多，有一两个可以拿来说项的理论主张，就可以对外宣称为"某某学派"。比如："中国科学哲学'语境论学派'指称的是以郭贵春教授为学术领袖的一个'师承型'（或者'师生合作型'）学派。这一学派以教育部人文社会科学重点研究基地'山西大学科学技术哲学研究中心'为学术共同体基础，以《科学技术哲学研究》和各种学术会议为学术交流平台。"③ 郭贵春曾经担任山西大学校长，其学派主要成员都是本校旧属和学生。

广义的学派中，排除了流派和门派，就是我们将要重点讨论的狭义的学派。

---

① 刘锡诚：《中国民间文艺学史上的文学人类学派》，《湖北民族学院学报》2004年第4期。
②《辞海》编辑委员会：《辞海》，上海辞书出版社，2000年，第1360页。
③ 韩彩英：《学派观念和中国科学哲学"语境论学派"的学术特色》，《学术界》2011年第5期。

本书将狭义的学派定义为同一学科的部分学者，因为观点相近或志趣相投，具有大致相同的理论倾向，能够操作相同的学术符号系统，自发结成的学术共同体。下文所称学派，均用其狭义概念。

学派不同于流派的特征有三：

（一）学派是学者自发组成的有派别意识的学术共同体，学派成员之间有明确的共同体意识；而流派是由学术史家归纳出来的，其成员本身未必有共同体意识。

（二）学派是一种现实组合，有学派领袖及核心成员；流派虽然也有共同取法的理论源头或学术宗师，但是该宗师或者是已经去世的前辈大师，或者是国外的理论大家，并没有在现实中领导着该流派。

（三）学派成员之间有经常性的学术互动；流派成员虽然宗法同一理论范式，但并不必然存在互动关系。

学派不同于门派的特征亦有三：

（一）学派是同一学科内的学缘关系，是志趣相投的学者之间的松散联盟，成员可进可退，相互之间没有人事上的约束关系；而门派是一种拟亲属关系，是同一师门之间的学术联盟，同辈往往互称师兄师弟，客观上带有一定的强制性。

（二）同一学派的成员往往操作相似的学术符号；而同一门派的学者则未必如此，他们只是在同一个学术机构或者同一位导师门下取得学位，彼此志趣可能相差很远，但他们都会共同参与机构项目或导师课题，在导师指定的方向上各自展开论述。

（三）学派领袖的地位主要是依靠学术思想与学术成果获得的，因而是动态的、开放的、多元的；而门派领袖则是由师承关系注定的，因而是稳定的、封闭的、独尊的，只要是开派祖师还没有退出学术江湖，所谓的第二代掌门人就只能是"影子领袖"。

当然，学派与流派、门派之间的界限，亦如故事与神话、传说之间的界限，是相对的而非绝对的。本章将用作例证讨论的三个民俗学派，吕微倡导的"实践民俗学"，最符合上述狭义学派界定；但朝戈金领导的"口头传统"研究团队，却远承帕里－洛德理论，近接弗里的口头传统大旗，是个具有流派特征的学派；而刘守华培育的"故事文化学派"，则是以华中师范大学为中心，辐射全国的故事学共同体，是个由门派发展而成的学派。

二、学派只能形成于学科发展的成熟阶段

学派形成是学科成熟的主要标志之一，学派为新思想新理论提供了生存空间，这些观点已经有无数的学术史家以及科学哲学家论述过了。"科学家的创造活动无法离开某个共同体或学派，这是科学发展的一条重要规律。"[①]

但在中国的文化语境中，"派系""派别""某某派"往往都被视作负面色彩的概念，因而很多学者会忌讳被贴上派系标签。检索"中国知网"，1978 年之前的论文中大凡出现"学派"二字，多是国外科学流派的介绍或批判，涉及中国现代学术的，只有几篇针对"新红学派"的批判文章。1978 年末，《历史研究》评论员文章《提倡不同学派平等地讨论问题》，在思想文化界率先发出了"允许各种学派存在，允许各种学派从不同角度，不同方面，不同领域去探索真理，进行争鸣"[②]的声音。以 1978 年为界，此前的《华中工学院学报》刚刚发表《哥本哈根学派必须彻底批判》[③]；此后的《哲学研究》立即发表《爱因斯坦与哥本哈根学派——斥"四人帮"的"互相攻讦"论》[④]，给予伟大的量子物理学家玻尔及其创立的哥本哈根学派以高度的学术评价。

1980 年，《复旦学报》发表《提倡标新立异，鼓励学术流派》的倡议，声明从 1980 年第 1 期起，该刊将开辟"学术流派评介"专栏，倡议说："我们坚信，即使因此出点毛病，闹点笑话也是能够得到大家谅解的，而敢于独树一帜的无所顾忌的精神，总是有利于科学的发展，应该大力倡导的。"[⑤]但是，这一倡议在

---

① 刘大椿：《科学活动论》，中国人民大学出版社，2010 年，第 222 页。
② 本刊评论员：《提倡不同学派平等地讨论问题》，《历史研究》1978 年第 12 期。
③ 雷式祖：《哥本哈根学派必须彻底批判》，《华中工学院学报》1976 年第 2 期。
④ 沈小峰、陈浩元：《爱因斯坦与哥本哈根学派——斥"四人帮"的"互相攻讦"论》，《哲学研究》1979 年第 5 期。
⑤ 本刊编辑部：《提倡标新立异，鼓励学术流派》，《复旦学报》1980 年第 1 期。

当时似乎并没有引起大的反响，翻阅该刊此后几年的杂志，学派方面的讨论依然阙如。

"中国知网"收录的以"学派"为题的讨论文章，从1980年后逐步上升，1992年突破100篇，2008年后每年都在400篇以上，峰值出现在2013年，达到521篇。这些论文的一个突出特点，就是每篇开头都要从正面角度论述一番学派的重要性，似乎"名不正则言不顺，言不顺则事不成"。它们大致都会反复表达这样一个意思："一种新的科学体系的建立和新的科学理论的提出，从来都不会是一开头就以完整的形式出现，只有经过学派之间的争鸣、交流、合作，才有利于科学体系和理论的完善与深化。"[1]

关于学术流派在科学发展中的作用和意义，在科学史以及科学哲学领域早已成为共同知识，但在中国学术界，每篇学派问题的讨论文章，都得重新强调一次，而这恰恰说明学派正当性的观念在中国学界依旧没有成为共识。

一方面，许多学者撰文提倡学术自由，呼吁更多学派的产生；但另一方面，现实中的学派标签依然还是许多学者的忌讳。比如，被学界视作"华南学派"核心成员的几位历史学者，都不愿承认学派称谓。赵世瑜说："我从未听到过这个学术群体的核心成员自称'华南学派'。"[2]刘志伟也强调："华南研究这一学术群体是不接受'华南学派'这一称谓的，他们的研究不是为了做学派，凡是做学派的都很危险，最终都会消亡，'华南研究'只是一种不同于以往历史研究的学术取向和追求。"科大卫更是直截了当地声称："从来没有过'华南学派'。"[3]学者们低调处事的缘由，多半也是怕"一提倡发展学派，就会影响团结，产生严重的门户之见"。[4]但无论是否使用"学派"称谓，他们并不否认"华南研究"这么一个学术共同体的实际存在。

事实上，科学史上的新思想、新理论、新方向，大多数是依靠学派、无形学

---

① 胡之德：《论学派争鸣》，《高等教育学报》1986年第2期。
② 赵世瑜：《我与"华南学派"》，《文化学刊》2015年第10期。
③ 孔雪：《对话科大卫：历史研究，不止于书斋》，《新京报》2016年12月17日。
④ 张兵：《试论学术流派形成的原因和标准》，《山西师院学报》1983年第4期。

院①这些学术共同体而形成的。现代学术早已淘汰"隐士",更没有"民科"的位置,任何一个学者都不可能孤立地从事学术研究,他需要背靠强大的资料库、实验室,他必须从属于某个特定的研究机构;任何学者要想成为杰出者,都必须在特定学术共同体中发出声音,求取呼应、认可,才能获取更多经费,提高论文发表率。不从属于任何一个学术共同体的学者是无法想象也不可能成功的,同样,未经学术共同体认可却选择媒体造势的所谓重大科研成果,基本都是不可信的。现代学术中的科学突破不可能基于完全独立的个人行为。

科学学派是在不同范式的学术争鸣中自然形成的。偏向于不同研究范式的学者在竞争中不断寻求"合并同类项",以期在创新性研究中得到更多同类学者的舆论支持和建设性意见。"科学学派的主要的和基本的特征,首先是由站在他所聚合的集体前列的领导者创立某些独特的思想或理论,根据这些思想或理论确立科学中以前从未提出过的完全新的研究方向。"②

一门学科在其迅速发展的上升阶段,同业者们出于维护学科合法性和壮大学科队伍的考虑,往往会成立一个尽可能人数多的同业学会,这一时期的专业人员还不够充足,因此难以充分考虑成员原有的学科背景和学术取向。等到学科发展到一个相对平稳的阶段,各领风骚的领军人物就会开始圈定自己的地盘,但是,这一时期的圈地运动更多的是以人脉关系,而不是以学术取向来定亲疏。只有当学科发展进入到常规研究的后期阶段,真正学术意义上而不是人脉关系上的学术革命才会发生,革命之后,新的学术诸侯重新圈地,学术派系从中生成。

以中国现代民俗学为例。1983年钟敬文发起成立中国民俗学会的时候,出于广揽人才壮大声势的需要,甚至将吕叔湘、季羡林、侯宝林等一批与民俗学并无太大关联的公众人物都拉进队伍,聘为学会顾问,这样一个大杂烩式的共同体是不可能在学术上求得志同道合形成学派的。

---

① 无形学院是一个历史发展的概念,在科学社会学领域主要指在一系列相关科学研究领域中,由一批跨领域、跨机构的精英科学家自发形成的,以信息传播和学术情报交流为目的的非正式学术群体,相当于科学精英俱乐部。
② 陈益升编译:《国外交叉科学研究——科学的哲学、历史、社会的探索》,科学技术文献出版社,2010年,第247页。

　　1988 年中国民俗学会第二届理事会改选，刘魁立、张紫晨、乌丙安等第二代领军人物增选为副会长，从此开始了第二代三巨头各领风骚的发展阶段。三人虽然风格各异，但都依然处在钟敬文学术威权的统一部署指导之下，谁也不敢发起学术革命，更没有促成一个可以称之为"学派"的学术共同体。今天重审这段历史，当时只有远在华中师范大学的刘守华默默地耕耘在单一的故事学领域，很少参与民俗学界的各种热闹活动，甚至刻意保持着与钟敬文之间的距离，其论文在同代学者中也是引证钟敬文论著比例最低的。恰恰是这种隐忍的坚持，第二代民俗学者只有他以华中师大为依托，培育出了一个堪称学派的故事学共同体。

　　一门成熟的学科，不仅要有一批行之有效的研究范式，还要有不断自我革命的学术机制，否则，即使借助天时地利繁荣一段时期，还会再度陷入僵局，"一种范式被过度操作之后，就很难再提出新的问题"。① 新的学术共同体或者新的学派，必然与全局的或局部的学术革命相伴而生，没有学术革命也就没有新的学派。我们甚至可以说，新学派的产生是一门学科可持续发展的关键性指标。但在钟敬文一言九鼎的学术时代，学术革命是不可能发生的。

　　新的民俗学学派的形成要等到 21 世纪第三代民俗学者登上学术舞台之后。"新世纪以来对民间文学 / 民俗学学科有全局性影响的有两件事情：一个是'非遗'运动，这是学科外部的。而学科内部呢？就是新世纪初的'民间文化青年论坛'。"② 成立于 2002 年的"民间文化青年论坛"正是后钟敬文时代的一场全局性的学术革命，但这批青年革命者更多地只是受到"学术革命"的激情冲动，当时既没有提出什么理论主张，也没有提供一套可供模仿的研究范式。革命并没有直接促成新学派的产生，只是为之提供了可能性。

　　时至今日，当年的青年革命者都成长为所谓的博士生导师、学科带头人、系主任、校领导、学会负责人，有的甚至已经退休。各人不同的理论取向和专业方向也在进一步分化，形态分析、口头诗学、表演理论、民俗主义、实证民俗学、

---

① 施爱东：《学术行业生态志：以中国现代民俗学为例》，《清华大学学报》2010 年第 2 期。
② 陈泳超：《闭幕式总结发言》，北京大学中文系"从启蒙民众到对话民众——纪念中国民间文学学科 100 周年国际学术研讨会"，2018 年 10 月 22 日。

实践民俗学、家乡民俗学、身体民俗、礼俗互动等一大批新的研究范式纷纷登台。今天的博士生再也不可能像20世纪的民俗学者那样对全学科通学通吃，他们只能跟从导师，或者根据自己的学术兴趣从中选择部分研究方向和方法。

第三代民俗学者在研究范式的选择和学术取向的分化重组中，一直在或隐或现地合纵连横，经过了近二十年的努力，各自形成了稳定的学术执念，分头结成了一个又一个细化的学术圈子。正是在这些日渐固化的小型学术共同体中，学者们找到了理论和方向的共鸣点，民俗学自此分门别派。所以说，民俗学作为一门边缘学科，只有到了它日渐成熟之时，才有可能逐渐生成学派。新的民俗学派不断生成的时候，也是百花齐放的学科春天到来之时，这在钟敬文"一人时代"是不可能见到的。

多元民俗学派的存在，无论对于不同民族不同社区的民俗主体，还是对于不同兴趣不同价值取向的学术主体来说，都为不同特性民俗文化的多样性理解提供了更加丰富的理论资源和释读方案，对于促进人类多样性文化间的相互尊重、交流与合作，无疑具有更加积极的意义。

那么，如何判断/建设一个学派，或者说，学派具有什么可识别的重要特征/要素呢？从学术史的归纳中可以发现，哲学社会科学的学派要素主要有三：核心理念、核心人物、自觉的共同体意识。

三、核心理念：研究纲领及其硬核

几乎所有的科学哲学研究都认为学派的形成是以"共同的理论与方法"为前提的，但是，"共同"的界限在哪里？同一个学科，或者共用一套民俗学基础教材，这算不算拥有共同的理论与方法？如果算的话，那么，只要在民俗学科内讨论学派问题，就不必再强调理论与方法，因为大家都是一样的；如果不算的话，我们又该把界限划在哪里？

事实上，今天的哲学社会科学工作者很少会在实际工作中死守着一套理论与方法，即便是研究领域专一如刘守华，也一再声称其转益多师："吸取和改进芬兰学派以历史地理方法深入考察民间故事，对母题、类型解析的集中尝试、故事生活史的追寻及口头文学表演理论在故事学领域的实践等方面，交叉运用多种方法。"①而同为实践民俗学者，除了吕微、户晓辉主要取法康德之外，其他学者都各有自己的西哲渊源。

　　既然是学派，当然首先得有不同于该学科其他同业者的"派"的学术标志，对于哲学社会科学来说，这种学术标志并不必然是一套完整的理论假设与实验方法，关键是特色鲜明，而又在学理上立得住。武林中不是只有少林武当这些高门大户才能称派，只要特色鲜明，峨眉派也是派。

　　那么，确认哲学社会科学的学派标志是什么呢？是一套可持续操作的"科学研究纲领"。按照欧洲科学哲学家拉卡托斯（Imre Lakatos）的定义，科学研究纲领包括硬核、保护带，以及作为方法论的启发法。②

　　首先是硬核。硬核是共同体成员对研究旨趣的共同的自我约束，是研究纲领中不容置疑、不可动摇的部分，是一种兼具理性与信仰的学术执念。与科学研究纲领的硬核必须有一套"基本理论假设"不一样的是，哲学社会科学研究纲领的硬核既可以是 a. 一套完整的理论假设，但也可以是 b. 一种矢志奋斗的学术信念，或者是 c. 一个有独特研究范式操作的专门学术领域。总之，是标示其独特性的共同学术旨趣。硬核可以有调整但不可被动摇，一旦硬核被否定或公认为没有学术价值，也就意味着学派解体。而对于学派成员来说，一旦质疑其硬核，也就意味着脱离该学派。

　　比如，口头传统研究的硬核就是"回到声音"：口头传统从活形态的口头史诗起步，从声音的社会关系网络中理解民众的文学活动，从声音的文学上发现诗学、建立诗学，"口头诗歌始于声音，口头诗学则回到声音"。③就实践民俗学来说，按吕微的解释，其硬核则是："一个有着自身内在的实践目的的民俗学……其实也就是民自身内在的实践目的，而民自身内在的实践目的就是：成为自由的公

---

① 刘守华：《〈中国民间故事类型研究〉的方法论探索》，《思想战线》2003 年第 5 期。
②［英］伊姆雷·拉卡托斯：《科学研究纲领方法论》，兰征译，上海译文出版社，2016 年，第 55—62 页。
③ 朝戈金：《口头诗学》，《民间文化论坛》2018 年第 6 期。

民。"① 其核心研究范式为："以认识普遍立法的自由意志的民俗'法象'为诉求的纯粹实践理性的学术范式。"② 正是这些硬核，让学者们有了相同的思维起点和目标，通过相互激励、往复讨论，成果不断丰富，理论日趋完善。

其次是保护带。保护带是研究纲领的防护层，是硬核的辅助假设，相当于库恩（Kuhn）科学哲学概念中的常规研究。保护带具有灵活性和多样性的特征，既用来支撑硬核，也是硬核的具体落实和应用，它可以被反驳、被修正，甚至被部分放弃。

当研究纲领与经验观察发生矛盾时，学者们可以通过调整辅助假设来规避经验观察对硬核理念的直接冲击。以地理堪舆的民俗理论为例，形势派主要是通过地表特征来勘龙点穴，但是，形势理论常常遭遇期望失验，这时，就需要借助数理手段来进行弥补和修订，将三维形势空间拓展到四维理气空间，使之更具灵活性和解释力。形势是硬核，理气就是保护带。堪舆界有句老话"无形势不灵、无理气不验"，指的就是形势理论需要借助数理手段加以辅助调整。

一般来说，保护带的修正，主要是通过学派内部的论争得以实现的。没有内部的论争和修正，优者无以凸显，劣者无从淘汰，学派就会失去活力，丧失其在学科中的话语权。在一个学派的成长过程中，任何一项具体的研究成果，在得到学派成员的一致确认之前，都是辅助假设的保护带，是可以被质疑、被修正的。而保护带中得到共同体一致确认的部分，就会成为该学派的理论定理，或者填充到硬核当中，使硬核变得更充实更完整，或者成为硬核外部的分核，成为学派内部新理论的生长点，从而丰富和发展学派的理论体系。

再次是启发法。这是研究纲领的形成方法。"纲领由一些方法论规则构成：一些规则告诉我们要避免哪些研究道路（反面启发法），另一些告诉我们要寻求

① 吕微：《在〈民俗〉周刊创刊九十周年学术研讨会上的发言》，中山大学中文系"《民俗》周刊创刊九十周年纪念学术研讨会"，2018 年 12 月 27 日。
② 吕微：《两种自由意志的实践民俗学———民俗学的知识谱系与概念间逻辑》，《民俗研究》2018 年第 6 期。

哪些道路（正面启发法）。"① 无论是正面启发还是反面启发，都是对于学派内部成员的约束方案。

所谓反面启发法，是一种禁止性的规定，警示其成员"切勿误入歧途"，以免危及硬核。比如，口头传统理论家泰德洛克《朝向口头诗学》通篇在于阐明哪些是无益于口头诗学建设的工作："从排除常见错误现象这个立足点出发，他开篇就指出：若是从阅读荷马起步，则我们无法建立有效的口头诗学；从阅读由那些早期的民族学家和语言学家记录下来的文本起步，也不能建立有效的口头诗学；从惯常所见的对书写文本作结构分析起步，也无法建立有效的口头诗学……"② 同样，实践民俗学也明确反对认识论的民俗研究，其倡导者吕微就说："作为认识论的民俗学只能视民俗为社会现象甚至自然现象，以认识其中的社会规律甚至自然规律，进而认识民在社会规律甚至自然规律中外在于民自身内在目的的他律存在条件，用理论民俗学的认识论话语来说，就是通过俗来认识民。其结果是，如果我们研究的民只是服从社会规律乃至自然规律的他律的客体，那么民就不再是自律的自由主体，随之，民自身内在的自由目的、自律目的，也就烟消云散了。"③ 正是基于这一反面启发法，所谓科学主义、实证研究，都是受到实践民俗学旗帜鲜明反对的。

所谓正面启发法，则是一种鼓励性的规定，号召其成员"行此金光大道"，以进一步筑牢、完善其保护带，增强研究纲领的学术竞争力。这种启发法可以是方法论的，也可以是目的论的。比如，口头诗学是从方法论上指导学者们使用程式、典型场景、故事范型等结构性层次，以分析和确立口头叙事的故事构造规则是如何形成并发生作用。而实践民俗学则是从目的论上为民俗研究指明方向，吕微说："有了对人自身的自由权利与道德能力的自由信仰在先，当我们说到人的其他信仰例如民俗、民间信仰的时候，我们才有充分的理由坚持说，民俗、民间信

---

① [英]伊姆雷·拉卡托斯：《科学研究纲领方法论》，兰征译，上海译文出版社，2016年，第55页。
② 朝戈金：《口头诗学》，《民间文化论坛》2018年第6期。
③ 吕微：《在〈民俗〉周刊创刊九十周年学术研讨会上的发言》，中山大学中文系《民俗》周刊创刊九十周年纪念学术研讨会"，2018年12月27日。

仰也自有它天赋的自由权利。于是，我们民俗学根据自身内在的实践目的论应该且能够做的事情，就不再仅仅是教育民如何俗、教育民间如何信仰；我们只是先验地阐明，民有俗的自由权利、民间有信仰的自由权利。"①

拉卡托斯认为，理论科学是相对自主的，正面启发法通常既不顾及经验事实的反例，也不顾及同行的反驳，"把反常现象列举出来，但放置一边而不管它们，希望到了一定的时候，它们会变成对纲领的证认"。②吕微正是这么做的，他坚定地相信实践民俗学的理论正确性，从不顾忌"实践民俗学难以转化为民俗学实践"的质疑，甚至自豪地声称："我为此再多死多少脑细胞也无悔，以无愧于独立之学术、自由之精神。"③

四、核心人物：擅长学术经营的学派领袖

学派与党派不一样，不必有执政党、反对党、在野党，但是，每一个学派都一定会有学术领袖或核心学者。"凡属郑重的学派，总是先有一位或几位学者，在某一门或一系列学科的研究中付出了艰辛的劳动，进行了反复的严肃的论证，从而提出了不同于众的精辟见解，形成了相对稳定的学术体系和独特风格，在一定的时代条件下和学术范围内给人们以启迪，因此吸引和影响了一批又一批的后来者，赢得了他们的崇奉和支持，再经过他们的不断补充、匡正、加深、加细，蔚然而成独树一帜的学派。"④

学术领袖也即学术组织者，可以是学科带头人、项目负责人、学术活动家、会议召集人、专栏主持人。但是，学派对其领袖的要求会更高，学派领袖不仅要具备学术领袖的社会地位，还必须有独到的理论思想。学派有异于行业学会，它不是一个单纯的社会组织，学派是思想、风格、理念的聚合，是一个开放的思想

---

① 吕微：《在〈民俗〉周刊创刊九十周年学术研讨会上的发言》，中山大学中文系"《民俗》周刊创刊九十周年纪念学术研讨会"，2018 年 12 月 27 日。
② ［英］伊姆雷·拉卡托斯：《科学研究纲领方法论》，兰征译，上海译文出版社，2016 年，第 62 页。
③ 吕微致户晓辉、陈泳超、施爱东邮件，2018 年 12 月 31 日。
④ 盛宗范、黄伟合：《简论学派》，《江淮论坛》1986 年第 1 期。

磁场，学派领袖如果没有深厚的理论素养就无以凝聚学派成员，无法为学派成员解惑答疑，指引方向。

学派领袖的个人品德在学派建设中起着非常重要的作用，科学史上几乎找不到一个才高八斗却品格低劣的学派领袖。学派领袖是精神领袖，他必须且只能依靠其充满魅力的学术思想和个人品德（而不是行政职务或导师身份）团结一批科学工作者为一个共同的学术目标而奋斗。一个吹毛求疵、专注个人名利、热衷个人宣传、缺乏服务精神的"学科带头人"是很难得到周围学者拥戴的。几乎所有的科学史在论及学派领袖品德的时候，都会以伟大的物理学家卢瑟福为例："卢瑟福是那么的关心帮助学生，尊重个性发展，即使是一个平凡的人，在这里学习研究几年，也会找到自己的科研目标，并成长为一流的科学家。"[1] 以至于他的学生、量子物理学家玻尔称之为"我的第二个父亲"。[2]

学派领袖必须擅长学术经营。杜正胜在评论现代史学"重建派"的建设时说："傅斯年先生深切体会到现代学术不容易由个人作孤立的研究，要靠团体寻材料，大家互补其所不能，互相引会订正，要集众工作才易收效，故创办了历史语言研究所。"[3] 组织和维护一个学术共同体是学派建设中至关重要的一环，无论这个共同体是实体的学术机构还是学术理念的精神聚合。一个处于成长期的学派，学派领袖为了吸引年轻博士的加入，往往会在各种讲座和会议上介绍、称赞、推荐同派学者，在学术论文中大量引证、阐释同派学者的学术成果，营造一个共同体的良好氛围。

在这一点上，吕微是做得最好的第三代民俗学者。吕微酷爱西方哲学，数十年的比较阅读之后，他最终选择了康德哲学，最初是小范围内开设了康德哲学读书班，后来又坚持不懈地应用康德哲学进行民俗研究。吕微不仅勤奋于哲学阅读，还特别关注新近学术成果，尤其擅长发现同行的学术优点，从康德哲学的角

---

[1] 宋琳:《科学社会学》，中国科学技术出版社，2017年，第138页。
[2] 张发、王伸:《诺贝尔奖获得者传略》，吉林教育出版社，2012年，第76页。
[3] 杜正胜:《从疑古到重建——傅斯年的史学革命及其与胡适、顾颉刚的关系》，《中国文化》1995年第2期。

度对同行的学术成果进行理论提升和重新阐释。吕微特别注重"学术对话",他的每一次富于激情的演讲、每一篇长篇大论的宏文,都会点面结合地反复引证同行学术成果,尤其是引证高丙中、户晓辉的学术成果。随着实践民俗学队伍的扩大,吕微反复引证的学者名单也在不断扩充。吕微的理论提升让那些被点名的学者感动,也让许多年轻学者感到佩服,许多原本处于学界边缘的年轻学者都是在吕微的提点和引导下,逐渐地被吸引到实践民俗学的阵营当中。

相比之下,第二代民俗学者大部分都没有培育学派的意识。以理论素养最为深厚的刘魁立为例,他是第二代民俗学者最重要的学术领袖,学术演讲机会特别多,但他几乎从不在这样的场合公开评议同行的学术成就,很少鼓励,更不会批评,"不谈学术是非"。他的论文也曲高和寡,很少引证同代学者的学术成果。这种孤傲的学风使他的杰出成果长期得不到学界应有的重视与呼应,更遑论模仿与追随。其故事学代表作《民间叙事的生命树》①发表之后,很长一段时间得不到任何回应,直到他的几个学生在学界站稳脚跟,反复推介之后,才逐渐奠定了该成果在中国民俗学史上的经典地位。

另一位学术领袖乌丙安的风格则与刘魁立完全相反。他的弟子数量和成才率在民俗学界可谓仅次于钟敬文,他特别擅长夸奖和扶植后辈学者,每次富于煽动力的演讲,都十分注意照顾同人、奖掖后进,常常令人热血沸腾。可惜的是,乌丙安的理论源泉主要继承自钟敬文,他没有在理论和方法上做出革命性的突破,也没有建构新的研究纲领,所以,团结在乌丙安麾下的学术队伍虽然庞大,但依然无法构成学派。

学术领域有一些独行侠,以其精湛的学术操作,可能会赢得众多"粉丝",成为学术偶像。但是,偶像若无学派意识,再多的粉丝也只是一盘散沙,他们就像一群观戏的影迷,只是远远欣赏、叫好,并不参与偶像的学术游戏。刘宗迪是民俗学界公认粉丝最多的学者,可是刘宗迪并没有一套适合粉丝效仿的研究范式,他甚至在多次会议中公开声称论文有三不写:"第一,别人写过的他不写;第

---

① 刘魁立:《民间叙事的生命树——浙江当代"狗耕田"故事情节类型的形态结构分析》,《民族艺术》2001 年第 1 期。

二，别人虽没写过，但能写得和他一样好的，他不写；第三，没有智力含量和挑战性的，他不写。"[1] 这种高冷学风无异于在学派建设上"自绝于粉丝"。

大凡学派领袖都很注重扶持、奖掖自己的学术追随者，一方面适当地提出些研究方向的建议，组织专题、派发任务；一方面积极地为他们联系出版或发表，推介其成果、褒扬其成绩，甚至关心其生活。学派领袖总是会努力地利用自己的学术影响力，为追随者们创造尽可能好的学术条件。

与此相应，普通学者拥护一些与自己研究范式相近的学术权威，抬高其身价，本质上也是对自己观点和范式的肯定。普通学者对权威学者的引述，以及与权威学者之间的良性互动，有利于加大普通学者的话语力量，以便在资源分配中获得更加有利的位置。

五、自觉的共同体意识：共同理念的生成基础

所有的共同体概念都是相对的、分层级的。"科学家共同体"最早被英国科学社会学家波兰尼提出的时候，指的是所有科学研究工作者所组成的具有共同信念、遵守共同规范、具有科学自治意识的社会群体。可是，这一概念在半个多世纪的知识变迁中，越来越倾向于收缩到更小的学术领域，如今常常被用在同一学科，甚至同一学派。

学派形成的另一个重要标志是"自觉的共同体意识"。这是一种学派意识和共同理念的习得过程，学者们为了更好地融入一个学术共同体，会自觉地养成一系列相近的观察社会、理解社会的基本观点和角度。

我们知道，在物理学上，一个系统往往同时存在多个共振频率，当受到一个外界激励时，系统会自动选择一个相应的共振频率随之振动。学术共同体也一样，除了共同的研究纲领，还有其他许多共同理念。对于哲学社会科学工作者来说，这些理念可能包括相近的政治观点、社会理想，甚至相似的治学风格、相同的体育爱好、共同厌恶的某类行为或某个公众人物，等等。有些学者甚至认为

---

[1] 施爱东：《作为实验的田野研究——中国现代民俗学的"科玄论战"》，中国社会科学出版社，2016年，第260页。

"学派内部成员之间的关系具有拟亲情的特点"。① 但是，这种共同理念并不是在学派产生之前就已经存在的，而是在学派成员的互动交流过程中，因自觉的共同体意识而逐渐形成的。此类共同理念的生成途径主要有六：

一是师承关系。这是最直接、最明确的生成途径，这一理念的生成主要来自导师的言传身教。在学术界我们常常看到近朱者赤、近墨者黑的现象，如果一个导师特别擅长拿项目、争课题，其门下弟子多半也会精于此道；如果导师是个激进的民族主义者，其门下弟子就很难是个自由主义者。

二是学术成果的相互引证和相互阐释。这是最有效的跨时空学术对话。"为什么越是年轻学者越爱批判权威学者？因为他仔细阅读了权威学者的著作；而他之所以这样做，又是因为他尊重权威学者及其观点。"② 无论批评、对话还是引证，其前提都是阅读和理解，否则不会有商榷的冲动。吕微就特别擅长发现别人学术成果中的优点和闪光点，而且总是能把这些闪光点往实践民俗学的理路上靠。那些被他引证并阐释出来的学术意义，有些是别人论文中未曾说透或未曾表达的意思，有些甚至是别人论文没想讨论的问题。北京大学教授陈泳超就曾多次说到，吕微从他的书里看到的那些东西，其实并不是他想讨论的，但吕微那么分析，他也觉得很有道理。对于那些学术理念尚未成型的青年学者来说，觉得有道理就会有认同，反复强化的认同，就会逐渐生成相近的学术理念。

三是开设学术专栏。组织学术专栏是培育青年学者最有效的方法之一。在民俗学界，朝戈金、巴莫曲布嫫、吕微、高丙中、张士闪、安德明、杨利慧、赵宗福、陈泳超等人都擅长组织学术专栏，为相近学术理念的青年学者提供发表平台。朝戈金就在《西北民族研究》史诗学"开栏语"中"热烈欢迎国内外史诗研究者和平行学科的学者的加盟和支持"。③ 青年学者一旦秉持这一学术理念、使用这一研究方法踏入这一研究领域，就很可能在后续的研究工作中沿袭这一学术进

---

① 官敬才：《论学派——兼及我国马克思主义哲学研究中的学派问题》，《江海学刊》2015 年第 2 期。
② 张明楷：《学术之盛需要学派之争》，《环球法律评论》2005 年第 1 期。
③ 朝戈金：《中国史诗学开栏语》，《西北民族研究》2016 年第 4 期。

路继续向前推进，从而成为该学派的一分子。

四是专题的学术会议或讲习班。学术领袖通过对同领域学术成果的阅读海选，会大致圈定一个"统战对象"专家库。时机成熟的时候，学术领袖就会调动手中的学术资源，召开具有学派性质的专题研讨会。会议主办者广撒英雄帖的同时，还会定向地邀请那些"统战对象"共襄盛举。会议邀请函上的会议主题、宗旨、议题，以及主办者特别选定的会议总结人对会议宗旨的阐释与强调，每个步骤都是对共同理念的一次宣教与强化。事实上，所有以实践民俗学为主题的学术研讨会，都会由吕微做大会总结。而在口头传统领域，"为召集全球范围内不同学科及研究领域的学者共同研讨当前史诗研究中的前沿问题，民文所继举办两届'国际史诗工作站'之后，创办了长线发展的口头传统研究跨学科专业集训项目'IEL 国际史诗学与口头传统研究系列讲习班'……在学位教育、学术交流及人才培养方面取得了预期效果"。①

五是项目合作。在西方科学界，学者通过共同的研究项目来习得相近的共同理念是很常见的现象，但在中国学界，许多项目合作者其实只是在课题申报时挂名友情出演，并不参与项目执行，因而能够经由项目合作而习得共同理念的，多数仍然体现为实际参与项目的师徒关系，或同事关系。

六是虚拟的日常交流平台。对于科学家来说，科研团队的合作需要密切的相互配合，但是对于哲学社会科学工作者来说，个体之间的独立性显得更强一些。但这并不意味着哲学社会科学领域学派成员的互动关系就会减弱，相反，其共同理念不仅不会止步于学术范畴，还会因为更加广泛的兴趣爱好和社会关注，延伸到政治、经济及文化的方方面面。

通信技术的发展为学派的建立提供了更加便利的交流平台，微信群使学者之间的思想沟通变得更加频密。几乎每一个学派，都会有一两个微信群。但是，大家很少在微信群中讨论严肃的学术问题，因为学术问题需要精密的思考、严谨的文字，而微信聊天更多的是即兴的想法和简洁的表述。那些未经深思熟虑的粗

①巴莫曲布嫫：《中国史诗研究的学科化及其实践路径》，《西北民族研究》2017 年第 4 期。

糙的辩论很容易造成误解、产生裂痕，讨论学术问题是有风险的。所以，一个活跃的微信群，其"求同存异"功能总是大于"辨章学术"功能，学者们发言的时候，会最大限度地考虑到什么样的观点能够得到多数人的认同，剩下的就是插科打诨，融洽气氛。

六、学派之间的不可通约性

不同学派的学者很少认真阅读对方的学术成果，他们至多是从对方的成果中寻找些对自己有用的素材，但基本不会对他们的论证方式和观点感兴趣。陈连山经常批评我和陈泳超没有认真阅读吕微的论文，但他没意识到，我对吕微的论文消化无能，我用十个小时也读不透他一篇三万字的论文，我的阅读速度甚至赶不上他的写作速度，这对我来说时间成本实在太高。

科学共同体在专业问题上的共识，是通过学术对话得以实现的。学术对话必须基于共同的知识结构，而不同知识结构的对话往往牛头不对马嘴。同样，对一个成果发布者来说，当他面对不同知识结构学者的质疑时，会很快失去耐心，你读的书他没读过，你思考的问题他没思考过，你的 A 概念被他理解成了 B 概念，学术辩论就如鸡同鸭的对话，你在叽叽叽，他却呱呱呱。辩论双方为了维护各自的学术尊严，很容易做出更极端的表达。这样的学术研讨不仅不能缩小分歧，反而会让分歧变得更加不可调和，加深双方的焦虑。正如王建民抱怨说："批评别人'洋八股'的人，其实往往看不懂洋文，甚至连人家的'八股'到底是什么都搞不清楚，除了笼而统之地批判所谓的'唯心主义'之外，并不清楚来自国外的观点到底有什么缺陷和问题。"[1]

学派之间的不可通约性主要表现为彼此不认同、不感兴趣、难以理解。"不认同"是基于对他派理论、方法全盘否定的态度；"不感兴趣"是不阅读、不讨论、不置可否的悬置态度；"难以理解"则是在试图理解的基础上，由于知识结构的差异，导致浸入困难，退而只求知悉其主要观点及结论的一种消极态度。

---

[1] 王建民：《中国学派及话语构建中的利益纠葛》，《探索与争鸣》2017 年第 2 期。

只有同一学派的学者，才会用最挑剔的态度，认真阅读你的著作，发现你的不足，愿意与你进一步地深入探讨。吕微每当完成一篇新论文，都会发给几位同行好友征求意见，户晓辉总是会"昨天拜读一过，今天凌晨爬起来又把扼要标示的部分再拜读一遍"[①]，然后就一些细节提出问题，这些问题多数是我这样的非实践民俗学者提不出来的。同样，我的论文发给他们征求意见时，学术取向相近的陈泳超总能找缺补漏地发现些问题，而吕微的回复却常常只是"基本同意""没有意见"。

同一学派的学者更容易发生共振效应。他们的知识结构是相近的，学术观点是相似的，学术符号是共通的，语言习惯是熟悉的，彼此学术交流不仅效果好，效率也高。通过相互习得，不仅有利于思想的促进，也有利于技术的精进。户晓辉就多次表示，每次读吕微的论文，都能得到许多启发和进步；反过来，吕微也常表示从户晓辉的论文中受益良多。学派内部的相互鼓励和支持，以及不断累积的数据资源、思想资源、方法资源，必然会有利于技术精进和思想深入。

学派是新思想的孵化器、扩音器，学派内部的学术对话和论争是学派成熟的必要取径。俗话说"三个臭皮匠，赛过一个诸葛亮"，而学派是集众多诸葛亮之力的学术攻坚。新思想、新理论在学派中更容易发生共鸣，会更快得到重视和响应。甚至有学者认为，学派有更大的概率产出大师级的学者："许多创新思想和理论观点由于过于分散和孤立，他们往往被忽视，如果被纳入学派争论，新思想、新理论、新观点就会在学术争鸣中走向完善和成熟，汇入学派的大河，并得以传承、绵延，学术精英甚至学术大师也会脱颖而出。"[②]个别学者的思想发明，只有通过集体的讨论、完善与传播，才可能成为社会的公共知识财富。

学派之间的对话却是另外一种景象。不同学派的学者貌合神离地坐在同一张桌上讨论问题，老江湖不痛不痒打几个哈哈就过去了，可是，年轻学者很可能成为不同学派学术批评的牺牲品。青年民俗学者王尧的一篇故事形态学的优秀论文，落在一个实践民俗学的评议人手上，不仅没有得到肯定的评价，反而被认为

[①] 户晓辉致吕微、陈泳超、施爱东信，2019年1月6日。
[②] 俞正樑：《建构中国国际关系理论，创建中国学派》，《上海交通大学学报》2005年第4期。

整篇论文都没有意义。这样的学术评议对于正处在学习期、模仿期的青年学者来说，是非常有碍其成长的。我曾经不止一次地听到有博士生抱怨说："做完开题报告，听了各位老师的建议，我更加不知道论文该怎么写了。"

执着于不同研究范式、分属于不同学派的老师，很可能对学生提出完全相反的要求。"当不同范式在范式选择中彼此竞争、互相辩驳时，每一个范式都同时是论证的起点和终点。每一学派都用它自己的范式去为这一范式辩护。"① 学生作为弱势群体，不敢反驳，不敢抗拒，如果他不能清楚地理解不同学派的老师们迥然不同的立场和要求，试图左右逢源、平稳过关的话，恐怕只能交出一篇不伦不类，或者四平八稳、毫无创造力的平庸论文。

这种弊大于利的学术评议在学术期刊的"匿名审稿"制度中为害更甚。一篇富于创新精神的论文如果落到一个执着于旧范式的审稿人手上，不同范式或学派之间的不可通约性很容易导致这些论文得到较低的评价："从哲学的角度看，历史著作很可能显得软弱无力；从历史的角度看，哲学著述则可能不着边际。"② 真正的学术创新很可能就断送在这种"公正的"匿名评审制度下。在现代学术中，同一学科未必是内行，只有同一学派或操作同一范式才是最熟悉的内行。但是，同一学派间的匿名评审又可能走向另一极端，同派成员之间过于了解，审稿人往往一眼就能看出匿名论文的真实作者，因此很可能给出一个远高于实际水平的学术评价。所以说，承认学派以及理解学派之间的不可通约性，有利于学刊编辑决定如何将审稿权交付到更合适的第三方审稿人手上。

相对于自然科学，哲学社会科学的学术评价有更强的主观性和情绪性，但这不等于不同范式之间的相互评价就一定是非理性的。在一个更大的学术共同体"学科"的领域内，总是会有一些超脱于两个相互排斥的学派之外的第三方，学科中还有大量不从属于任何学派的独立学者，他们会基于普通的思维逻辑、公认

---

① [美] 托马斯·库恩:《科学革命的结构》，金吾伦、胡新和译，北京大学出版社，2003年，第87页。
② [英] 托尼·比彻、保罗·特罗勒尔:《学术部落及其领地：知识探索与学科文化》，唐跃勤、蒲茂华、陈洪捷译，北京大学出版社，2015年，第72页。

的宏大理论、共同的学科基础、求实的取证要求、通用的学术规范来对某一学派的学术成果进行更加超脱的学术评判。与库恩相比，拉卡托斯对于不同范式之间的"不可通约性"有更温情的眼光，他肯定学术是一种理性的事业，既有一定的客观标准，也有选择的理性。

但在中国，不同范式之间的"文章相轻"却往往被转换成人与人之间的"文人相轻"。古人常常把"读书"和"做人"连在一起，为了否定对方的观点，首先否定对方的人品和学品。所谓"狗嘴里吐不出象牙"，只要将作者贬成了狗嘴，就论证了文章不可能是象牙。历史上的各种派系之争从来都是被描述成人品之争，成者为王败者寇。著名汉学家吉川幸次郎曾经在《我的留学记》中评论北京大学的教授们："中国人喜欢说别人的坏话。不只说活着的与自己同时代人的坏话，对过去时代的著作也一样：这是没有价值的书、这是没有价值的学者。经常这么明确地说坏话。比如说乾隆时期修《四库全书》的总编纂纪晓岚，就是一个'没有学问'的人，我听一位先生说过，至今记得。此外，对著作的评论首先要看作者是个怎样的人。"[1]

历史学家王汎森把这个问题归结为"事实的厘清"与"价值的宣扬"混淆不分："一旦新思潮当道，旧思想的承担者及其所抱守的学术见解，也同时成为被攻击的对象。同样的，旧派人物对新派人物不满，也倾向于否定他们的学术见解。"[2] 其实，这种混淆不仅体现在事实与价值之间、新派与旧派之间，也体现在为人与为学之间、学派与学派之间。

现代学术则一直试图将学术与生活进行适当的分离，韦伯就说："无论如何，使人成为杰出学者或学院老师的那些素质，并不是在生活实践的领域。"[3] 正确理解学派之间的不可通约性，既有利于我们更好地理解学术论争，也有利于增进学

---

① [日] 吉川幸次郎：《我的留学记》，钱婉约译，光明日报出版社，1999年，第78—79页。
② 王汎森：《执拗的低音：一些历史思考方式的反思》，生活·读书·新知三联书店，2014年，第5页。
③ 马克斯·韦伯：《学术与政治》，冯克利译，生活·读书·新知三联书店，2007年，第42页。

派之间的相互宽容，以更加包容的心态去看待别人的研究，努力做到和而不同。

七、学派的眼光都是片面的，但也是互补的

尽管很少有学派会承认自己的理论片面性，但事实上，所有学派看待事物、评论学术的眼光都是戴着偏光镜的、片面的、不同于其他学派的。

作为一个实践民俗学者，刘晓春组织的"《民俗》周刊创刊九十周年纪念"学术研讨会，为了"从过去的认识目的论的民俗学，转变为实践目的论、价值目的论的民俗学"[1]，同时又想接续《民俗》周刊的伟大传统，于是对顾颉刚的《发刊词》进行了重新释读："《发刊词》中宣示民俗学研究的立场、目的和方法，'我们要站在民众的立场上来认识民众'，'我们要探检各种民众的生活，民众的欲求，来认识整个的社会'，'我们自己就是民众，应该各各体验自己的生活'。宣言强调学者的民众立场和自身体验，具有了学者与民众互为主体性的实践民俗学思想萌芽。"[2] 在这份释读中，主办者显然有意忽视了《发刊词》中反复出现的"认识"二字，只字不提其"认识目的论"，而是选择性地从中提炼出"非认识目的论"的"实践目的论"，并且将之定性为民俗学的"初衷"。

巧的是，历史学的"华南研究"也是从这篇《发刊词》中找到了自己的学术信念和理论渊源，但他们从中拈出的主要是"认识民众""认识整个社会"的"认识目的"，而对"我们自己就是民众，应该各各体验自己的生活"的"自身体验"和"实践目的"视若无睹。他们继承了"中山大学民俗学会"的华南研究倾向及其人类学方法论的传统，其研究纲领的硬核之一是："华南研究的目标在于改写中国历史，实质上是要探索如何从民众的生活和欲求来认识整个社会。"[3] 其一再强调的，恰恰是历史学的"认识目的"。

---

① 刘晓春、刘梦颖：《民俗学如何重申"民众的立场"——"〈民俗〉周刊创刊九十周年纪念'学术研讨会》综述），《文化遗产》2019 年第 1 期。
② 中山大学中文系、中山大学中国非物质文化遗产研究中心：《〈民俗〉周刊创刊九十周年纪念学术研讨会通知》，2018 年 9 月 3 日。
③ 刘志伟：《在历史中寻找中国："华南研究"三十年》，高士明、贺照田主编《人间思想 04：亚洲思想运动报告》，（台北）人间出版社，2016 年，第 36—37 页。

回到民俗学界，朝戈金的口头传统研究也是"认识目的论"的民俗学。"20世纪末，肇始于美国的'口头程式理论'经朝戈金等中国学者的积极引介、翻译与在地化运用，在进入中国后的 20 多年中，不仅催生了中国民间文学和中国史诗学的学术研究范式转换，而且渐为民间文学以外的其他邻近学科提供了认识论与方法论意义上的理论参照与技术路线。"①

可是，认识目的论的民俗学在实践目的论的话语系统中是被无视的、不存在的。我们以高丙中的长篇民俗学史论《中国民俗学的新时代：开创公民日常生活的文化科学》为例，作者首先在文中明确表达了民俗学新时代的标准："研究民俗之'民'，就是要让旧范式下的文化遗民转变成新范式下的文化公民，完成这个转换，才是当下的中国民俗学的学问。"按照这一标准，中国民俗学新时代的开拓者，自然就只剩下少数几位实践民俗学者了。我们可以通过文中"出镜"民俗学者的定量分析，依次列出一个出场名录：高丙中 23 次（包括特指作者本人的"我" 17 次）、吕微 14 次、钟敬文 12 次、户晓辉 12 次、刘铁梁 6 次、刘晓春6 次、周星 4 次、韩成艳 4 次、刘魁立 4 次、王杰文 3 次、王立阳 3 次、杨树喆3 次、安德明 3 次。出场 10 次以上的，除了绕不开的钟敬文，就只剩了高丙中、吕微、户晓辉。事实上，文中正有这样的表述："无论就其哲学根基还是就其民俗学问题的针对性和系统性，（高丙中、吕微、户晓辉）这些著述都代表了中国民俗学者对于西方理论的中国化、对于哲学的民俗学化的最新高度。三人成众，中国民俗学初步具备自己的理论队伍，初步形成自己的理论领域。"② 在上述 13 位民俗学者中，可以基本判定为实践民俗学派及其支持者的至少 7 人。而本章着重讨论的另外两个学派的代表人物朝戈金、刘守华，出场次数均为 0。

问题是，诸如口头传统等其他学派对于"中国民俗学的新时代"真的就毫无贡献吗？换个角度，就会呈现一个完全不同的学术视野："口头传统的研究，涉及

---

①朝戈金、姚慧：《面向人类口头表达文化的跨学科思维与实践——朝戈金研究员专访》，《社会科学家》2018 年第 1 期。

②高丙中：《中国民俗学的新时代：开创公民日常生活的文化科学》，《民俗研究》2015 年第 1 期。

思维规律、信息技术、语词艺术等诸多领域，其影响力也是多向度的。仅就中国的民间文学研究领域而言，学术格局和理路，都在其作用下发生着改变……口头传统研究所涉猎的话题极为广阔，具有极大的发展空间，其前沿属性和跨学科特点，赋予这个学术方向很大的生长空间。"①

所有的学派都是具有特定理论偏向的学术共同体，而所有的理论都是偏光镜。戴着理论偏光镜所看到的世界，是一个被偏振过滤的世界，我们只看到了自己想看到的，以及能看到的。比如，过去我们一直以为"不喧哗"是西方人文明观戏的标准模式，可是站在美国民俗学者理查德·鲍曼"表演理论"的眼光来看，演员渴望得到观众的鼓励是很正常的，没有互动的表演反倒是不完整的。在中国，被誉为"当代坤生第一人"的王佩瑜也说："京剧的叫好是一种文化。"② 那么，"观戏叫好"到底是文化还是恶俗？不同的理论视角会给出完全不同的答案。

任何学派的认识都是片面的、有限的，但也是有理有据、合理合法的。"学派是无所谓对错的，而是互为补充的。"③ 但是，如果我们不能认识到真理的相对性和片面性，不能理解范式转换犹如乾坤挪移，不能理解人的认识永远无法指向全部的真实世界，不能理解别人看到的世界中包含着许多我们看不见的成分，我们就会自以为是地将其他学派的思想斥为"虚妄""没有价值"，从而对别人的工作横加指责。

科学发展从来都是不同学派从不同角度、不同侧面的各自突破，从来没有一个学派能够促成科学事业"全面发展"。凡是声称综合研究的，基本上都是面面俱到的概论式研究。正如我们在评价一部文艺作品时，如果既站在批判现实主义的立场，又基于魔幻浪漫主义的视角，那么任何作品都是"有缺陷"的。我们在参加博士论文答辩的时候，听得最多的意见就是："如果能够加上××角度的论述，论文会更加全面。"可是许多学者直到退休也没明白，学术研究就应该钻牛

---

① 朝戈金：《"口头传统研究"开栏语》，《贵州民族大学学报》2015年第5期。
② 蔡木兰：《王珮瑜：京剧的叫好是一种文化》，澎湃网 http://www.thepaper.cn，2017年8月20日。
③ 倪波、纪红：《论学派》，《南京社会科学》1995年第11期。

角尖，好的论文从来都不是以"全面论述"为目标。

学科之间的差距是很容易理解的，但或许我们没有意识到，学派之间的差距其实就是学科差距的微缩版。而学派与学科之间的关系也是动态的，一个学派的发展空间如果足够广阔，也有可能成长为一门独立的学科。事实上，美国的口头诗学在进一步拓展之后，就被弗里当作学科来经营："口头传统作为一门学科，其边界超越了口语艺术的范围——从《旧约全书》的形成到当代黑人宗教布道，从荷马史诗的文本衍成到当代的斯勒姆颂诗运动，都成为口头传统的研究对象。"[1]

当我们将视线转入学派内部时，还会发现学派成员之间也经常强调个体观点的巨大差异。吕微就经常说他哪篇文章批评了高丙中，哪篇文章受到了王杰文的反批评，彼此差距很大。虽然在学派外部的我们看来，吕微对高丙中的批评都是歌颂式批评，而王杰文与吕微的观点差异也只是"一碗萝卜"和"萝卜一碗"的区别，但是从学术发展的角度来看，恰恰是内部的论争，对细微之处的修补和订正，有力地促进了理论的完善，丰富了保护带的建设。"社会科学的研究也是群体性的事业，只不过它不像自然科学研究那样，由许多人共同完成一个课题，而是由对话与沟通、借鉴与批评的方式来从事的群体性事业。换言之，学术批评是学术团体共同从事学术研究的方式，是学术团体共同完成学术使命的手段。"[2]

对于学派之间的关系，既有的科学社会学研究均认为是竞争关系。如果从人才争夺和资源分配的角度来看，竞争说当然有道理。竞争促使每个学派都得在理论和方法上筑牢硬核的逻辑结构，取得"进步的经验转换"，以便在学科格局中"争取更多的学术资源，获得更大的学术名望，占有更重要的学术话语权，掌控更多的工作岗位"。[3]

但如果仔细考察哲学社会科学的学术史或学术格局，我们就会发现，与竞争关系相应，学派关系更加倾向于互补关系。狭义的学术竞争就像同一项目的竞标，或者同一试卷的数学考试，可以在同一领域、同一选题上分出高下。但是纵

---

[1] 朝戈金：《追怀弗里：远行的"故事歌手"》，《中国社会科学报》2012年12月31日。
[2] 张明楷：《学术之盛需要学派之争》，《环球法律评论》2005年第1期。
[3] 官敬才：《论学派——兼及我国马克思主义哲学研究中的学派问题》，第36页。

观科学发展史，我们找不到任何两个学派构成了这样一种单纯的竞争关系。以本章提及的民俗学派为例，无论是刘锡诚归纳的20世纪中国民间文学八大流派，还是刘守华的故事文化学派、吕微的实践民俗学、朝戈金的口头传统研究，相互之间不存在任何竞争关系。

我们把视野缩小到故事学领域，假设刘魁立的故事形态学也壮大为一个学派，它与刘守华的故事文化学派之间会有竞争关系吗？刘魁立倾向于共时研究，刘守华倾向于历时研究；刘魁立倾向于结构分析，刘守华倾向于文化分析；刘魁立倾向于形而上的理论建设，刘守华倾向于形而下的个案研究。两者虽然同治故事学，但其研究视角和进路完全不同，我们与其称之为竞争关系，不如称之为互补关系。正如《牛津法律大辞典·法理学的学派》结语中说："对法学家进行学派的分类不应模糊这种事实，即：在他们所有的观点和方法中都存在着一定的真理和价值，而且，这些观点和价值是互补的。"[1]

那么，有没有研究对象和研究进路完全一样，纯粹竞争关系的两个学派呢？科学史上从来不存在这样的两个学派。可以设想，如果真出现这种局面，其结果只有两种：要么惺惺相惜，强强联合；要么弱势一方改弦易辙，另辟蹊径。这方面最著名的学案就是顾颉刚与傅斯年之间"疑古"与"重建"的纠葛，顾傅两人本来都属疑古一派，其间傅斯年出国七年，回来后发现顾颉刚已经牢牢地坐稳了疑古领袖的位置，心高气傲的傅斯年"可能为摆脱顾颉刚的阴影，进而否定了北大时期'疑古的傅斯年'，这时'光武故人'就变成'瑜亮情节'了"[2]，他另组人马再起一灶，开辟了"上穷碧落下黄泉，动手动脚找东西"的"重建派"（史料重建派）。[3] 在中国现代学术史上，两派双峰并立，成为史学革命最重要的两大学派。

---

① [英] 戴维·M. 沃克编著:《牛津法律大辞典》，北京社会与科技发展研究所译，光明日报出版社，1988年，第801页。
② 杜正胜:《从疑古到重建——傅斯年的史学革命及其与胡适、顾颉刚的关系》，《中国文化》1995年第2期。
③ 李扬眉:《学术社群中的两种角色类型——顾颉刚与傅斯年关系发覆》，《清华大学学报》2007年第5期。

八、"中国民俗学派"的悖论

学派是学科的进一步细分。假如将一门学科比做一棵树，那么，学派就是树上的枝权，学人就是权上的树叶，要想根深叶茂，就得枝粗权壮，单一枝权的树显然是屡弱的、没有竞争力的。正是不同学派的多向积累、互相补足，一个学科才能得到相对均衡的发展，不至于单调枯萎。

只有一个学派的学科，一旦出现学术权威，没有其他学派的刺激、制衡和补足，很容易就会导致整个学科的偏执和钝化，最后流为只有一种权威性概论思维的没落学科。但是，中国学界从 1981 年开始，就不断有人提出建设一派独尊的"中国学派"①的动议。从早期的比较文学开始，再到民族音乐学、戏剧学、系统科学、经济学、考古学、文艺理论、世界史、国际政治诸领域。进入 21 世纪以来，以"建设××学科中国学派"为主题的倡议文章更是汗牛充栋，数以千计，检索"中国知网"，依据口号提出的先后顺序，决心建设"中国学派"的学科还有翻译学、国际关系学、社会学、产业生态学、法学、管理科学、工程哲学、文化研究、民族学人类学、高等教育科学、风景园林学、可持续发展科学、财政学、非洲研究、传播学、经济管理、健康伦理学、科技术语研究、道教研究，等等。甚至国际象棋、动漫产业、芭蕾舞、美声唱法、单簧管、话剧表演、电影理论、油画艺术、远程教育、竞技体育、企业文化都要建立中国学派。而气魄最大者，是多位学者撰文提倡建设整个中国哲学社会科学的中国学派。但是非常遗憾，建设中国学派的口号喊了 40 年，至今没有一个学科敢于宣称建成了可以称之为"中国学派"的学派，哪怕勉强建成的都没有。

"建立中国民俗学派"口号的提出始于 1998 年。在"中国民俗学会第四次全国代表大会"上，钟敬文先生做了《建立中国民俗学学派刍议》主题报告，就建立中国民俗学派的必要性与可能性、学派的特殊性格、旨趣和结构体系，以及今后的发展方向等问题进行了全面阐述。代表们围绕着该报告进行了热烈的讨论和

---

① 罗庆文：《论学派》，《科学学与科学技术管理》1981 年第 3 期。

学习，一致认为报告对于中国民俗学的发展具有十分重要和深远的意义。段宝林在闭幕词中说："这一重要报告，通过热烈的讨论，已经成为大家的共识，这就使这次大会成为中国民俗学发展历程中一个重要的里程碑，必将引导中国民俗学进入一个新的时代。"①

二十多年过去了，"中国民俗学派"依然无影无踪，甚至可以预知，将来也不可能建成。建不成的原因是学理上无法成立。

学派不等于学科。可是，当一个学派以国家名义来命名的时候，也就意味着该学派的地域范围覆盖整个国家，这是该学科在该国"一统江湖"的唯一学派，学派的内涵和外延在该国就与学科达到完全重合。如果 A 等于 B，那么，A 和 B 之间就有一个是没有存在意义的。可见仅从名称上看，"中国民俗学派"就等于"中国民俗学科"，学派在这里就是一个自相矛盾、无法成立的概念。

我们试想，如果朝戈金的口头传统研究是中国民俗学派，那么，吕微的实践民俗学、刘守华的故事文化学派难道就不是中国民俗学派吗？如果都是中国民俗学派，那所谓学派不就名存实亡了吗？再往前看，20 世纪上半叶的民俗学诸流派中，谁又堪称中国民俗学派？如果将顾颉刚为代表的历史演进派定为中国民俗学派，那么，钟敬文为代表的民间文艺学派就不能是中国民俗学派。反之，则历史演进派不能是中国民俗学派。按照这种命名逻辑，无论如何都必须将中国民俗学的两大"祖师爷"之一排除在中国民俗学派的大门之外。

我们之所以能够区分不同的学派，是因其研究纲领具有独特性、排他性，"一切科学研究纲领都在其'硬核'上有明显区别"。② 现在，我们看看中国民俗学派的研究纲领（硬核）有没有独特的、可识别的学派特征。钟先生在"建立学派的必要性"中开宗明义地说："建立民俗学的中国学派，指的是中国的民俗学研究要从本民族文化的具体情况出发，进行符合民族民俗文化特点的学科理论和方

---

① 中国民俗学会秘书处组织编写，施爱东执笔：《中国民俗学会大事记（1983—2018）》，学苑出版社，2018 年，第 68 页。

② ［英］伊姆雷·拉卡托斯：《科学研究纲领方法论》，兰征译，上海译文出版社，2016 年，第 56 页。

法论的建设。"① 并且将 "旨趣和目的" 归纳为四个要点：清理中国各民族民俗文化财富；增强国民文化史知识和民族意识与感情；资助国家新文化建设的科学决策；丰富世界人类文化史与民俗学的文库。

但是，这样的宗旨是很难作为学派硬核的。刘宗迪发明过一个 "关键词替换法"，专门用以测试那些看似有道理，实则无关特定对象的学术命题：一个命题是否有意义，必须看该命题是否经得起关键词替换；如果某个关键词被替换后，该命题仍然成立，则该命题与该关键词没有必然联系。比如考察这样一个命题："中国学派的基本特点是：具有中国特色、现代的、先进的、世界的、开放而与时俱进的。"② 我们可以将其中的 "中国" 替换成英、美、德、法、日任何一个国家，该命题依然能成立，于是我们判断该命题没有意义。同样，我们将中国民俗学派的 "必要性" "旨趣和目的" 替换成日本的、韩国的、越南的，该硬核一样可以成立。因此可以认为，中国民俗学派的研究纲领不具备独特性和排他性。

不同国家的民俗学之间本该是互相学习、相互交融的对话关系，可是，如果按照钟先生的学派逻辑，每个国家都可以有且只有一个 "×国民俗学派"，彼此更换的只是国别名称，学术派别变成了国家派别。根据我们前面论述过的 "学派之间的不可通约性"，这样的学派建设，最终很可能演化为民族主义的学术对垒，而不是平等交融的学术对话。

那么，我们有可能从理论和方法上对中国民俗学派做出国别区分吗？答案也是否定的。钟敬文将其 "方法论" 分成了三个层次：（一）世界观或文化观的层次；（二）一般的或大部分科学共同使用的方法；（三）某种学科所使用的特殊的研究方法。③ 可即便是最具特殊性的第三层次，依然是 "某种学科所使用的"，也即是 "学科的" 而不是 "学派的"，这跟日本民俗学者菅丰所提倡的 "普通的学问"④ 几乎没有任何区别。

---

① 钟敬文：《建立中国民俗学派》，黑龙江教育出版社，1999 年，第 4 页。
② 刘人怀、孙东川：《再谈创建现代管理科学中国学派的若干问题》，《中国工程科学》2008年第 12 期。
③ 钟敬文：《建立中国民俗学派》，黑龙江教育出版社，1999 年，第 54—55 页。
④ 施爱东：《民俗学的未来与出路》，《民间文化论坛》2019 年第 2 期。

可能有人会举"芬兰学派"为例进行反驳，但是别忘了，芬兰学派还有另外一个更正式的名称"历史地理学派"："通过对不同地区的相关民间文化异文的比较，对题材模式的迁徙和流变状况进行探索，力图确定其形成时间和流布的地理范围，从而尽可能地追寻这种题材模式的最初形态和发源地。"①该派有非常明确、独特的理论硬核、保护带和方法论，恰恰是用关键词替换法无法替换的。

从学科发展纲要的角度看，"建立中国民俗学派"有一定的指导意义，但若从学派建设的角度看，钟先生显然错误地理解了学派，他将学派建设视同于一国之学科发展。真正的学派生长所需要的，恰恰是自由的学术生态，以及对权威的反叛，而不是对预设目标和既定结构的填空，更不是以国家名义实行单一学术旨趣的学术垄断。

事实上，在钟敬文时代，真正有个性的学派苗头恰恰都被抑制了。在"中国民俗学派"的威名震慑之下，谁敢、谁能另立一个"非中国民俗学派"呢？2001年由中山大学主办的"钟敬文先生百岁寿庆暨'现代化与民俗文化传统'国际学术研讨会"上，当王文宝和贺学君在会上称赞叶春生正在建设一个具有区域特色的"岭南民俗学派"的时候，叶春生马上惶恐地表示了否认。

放眼全球科学史，从没听说哪个学派是事先命名，然后按照定计划、分步骤的路线图建立起来的。更没听说过哥本哈根学派是因为玻尔振臂一呼，说"我们一定要建立一个学派"，于是学派就建立起来了。学派往往具有滞后效应，一般来说是这样一种情形：一群志同道合的学者做出了一定成绩，形成了独特的研究范式，具备了一定的学术规模，逐渐被学界同行注意到，这时，有一二位派内或派外的学者，从其学术特征中拈出一个标志性的学术符号，在论文或会议中使用，得到同行认可，逐渐成为共识。

九、门派、学派、流派的递进路线

任何一个学科都是学派少、门派多。当学术的真理性、客观性、崇高性被悬

---

① 钟敬文主编：《民俗学概论》，高等教育出版社，2010年，第370页。

置之后，学术研究作为一种社会活动的行业特征变得日益显著，学术行业尤其是哲学社会科学领域的"经营性"特征也越来越明显，学者要在这个学术江湖上混出名堂，一般会在上中两层做好"合纵连横"，再在中下两层搞好"门派建设"。

学术行业的师承关系大致可以归纳为四种：

（一）直系师承关系。主要是导师及其名下的博士、硕士之间的关系。

（二）学制师承关系。一般来说，同校同学科的所有教师与所有研究生都是制度性的师生关系。关系确认的前提主要在于教师一方，一位名气足够大、学术资源足够多的教师，可以做到桃李不言，下自成蹊，自动吸附同学科的所有非直系学生。在钟敬文时代，所有在北京师范大学毕业或进修过的民俗学者，无论由谁具体指导，他们一定都首先使用"钟门弟子"的说法。这点在日本也一样，在福田亚细男退休之前，大凡神奈川大学的民俗学毕业生，多数都会对外声称自己是福田的学生。

（三）拟制师承关系。主要指通过社会性仪式确认的师承关系，类似于古代座师与门生的关系。比如某研究所所长与该所青年学者的关系、著名学者与著录弟子的关系。拟制师承关系的关键不在于传道授业与解惑，而在于对一种亲密关系的确认。

（四）同业师承关系。这是依据学者在行业中的地位、身份和辈分来确认的一种广义的师生关系。某学者创立了一套方便操作、可持续发展的研究范式，吸引了部分同业者的追随模仿，他们自愿尊称该学者为老师，甘为后学、愿承学脉。

学术门派中，最重要的支撑力量是直系门生。在校博士生因为没有自主选择的自由，他的博士论文方向和选题必须尊重导师的意向，或者作为导师在研项目的一部分，导师的要求对于他们来说就是学术指令。在民俗学界，"甚至我还从不同渠道听说，有个别知名学者居然要求自己的学生，除了钟敬文先生的著作和自己的著作，其他国内同行的著作都不用读、不许引"。[1]但事实上，这种强势

---

① 施爱东：《"神话主义"的应用与"中国民俗学派"的建设》，《民间文化论坛》2017 年第 5 期。

捆绑的学术团队是最不牢靠的，学生一旦毕业，可能远离学界，也可能"叛出师门"，所以，单一师门的学术团队只能是门派，不能被视作学派。没有学术选择自由的在校博士生也不能被视作学派成员。

学术门派即使加上学制门生和拟制门生，依然难以被视作学派。一个掌握了学术资源的学术领袖，自然会有学制门生和拟制门生竞相依附，这种依附关系既可能是学术依附，也可能是资源依附。

当代中国学界，学术门派的标志性特征是"师门微信群"。大部分师门微信群都是把导师的姓氏放在第一个字，最常见的群名是四个字的"×门××"。这样的微信群往往把联络感情放在第一位，社会评论放在第二位，几乎没有学术交流。多数师门微信群都有如下特征：①师母当家，活跃气氛，有时传达老师想说而不便说的话；②红包游戏，师兄弟之间实现"礼物的流动"；③及时发布导师的新成果，及时学习，轮番称赞；④对导师参与的社会活动给予高度评价；⑤弟子们互相交流工作业绩，彼此相互点赞鼓励；⑥活跃气氛的社会评论及插科打诨。

在这种大家庭式的师门圈子里，肉麻的吹捧听得多了，导师飘飘然会觉得自己的确风采峭整、学问精深，大有独树一帜创立学派的必要，一俟时机成熟，就会在某次由本校主办的学术研讨会（有时是行业年会）上打出"××学派"的旗帜。多数情况下，"××"是一个地域名称，比如"三晋""鄂西""齐鲁"之类。因为他们既没有标志性的理论，也没有独特的方法，只有学科带头人和所在的地域/学术机构是独特的。如果导师的学术成就和学术影响足够大，有足够多的话题资源，弟子们就会开发一个"微信公众号"，或者不定期出版师门论文集，发布与该"学派"相关的论文和学术报道，以光大师门，强化身份认同。

不过，这样的"学派"旗帜一般只能坚持十几年，大部分旗帜刚举起来就意味着将要倒下。我们可以算一下，要打出一面学派旗帜，基础要足够深、声势要足够大、学生数量要足够多，一般来说，导师差不多得年过半百才能经营出这样一种局面，事实上这时候已经临近退休了。而导师一旦退休，失去了学术权力或"江湖地位"的加持，弟子们除了在微信群里唱唱颂歌，剩下的也就是教师节到导师家里送束鲜花，导师生日时聚聚餐唱唱歌，平时都在各自的学术生涯中各归各位，课时、会议、论文、项目，折腾自己那摊子事，所谓学派也就名存实亡了。

确立一个门派很容易，但要发展成一个学派，却还有漫长的道路。"一个学派、一种研究范式唯有在运用中得到学界的拥趸，才可能在学术圈、整体学科意义上，成为学派、成为研究方式，而不是靠自诩、自夸就能够成事的。"[①] 但目前学术界的一种怪现象却是，被公认为学派的（如华南学派）不承认自己是学派，而一些门派特征明显的学术共同体，却急切地想让学界认可它的学派身份，比如山西大学学者就撰文呼吁："应当对'语境论学派'（甚至直称'郭贵春学派'）学者群体，或者具有语境论旨趣的学者群体，响亮地给予符合国际惯例的'学派'名号。"[②]

之所以说门派难以成长为学派，还有一个关键性的死结：学术批评机制的缺失。越是显赫的师门，导师名气越大，学生就越是难以对导师的学说质疑和批评，而且，门派内部讲究论资排辈，小师弟在大师兄面前也很难取得平等话语权。可是，如果共同体内没有平等对话和相互批评的学术氛围，就不可能有学术的创新与发展。"满足于现有答案，不展开学术批评，就意味着现有学术成果没有问题。任何科学都是为了解决问题，如果没有问题，科学就没有存在的必要了。"[③] 门派没有可持续发展的批评动力，学派就不可能生成。

在哲学社会科学界，一个门派若要培育成学派，除了导师必须具备学派领袖的各项特质之外，还得满足以下四个条件：

（一）确立一套开山立派的学术研究纲领，尤其是作为硬核的学术理念或研究范式。

（二）团结一批衷心拥护该研究纲领、热衷于学派建设的同业优秀学者。

（三）明确一个稳定的、专门的学术领域，或一套可持续发展的理论体系，

---

① 王建民：《中国学派及话语构建中的利益纠葛》，《探索与争鸣》2017 年第 2 期。
② 韩彩英：《学派观念和中国科学哲学"语境论学派"的学术特色》，《学术界》2011 年第 5 期。
③ 张明楷：《学术之盛需要学派之争》，《环球法律评论》2005 年第 1 期。

从该领域的理论体系中拣选、发展出一系列共通、适用的学术符号。

（四）既有的学术成果具有良好的社会解释力或文本解释力，其研究范式能够吸引青年学者不断加入，具有可持续发展的学术空间。

以刘守华为例，他在华中师范大学长达六十余年的教学生涯中，培养了一大批故事学人才，还吸引了其他高校的许多故事学者。他们有固定的研究领域、明确的研究纲领，甚至在论文写作模式上都有明显的形态特征。[①] 刘守华最大的特点是自从进入故事学领域，确认一套文化学研究范式之后，再不松手，不贪多、不务杂，用毕生精力反复操作。一批优秀故事学者以此范式共同完成的《中国民间故事类型研究》[②] 可以视为这一学派成型的标志性成果。

学派不同于流派最重要的一点，是自觉的共同体意识。在互联网时代，学派成员之间的虚拟交际更加频密，共同体意识的培养可以跨越空间，但无法跨越时间，也不容易跨越语言，因而具有特定的时间和语言限制。如此限定之后，那些跨越时间和语言的，由史家归纳出来的共同体，就只能归入流派。比如刘宗迪等学者认为当代民俗学界存在一个诸如刘锡诚、叶涛、萧放、陈泳超、黄景春、刘宗迪、施爱东等人组成的"顾颉刚学派"，他们都注重史学方法与民俗学的结合，注重史料和历史、地理的维度，这恰恰是现代民俗学理论话语中被忽视的"执拗的低音"。可现实中，该派成员不仅与作为宗师的顾颉刚之间无法学术互动，即使成员之间也没有自觉的共同体意识，只能是一种学术流派。

如果我们承认一个具有流派特征的"顾颉刚学派"，那么，新的问题又出现了：民俗学的"顾颉刚学派"将顾颉刚立为宗师，历史学的"华南研究"共同体也将顾颉刚视作宗师之一，这两个学术共同体之间又是什么关系呢？同样的问题也出现在具有流派特征的口头传统领域。20世纪末、21世纪初，一批美国语言学者在现代认知科学的背景上重新思考和讨论口头演述性问题，将帕里—洛德理

---

① 刘守华的故事文化学派是在芬兰"历史地理学派"的基础上，结合文化分析方法而形成的一种故事研究法。笔者曾经将刘守华故事研究模式总结为 6 个功能性步骤。参见施爱东《故事学 30 年点将录》（《民俗研究》2008 年第 3 期）。
② 刘守华主编：《中国民间故事类型研究》，华中师范大学出版社，2002 年。

论与认知语言学相对接，形成了一个新的"认知口头诗学"，这个学派与远在中国的"口头传统"又是什么关系呢？

这只能说是亲戚关系，亲戚间可以相互走动，也可能不走动，主要视乎无形学院① 是否形成。但是，这个问题却带出了流派高于学派的一个重要特征：从学派"硬核"的角度来看，流派必须具备一套能够对经验事实做出较好解释说明的、具备超越学科藩篱影响力的基础理论假设和研究方法，才有可能跨越时空障碍和语言隔阂，甚至隔代遗传，衍生出不同的流派。而如果仅凭一种理想化的学术信念，以及特定范式操作的专门学术领域，则很难对学派之外的优秀学者形成持久吸引力，难以跨界流播。

也就是说，学派成长为流派的前提条件是，学派领袖必须创造性地"发明"一套具有较强的经验事实解释力、富于学术启发性的理论假设，如顾颉刚的"层累造史理论"、口头传统的"帕里－洛德理论"、普罗普的"故事形态学理论"等，同时还要具备一系列配套的操作工具和方法，如顾颉刚的"历史演进法"、口头传统的叙事单元分析工具以及口头诗学三个结构层次的分析模型、普罗普的功能分析法，等等。

从学术主体的角度来看，流派必须有合适的学术传人。一个学派如果指明了一个意义重大的学术方向，提出了一套建设性的理论与方法，让同业者相信该方向确有可持续发展的远大前景，自然会吸引他们前赴后继地追随。以口头传统研究为例，该派理论最早源于哈佛大学帕里、洛德师徒的口头诗学，第二代领军人物弗里将之拓展到更加广阔的口头叙事传统，进入 21 世纪之后，学术重心开始转向中国，朝戈金领导的"口头传统研究中心"进一步提出了"回到声音""全观口头诗学"的学术理念和研究路径。朝戈金坚信，弗里及其口头传统的理论、方法和学术理念必有远大的学术前景，其体系化发展必将带来对人类表达文化的整体反思和知识框架的重新整合。反之，一个学派的理论与方法如果不能吸引青年学者前赴后继地追随，就很难在现代学术格局中得到稳定维护、积淀成流派。

———

① 这里主要是指跨学科的学术精英之间的互动关系。

综上所述，那些依靠师承关系或行政力量强制圈定的学术团队，就是门派；能够吸引一批同业优秀学者自愿加入的学术共同体，就是学派；学派获得了跨时空传承、跨语言传播的生命力，就是流派。但是，流派也不必然从学派传承而来，流派的生成途径有二。我们将从学派传承而来的流派称作"亲炙流派"，亲炙流派具有谱系清晰的特征，比如口头传统研究就可以画出"帕里—洛德—弗里—朝戈金"的代际路线图。另外一种流派我们称之为"致敬流派"，也即宗师与流派成员之间没有直接师徒关系，属于未曾谋面的隔代传承或国际传播，它是私淑弟子对于理论开拓者的遥远致敬："许多并非同一单位的学者，因为相近的学术旨趣或思维方式，会选择相近的研究范式。一批散布于不同学术机构的，与顾颉刚扯不上任何师承关系的青年学者，反而是顾颉刚民俗学范式最忠实的拥戴者。"[1]致敬传承不存在代际路线图，尽管史学界存有一脉未曾间断的"疑古派"，但是，民俗学界的"顾颉刚派"并没有从疑古派接续香火，而是直接致敬顾颉刚，承续了历史演进的民俗研究范式。亲炙流派由于具有学派连续性，一般也会传承学派一贯的共同体意识，而致敬流派由于缺失学派领袖，很难后天培养自觉的共同体意识。

十、尊重学术多样性应该视为一种学术伦理

"中国学派"是一个在科学哲学上无法逻辑自洽的自闭性概念。进入 21 世纪后，钟敬文提出的"中国民俗学派"不仅没能落实，反而愈显缥缈。执着于不同学术理念的民俗学者，共性越来越少，交流越来越困难，民俗学分门别派已成大势所趋。

广义的学术派系包括门派、学派与流派。那些依靠师承关系或行政力量强制圈定的学术团队，就是门派；能够吸引一批优秀同业者自愿加入的学术共同体，就是学派；学派获得了跨时空传承的生命力，就是流派。学派形成是以学科成熟为前提的，现代学术中的科学学派业已成为新思想、新理论的孵化器和扩音器。

---

[1] 施爱东：《我们都是顾颉刚的私淑弟子（代序）》，王霄冰、黄媛选编《顾颉刚中山大学时期民俗学论集》，中山大学出版社，2018 年，第 2 页。

不同学派虽然在资源争夺上表现为竞争关系，但在学科结构上主要表现为互补的平衡关系。

学派建设的三个要素，一是具有可持续发展前景的科学研究纲领，二是擅长学术经营的学派领袖，三是学派成员自觉的共同体意识。

"学术多样性"是现代学术的一项基本特性，尊重学术多样性应该视为一种学术伦理。学派多样性是学术多样性的具体表现，每一个学派建设，都从不同方向促进了人类知识的生长。我们可以从两个不同的角度来看待学派建设对于学术发展的意义：不同学派之间的竞争互补有利于学术多样性的发展；学派内部的有效交流有利于将零碎的知识系统化、共识化，在专业领域内实现知识财富的可靠增长。

第二章
早期民俗学者的学科认知与学术规划

　　钟敬文把中国现代民俗学的早期发展分成两个时期，其中以北京大学歌谣研究会为主的民俗学活动是开创时期，前后七八年时间。《歌谣》周刊《发刊词》中较早地提出了"民俗学"的概念："我们相信民俗学的研究在现今的中国确是很重要的一件事业，虽然还没有学者注意及此，只靠几个有志未逮的人是做不出什么来的，但是也不能不各尽一分的力，至少去供给多少材料或引起一点兴味。歌谣是民俗学上的一种重要的资料，我们把它辑录起来，以备专门的研究。"[1] 但是，《歌谣》周刊仅仅提出了这么个名词，至于何谓民俗学，其研究对象、研究方法、研究目的是什么，民俗学的提倡者们却不甚了了。

　　1925 年以后，由于时局动荡，加之北京大学办学经费紧张，教授们纷纷南下，民俗学活动也就自然中止了。顾颉刚等一批歌谣研究会的参加者汇聚到了广东，他们在中山大学重整山河，组建了中国现代学术史上第一个民俗学会——中山大学民俗学会。钟敬文认为："它不但开拓了中国民俗学的领域，在东亚人民文化研究史上也是引人瞩目的。日本的中国民俗学研究家直江广治博士，曾经说过这样意思的话：我们可以这样认为，由于中大民俗学会的成立，中国民俗学走上了科学的研究途径。"[2]

　　所谓"走上科学的研究途径"，大概是指民俗学的学科雏形是在中山大学民俗学会时期逐步建设起来的。正是在这一时期，早期民俗学者们开始规划和畅想

<hr>

① 佚名：《发刊词》，《歌谣》周刊第 1 号，1922 年 12 月 17 日。
② 钟敬文：《60 年的回顾——纪念中山大学民俗学会创立 60 周年》，《钟敬文文集·民俗学卷》，安徽教育出版社，1999 年，第 343 页。

民俗学的对象范围和研究路径。可是，执着于不同学术取向的民俗学者，因其对于民俗学的理解与理想的偏差，也从此分道扬镳。有人筚路蓝缕，以启山林，终于成为中国现代民俗学的奠基者；也有人就此退缩，金盆洗手，消失在中国现代民俗学的历史长河中，成为学术史上的路人甲。

民俗学是一门什么样的学科？古代先贤并没有为我们树立一座指引航向的伟大灯塔，一切都有赖于民俗学开创者摸着石头过河。

1928 年 12 月，中山大学民俗学会校内主要成员合影，左起：余永梁、商承祚、陈锡襄、庄泽宣、沈鹏飞、顾颉刚、刘万章、崔载阳、容肇祖、黄仲琴、佚名

一、三份大相径庭的工作计划

中山大学民俗学会成立之后，1928 年 12 月 25 日，顾颉刚、余永梁合作完成了中山大学语言历史学研究所的《本所计划书》，第四部分即民俗研究计划：

（1）作两粤各地系统的风俗调查

中国学术界对于民俗的注意，也是近来的事。本所民俗学会在此方面已占重要的位置。但还没有系统的集众工作。现在应着手精细的调查，先选派对于民俗观察训练的人若干，分赴各地调查，就先从两粤着手。

（2）西南各小民族材料之搜集

中国的民族史，北部因历史上的事实，各民族没有显然的差别。西南则交通与政治势力的关系，各小民族还生存到现在，如苗、瑶、僮、蛋等民族。他们的风俗、语言、社会组织等，应趁还有可搜求的时候赶快去搜集。

（3）征求他省风俗、宗教、医药、歌谣、故事等材料

要求中国的民俗调查得详尽，须费很多年的时间，而且也不是本所能够完全担任得了的。可是在中国学术机关还没有几个对于这方面从事的，本所应尽力提倡并作搜集的工作。

（4）风俗模型之制造

要大家走遍世界寻风问俗是不可能的。我们制造模型，先从中国起，再推之于各国。使人们一踏进我们这个陈列所，就可见到各地风俗实况之缩影，使人得到一个具体的观念。

（5）钞辑纸上之风俗材料

固然从前文籍所纪的风俗不翔实，但那是时代的关系，不能深怪，还应该好好地应用他。试问在纵的方面的研究，除了纸上材料，还有旁的多的法儿吗？所以旧有文籍，应先从各地方志、笔记、小说、文集，歌曲唱本等等钞辑出来，作"比较风俗学"。

（6）编制小说、戏剧、歌曲提要

"民俗学目录学"，我们应提出这标题来。将各地民间小说、戏剧、歌曲，先编提要，使大家有个线索，研究方便。民俗学才会很迅速地发达、进步。

（7）编印民俗学丛书及图片

本所已出民俗学丛书二十余种，在中国民俗学从没有这样记录，但以民俗学问的全体而论，怕只不过九牛一毛。本所应继续编印，使民俗学蔚然成为大国。至于图片，亦应多多编印，以广流传。

（8）扩充风俗物品陈列室为历史博物馆民俗部

本所现有风俗物品陈列室，规模初具，应尽财力能力所及，加以扩充，为语言历史博物馆之一部。

（9）养成民俗学人才

本所上期开设民俗学传习班，训练民俗调查研究的人才，毕业已20余人。可是民俗学是需要大队人工作，才易收效。本所应继续开班，使此项人才激增。[1]

计划比较全面，反映的是顾颉刚们对民俗学理想状态的一种憧憬。从中我们可以看出，顾颉刚对民俗学的理解几乎没有涉及对国外民俗学理论和方法的借鉴，反倒像是胡适"整理国故"的具体落实。[2]

在顾颉刚、容肇祖等人相继离开中大之后，原民俗学会主席容肇祖的继任者何思敬为"民俗学组"拟定了一个新的工作计划：

（一）拟翻译欧西名著，刊成丛书。本组着手翻译之书名如下：

Burns 夫人之 Handbook of Folklore[3]

Haddon 教授之 Fetishism and Magic[4]

Hartland 教授之 Religion in Primitive People[5]

先行出版。若同人能力可及，如：

W. G. Frazer 教授之 The Golden Bough[6]

---

[1] 国立中山大学语言历史学研究所：《国立中山大学语言历史学研究所年报》，国立中山大学出版部，1929年，第18—20页。
[2] 胡适在《〈国学季刊〉发刊宣言》中认为国学研究的三个方向是："第一，用历史的眼光来扩大国学研究的范围。第二，用系统的整理来部勒国学研究的资料。第三，用比较的研究来帮助国学的材料的整理与解释。"（参见《胡适文集》第三集，北京大学出版社，1998年）
[3] 民俗学手册。
[4] 神巫之术。
[5] 原始人的宗教信仰。
[6] 金枝。

Ed. Tyler 教授之 Primitive Culture[1]

等古典名著，亦拟翻出，以供斯学者之参考。其外关于中国古代史之欧人最近名著，亦有一二如：

H. Maspero 之 La China Antique[2] 1927

M. Granet 之 La Civilization Chinvise[3] 1929

亦拟翻译。盖民俗学之目的，一部在乎帮助阐明历史之种种疑问。Maspero 与 Granet 二先生对于中国古代史亦应用及此，吾人引以这为深可借鉴者。

（二）关于《民俗》周刊，拟编至 110 期止，此后则改为月刊。内容分配如下：

1. 论著，一篇或二篇

2. 译丛，一篇或三篇

3. 资料，一综或二综

4. 消息，国内外民俗学界消息[4]

这一计划与顾颉刚、余永梁《本所计划书》中的设想可说是截然相反，似乎完全是以西学为取向。

不过，因为何思敬没做什么实际的工作，并没有将计划落到实处，他所主持的"民俗学组"也没有在学界形成实际影响。所以到 1932 年年底朱希祖接任中山大学文史研究所主任的时候，他没有沿用"民俗学组"这个名称，而是重新举起了"民俗学会"的大旗，请回了已经到暨南大学任教的容肇祖再次出任中山大学民俗学会主席。

这一时期"文史学研究所民俗学会"的工作大纲是：

---

①原始文化。

②法语：古代中国。此处 China 应作 Chine。

③法语：中国的文明。其中 La Civilization Chinvise 疑为 La Civilisation Chinoise 之错简。

④何思敬：《民俗学组通函一则》，《民俗》周刊第 110 期，1930 年 4 月 30 日。

（一）征求各时各地之风俗、习惯、迷信、医药、歌谣、故事之记录，及器物之字、雕刻等。

（二）调查关于各民族之风俗习惯、生活、社会、组织、社交、迷信等，及各地之祈神、赛会、求签、问卜、宗礼、冠婚、丧祭等种种风俗。

（三）对于民俗种种材料加以整理、研究，及外国民俗学上之名著之翻译。[1]

计划显得低调、务实，而且明显是折中了顾颉刚与何思敬的计划。但是由于1933 年上学期结束时中山大学没有续聘容肇祖，民俗学会的工作到 6 月份再次宣告中断。

以后的几年，每年的年终总结中都会把过去的成就翻出来炒一炒，然后简单罗列几条计划。如在 1936 年，"国立中山大学文科研究所历史学部民俗组"在其《民俗组简章》中就说："本所运用民俗学的方法，整理传说，以发见本国各时代各地方之民俗为宗旨。"[2] 其《民俗组工作大纲》称："本组研究，分下列两种：A，历史的研究。从各地方志，文集，笔记，小说，及其他专书，抄辑史料，分类，分地，从事比较研究，历史叙述。B，社会的研究。从调查，搜集所得到的社会实况种种统计，为将来革新社会之参考。"[3] 在"文科研究所"的"将来发展计划"中则特别提到要"征求西南各省风俗宗教医药歌谣故事等民俗材料"。[4]

那么，我们将如何来理解中山大学民俗学会不同时期大相径庭的工作计划呢？

---

[1] 国立中山大学文学院：《国立中山大学文学院概览》，第 142 页。该书存中山大学校史资料室，出版日期不详，时朱希祖初掌文史所，应为 1933 年编印。
[2] 国立中山大学研究院：《国立中山大学研究院年刊》，中山大学 1936 年编印，第 53 页。
[3] 国立中山大学研究院：《国立中山大学研究院年刊》，中山大学 1936 年编印，第 56 页。
[4] 国立中山大学研究院：《国立中山大学研究院年刊》，中山大学 1936 年编印，第 78 页。

二、"民俗学"的提出与西学的关系

中国现代民俗学的提出，从一开始就明确是对欧洲 Folklore 的响应和移植，但"民俗学"这一译名却是周作人从日本借用过来的。一直到 30 年代初，都还有学者不同意使用这一译名，但由于北大时期和中大时期的反复宣传和使用，这一译名已经深入人心，几乎约定俗成，遂为学科名称。

Folklore 是英国古物学者汤姆斯（William Thoms）于 1846 年创用的，是用撒克逊语的 folk（民众，乡间）和 lore（学问，传闻）合成的一个新词。关于民俗学的定义，据称"有二十几种不同的说法"。[1] 以何思敬等为代表的留洋学者因认定"英国是 Folklore 的故乡"[2]，遂计划一切按英国模式来打造中国的民俗学。

英国的民俗学运动有浓烈的殖民色彩，其主要目的是"统治国对于隶属民族可以从此得到较善的统治法"。[3] 汤姆斯等最早的一批英国民俗学者大都是古物学者，他们极热衷收集整理民间文化，但他们对待民间文化就像对待他们的古物一样，只是猎奇、收集，并不对之进行研究和说明。英国民俗学会会员们的身份也很复杂，大都是一些"作家、编辑、出版商、职员、律师和政府官员，但却无人在大学任教"。[4] 因而其学术观念并不浓厚，学术创造性也极其有限。

首先把英国民俗学引向研究领域的是英国德裔语言学家缪勒（Friedrich Max Müller，1823—1900）的"语言有病"神话学。为了辩驳缪勒的理论，安德鲁·朗（Andrew Lang，1844—1912）又引入泰勒（Edward Tylor，1832—1917）的进化论人类学，并将大批著名的人类学家扯入民俗学阵营。被英国民俗学会奉为旗帜的泰勒和弗雷泽（James Frazer，1854—1941），一个是牛津大学的人类学教授，一个是利物浦大学的人类学教授，江绍原对于这些人是否承认自己为民俗学家一

---

① 费孝通 1983 年在全国民俗学、少数民族民间文学讲习班上所作的学术报告《民俗学与社会学》，后经修正为《谈谈民俗学》，收入张紫晨编《民俗学讲演集》，书目文献出版社，1986 年。
② 何思敬：《民俗学的问题》，《民俗》周刊第 1 期，1928 年 3 月 21 日。
③ 何思敬：《民俗学的问题》，《民俗》周刊第 1 期，1928 年 3 月 21 日。
④ 钟敬文：《民俗学概论》，上海文艺出版社，2000 年，第 429 页。

直感到怀疑："谣俗学①在学术上的地位，关于此事，可注意弗雷泽之只将他列为'社会人类学'之一分目，美国之将红人等的'Folklore'的研究算作'民族学'探讨之一支，而且如《美国教育辞典》所云，它大抵是'非学术界的公众'或'流俗的研究者'所培植，它的学术资格常被人疑问。"他还补充说："各大学的课程中并没有称为谣俗学的这么一门。"②第一次世界大战之后，安德鲁·朗等英国民俗学会的早期代表人物相继去世，本来就只是业余人员的集合体的英国民俗学会遂陷于停滞状态。

在中国，经过了新文化运动的洗礼，"学术的形式与内容出现重大而明显的变化。形式上，以经学为主导的传统学术格局最终解体，受此制约的各学科分支按照现代西学分类相继独立，并建立了一些新的分支"。③在20世纪初期的北大，各种新学科和新学会的出现如同雨后春笋，仅与民俗学相关的学术团体就有歌谣研究会、风俗调查会、方言调查会、风谣学会等，拟成立的学会更多。这是一个抢夺学科话语权的时代，风俗调查会的筹备会本是常惠提出的，但对于该会使用什么名称，不同学者各有算盘，因为周作人未能与会，主张民俗学的常惠争不过主张风俗学的张竞生，结果该会名称不用"民俗学会"而用"风俗调查会"，④常惠显然很不乐意，所以在他编辑的《歌谣》周刊上一直尽量回避提及"风俗调查会"的名称和事务。此外，方言调查会成立时，对于使用"方言"还是"方音"的问题，也曾争论不休。可见西学的影响有时不是明确而具体的，而只是一种观念或概念的冲击，学术权威们对于具体西学的引入，也带有一定的盲目性，甚至可能有自己的小算盘。⑤事实上，在《歌谣》周刊的前期，周作人、常惠等人的开拓工作只是鼓吹了一个概念，这一时期不仅谈不上学科建设，连民俗学到底是什么样的一门学科都还是一头雾水。

① 江绍原不愿意将 Folklore 译成"民俗学"，坚持译作"谣俗学"。
② 江绍原：《现代英吉利谣俗及谣俗学》，中华书局，1932年，第268、269页。
③ 桑兵：《晚清民国的国学研究》，上海古籍出版社，2001年，第20页。
④ 容肇祖：《北大歌谣研究会及风俗调查会的经过》（续），《民俗》周刊第17、18期合刊。《歌谣》周刊几乎全盘封锁了"风俗调查会"的各种消息，与大张旗鼓地报道"方言调查会"各项事务相比，这一行为极其反常。
⑤ 从后来的各种回忆文章也可以看出，许多学者往往津津乐道于自己对某一事业的开拓之功。

其实即使是在英国，民俗学也还算不上一门独立、成型的学科，所用的理论和方法也大多采自于人类学，但周作人等一批先行者却急不可待地把它引入中国。而常惠、顾颉刚等一批年轻学者所理解的中国民俗学与欧洲源头的民俗学本不是一回事，他们想象的中国民俗学是一门研究民间风俗、信仰，以及流行文化的学问，是对平民文化的一种关注。他们强烈地意识到了民俗学与中国传统学术的互补作用，以及民俗学在社会历史研究格局中的重要性，因而极力地为之鼓吹。至于外国的民俗学运动到底开展得如何，其学术进步到底发展到哪一步，当时几乎没有人能明白地了解。

当中国现代民俗学声势越造越大、欲罢不能的时候，民俗学的同人们才开始意识到英国民俗学会所能提供给我们的学术借鉴是如此可怜，我们所要的，并不是他们能给的。最早提倡民俗学的是周作人，最坚决地主张向英国同行学习的是何思敬，但在对英国的民俗学运动有了更细致的了解之后，内部阵营中最早和最坚决的反叛者也是他们，两人先后撰文对于民俗学是否能成为独立的学科表示怀疑。周作人说："民俗学——这是否能成为独立的一门学问，似乎本来就有点问题，其中所包含的三大部门，现今好做的只是搜集排比这些工作，等到论究其意义，归结到一种学说的时候，便侵入别的学科的范围，如信仰之于宗教学，习惯之于社会学，歌谣故事之于文学史等是也……民俗学的价值是无可疑的，但是他之能否成为一种专门之学则颇有人怀疑，所以将来或真要降格，改称为民俗志，也未可知罢。"[①] 何思敬说："'民族志'是没有自己固有的方法的，它借社会学、经济学、言语学、体质人类学、工技学等学问来做它的工作，它本身只是一种学问的手段（Scientific Means）。然而 Folk-lore 究竟是一个独立有组织的学问么？它有一个说明的方法，可以列入说明学中去？我不得不怀疑！结局 Folk-lore 也不过是一种学问的方法手段，而不是一个独立有组织的说明学。"[②] 他们得出这样的结论并不奇怪，因为如果是把国外的民俗研究当作一种参照标准来看的话，

---

① 周作人：《周序》，江绍原译《现代英吉利谣俗及谣俗学》，中华书局，1932 年，第1—2页。又收入钟叔河编《知堂书话》。
② 何思敬：《何序》，杨成志译《民俗学问题格》，中山大学民俗学会小丛书，1928 年。

中山大学《民俗》周刊创刊号封面，"民俗"二字系钟敬文所题

情况大致也是如此。

　　周、何的怀疑自然有其的道理，一门独立的学科至少应该具备以下几个标志："首先，它有自己的不同于其他学科的明确的研究对象……其次，任何一门学科都有它自己的范围、任务，都有它自己的基本问题，并且具备它自己的一整套行之有效的、不断演进的方法……第三，任何一门学科都有它不可替代的功能。"① 如果按照这一标准来衡量，民俗学在被提倡后的很长一段时间，一项指标都不能满足，因为中国现代民俗学的发生是从概念开始入手的，它不是一门自然

---

① 刘魁立：《民俗学的概念和范围》，收入张紫晨编《民俗学讲演集》，书目文献出版社，1986年。

成长、在涓汇的过程中逐渐形成的学科，它在纵向上几乎无可借鉴，另外，因为民俗学在西方也不是一门成型的学科，没有独立的理论和方法，因而在横向上也无可借鉴。

把民俗学纳入西学的一个重要作用是，西学在当时是一面旗帜，强调反叛传统的"五四"新文化人有必要利用这一旗帜来作为号召，因为他们总是处在这样一种尴尬之中："为了与复古派划清界限，不便理直气壮地发掘并表彰中国传统文化的精华。至于具体论述中，倾向于以西学剪裁中国文化，更是很难完全避开的陷阱。"① 所以钟敬文说："积极吸收外国先进理论与方法，是我国民俗学研究的一个传统。但我们在学习国外理论时，生搬硬套也使我们吃了不少苦头。"②

何思敬是中山大学民俗学会历任主事者中思想最矛盾的一任。一方面，他怀疑民俗学之是否能成为一门独立的"说明学"，另一方面，他又始终对国外的民俗学理论心存幻想。在他担任"民俗学组"主任期间所拟的这份计划，典型地反映了他的这种思想矛盾。

三、国学研究的兴盛对民俗学的影响

清末民初，传统经学的宗主地位被打破，在新文化运动的推动下，学界参照现代西方的学科格局重新洗牌，一批新的学科在西方学术的直接影响下应运而生，民俗学及其相关的人文学科如社会学、人类学、宗教学、方言学、考古学等一批新学科均在这一背景下诞生。

中国现代民俗学被提倡的时候，正是近代国学研究的转型时期。由于新文化运动领袖人物胡适等人的极力鼓吹，"国学"成为 20 世纪二三十年代的学术时尚。国学概念的提出是在 20 世纪初期，"相对于新学指旧学，相对于西学指中学。引申而言，即中国传统学术。不过，现代国学并非传统学术的简单延续，而

---

① 陈平原：《中国现代学术之建立——以章太炎、胡适之为中心》，北京大学出版社，1998 年，第 11 页。
② 钟敬文：《二十世纪中国民俗学经典·写在前面》，社会科学文献出版社，2002 年。

是中国学术在近代西学影响下由传统向现代转型的过渡形态"。①胡适对国学范围的界定非常宽泛,认为国学"包括一切过去的文化历史",凡"过去种种,上自思想学术之大,下至一个字、一只山歌之细,都是历史,都属于国学研究的范围"②,明确说明即便如"山歌"一类的非经史材料也可算作国学研究的对象。

胡适是最着力倡导"科学方法"的学界领袖,他说自己"唯一的目的,是要提倡一种新的思想方法,要提倡一种注重事实,服从验证的思想方法"。③胡适吸纳了达尔文和斯宾塞历史进化论的观念,注重使用"历史的眼光""历史的态度""历史演进的方法"对研究对象进行考察,目的在于"各还它一个本来面目"。顾颉刚的学术思想得益于胡适尤多,他在《古史辨自序》中提到,胡适的这些观点和方法,"直接引发了他古史辨伪的动机"④,孟姜女故事的研究,就是典型的历史演进法的一个例子。

顾颉刚向民俗学的介入,在某种意义上来说,是为新史学寻找新的学科增长点,因为"一切的科学都是历史的科学。一切事物都有其历史性,用历史的观点分析问题,是学术研究的一种角度"。⑤他的成功在于能打破传统的研究范式,以"科学方法"来观照社会现状,这种用新眼光看新材料的学术新范式无疑是呼应了时局的召唤,马上引起学界的强烈反响。

今天回头考察顾颉刚的《孟姜女故事研究》,许多学者都认为这是借鉴了科隆父子(J. Krohn 1835—1888 和 K. Krohn 1863—1932)的历史地理学派的理论和方法。⑥但是除了"直觉"这是两种具有某种程度相似的方法之外,没有任何人可以给出任何证据说明早在 1924 年之前,科隆父子的理论就已传入中国。相反,

① 桑兵:《晚清民国的国学研究》,上海古籍出版社,2001 年,第 1 页。
② 胡适《〈国学季刊〉发刊宣言》,原载 1923 年 1 月《国学季刊》第 1 卷第 1 号。收入《胡适文集》第三集,北京大学出版社,1998 年。
③ 胡适:《我的歧路》,载《胡适文存》第二集卷三,上海亚东图书院,1924 年,第 100 页。
④ 顾颉刚在《古史辨自序》中提到,胡适的《水浒传考证》直接启发了他从事古史辨伪的动机。
⑤ 钟敬文:《对待外来民俗学学说、理论的态度问题》,《民间文学论坛》1997 年第 3 期。
⑥ 如高丙中在《中国民俗学的人类学倾向》(《民俗研究》1996 年第 2 期)中说:"顾颉刚在比较了大量文献和民间资料后得出的主要结论与历史地理比较研究法如出一辙……他显然是在用历史进化的观点和流传变异的观点解释孟姜女故事大量的异文。"

顾颉刚对孟姜女故事的研究，是因为读了郑樵对"杞梁之妻"和姚际恒对"孟姜"的评述之后，决心着手进行的一项工作，后来受了胡适"科学方法"的启迪，遂以其天才的学术洞察力和学术创造力，创立了中国民俗学最初的，也是沿用至今的、影响最大的研究范式——"历史演进法"。

历史地理学派的进行必须以拥有大量不同地区的异文作为工作前提，在此基础上对异文要素进行分解、追踪和分析。而顾颉刚最初写作《孟姜女故事的转变》的时候，所用的完全是中国传统的历史考证法，从纵向的文献的角度梳理孟姜女故事的历史发展，[①] 而他后来所拥有的大量不同地区的异文，是在前期成果发表之后，全国各地的同好们陆续寄来给他的，有了更多的材料，他就又作《孟姜女故事研究》，进一步从横向的地理的角度来进行研究。由此可见，孟姜女故事研究的成功，完全是近代中国学术的"客观形势"与顾颉刚本人"天才的敏锐"相结合的杰出成就，其与历史地理学派的工作前提大不一样。另外，两种方法的目的也不一样，历史地理学派的目的是说明故事的流变本身，而顾颉刚则相反，故事的流变只是手段，说明流变背后的历史才是目的。

如果非要将顾颉刚与历史地理学派扯上一定亲缘关系的话，那就是胡适的作用。我们前面提到，顾颉刚的古史研究在思想方法上受了胡适很大影响，而胡适又深受达尔文和斯宾塞的历史进化论的影响；无独有偶，芬兰历史地理学派的理论基础也是"达尔文的进化论和斯宾塞的实证论"[②]，可见两者的哲学基础有其共通的地方。

历史地理学派的缺陷，正如邓迪斯所指出的："大多数历史—地理研究，都留下一些重大的问题没有解答。原型为什么（即使构拟是正确的）首先产生于一个地方？为什么会发展出亚型？为什么这些亚型恰好发生于它们产生的那个地方？为什么故事以多种形式被传述（或不被传述）？关于这些问题，必须对民俗进行

---

① 在这些文献记载中，情节要素的差异变迁，早已超出"异文"的界限，看似风马牛不相及，难以使用分解叙述要素的方法深入研究，相反，文献的记载本身标明了年代，所以，研究方法只能是利用历史考证，而不是异文比较。这与历史地理学派的方法有本质区别。
② 钟敬文：《民俗学概论》，上海文艺出版社，2000年，第481页。

综合的研究。"① 而相应的问题，在顾颉刚这里却得到了很好的解答："研究孟姜女故事的结果，使我亲切知道一件故事虽是微小，但一样地随顺了文化中心而迁流，承受了各地的时势和风俗而改变，凭借了民众的情感和想象而发展。又使我亲切知道，它变成的各种不同的面目，有的是单纯地随着说者的意念的，有的是随着说者的解释故事节目的要求的。更就故事的意义上看去，又使我明了它的背景和替它立出主张的各种社会。"②

花这么多笔墨来解释顾颉刚《孟姜女故事研究》与历史地理学派的非直接亲缘，并不是要为顾颉刚争夺一个名誉权，而是想通过这一案例说明，学术的发展及其方法的建立，应该取决于学术的需要和学术的条件，而不是对国外理论和方法的依赖、等待。顾颉刚的杰出成就与其说是应用欧洲学术方法的结果，不如说是近现代国学转型的产物。

把顾颉刚的学术渊源归于国学，并不是要排斥西方学术的影响，或者说，这里所指的国学，不是一般意义上理解的中国传统学术的简单延续，而是"中国学术在近代西学影响下由传统向现代转型的过渡形态"。③ 桑兵认为近现代国学研究在日本、欧美汉学发展趋势的影响下，学术风格与重心实现了以下三个方面的转变：

1. 材料资取由单一的专注于文献转向了文本文献、考古发掘、实物材料、口传文化等多元材料的综合运用。
2. 研究对象由专注于上层贵族的精英正统下移到民间地方社会。
3. 学科建设体现了不同学科的互动与整合。④

---

① ［美］阿兰·邓迪斯：《世界民俗学》，陈建宪、彭海斌译，上海文艺出版社，1990 年，第 560—561 页。
② 顾颉刚：《古史辨第一册自序》，《古史辨》第一册，上海古籍出版社，1982 年，第 68 页。
③ 桑兵：《晚清民国的国学研究》，上海古籍出版社，2001 年，第 1 页。
④ 以上归纳三个方面的转变主要参照桑兵《晚清民国的国学研究》（上海古籍出版社，2001 年）之"国际汉学的影子"，文字有所调整。

如果把以上三项转变当作近现代国学研究转型的一个重要表征，再与现代民俗学的建设历程两相对照，我们就会发现，现代民俗学的发生正是这样一种转变的结果。

民俗学运动与现代国学运动的密切关系还可以通过这样一些更为直接的途径来认识：

（一）歌谣研究会、风俗调查会都是国学门下的分支机构，它们的全称分别是"北京大学研究所国学门歌谣研究会""北京大学研究所国学门风俗调查会"。

（二）《北京大学研究所国学门周刊》乃由《歌谣》周刊扩张而来。该刊以及后来的月刊"发表的民俗学方面的文章亦占有很大的比重，民间文学作品较少，而民俗学研究文章较多……研究涉及的面很广"。[1]

（三）歌谣研究会的发起人都是国学门教授，如主要发起人沈兼士即为国学门主任。

（四）由沈兼士、顾颉刚等人在厦门大学组织成立的"风俗调查会"，同样是隶属于该校国学院。

（五）由傅斯年、顾颉刚创办的中山大学语言历史学研究所本质上也是一个"国学"大本营，正如香港学者陈云根所说："广州的国立中山大学1924年由国民党创建，享有大量的财政资助，在全国范围内扮演着高等党校的角色，因此自然特别强调'国学'。中山大学确定了国粹主义及由孙中山统一全中华的总路线，这极大地鼓舞了民俗学家们的研究热情。"[2]

（六）中国现代民俗学的早期建设者顾颉刚、容肇祖、董作宾诸人，都被学界视作"国学大师"。

中国的人文科学条件明显优于欧美的很重要的一点，在于历史的悠久和文献的周备，这在西方学界是难以奢望的。对于欧美学界来说，正是因为历史文献的相对短缺和贫乏，他们才更有现实搜集的必要，并强烈地依赖于此。相应的，他

---

[1] 王文宝：《中国民俗学史》，巴蜀书社，1995年，第201页。
[2] 陈云根：《现代中国民俗学（1918—1949）》第3章第4节"内战与民俗学的南迁"。该书为陈云根先生赠与笔者的德文版博士论文，尚未汉译出版，中文为笔者委托何执三先生翻译。

们的理论和方法的建立在很大程度上是围绕其自身的学术条件来进行的，所谓"白手起家"，是因为"穷白"，才更有"起家"的必要。而中国传统学术正因为有了丰富浩瀚的历史文献，才有条件、有可能闭门造车，从而相对轻视了对当下材料的搜集和应用，所谓"坐吃山空"，是因为有"山"，才能"坐吃"。此消彼长的必然结果是学术新格局的出现。对西方学术的借鉴应该是以其长处补我们的不足，而不是抛弃我们的长处来学习西方的长处，也就是说，"师夷"的目的是"补"而不是"换"。顾颉刚说："古今学术思想的进化，只是一整然的活动。无论如何见得突兀，既然你思想里能够容纳，这容纳的根源，就是已在意识界伏著。这伏著的东西，便是旧的；容纳的东西，便是新的。新的呈现，定然为旧的汲引而出；断不会凭空无因而至。所以说'由旧趋新'则可，说'易旧为新'则不可。"①

钟敬文把中国现代民俗学的国学底色及其优势说得更加具体："中国典籍丰富，又有考据传统，因此，考据便成了中国民俗学的一大特色。无论哪位学者，也无论他使用过怎样的方法，在他的著作中，几乎都会程度不同地留有考据学的身影，这就是独具特色的中国民俗学。"对借鉴西学，钟敬文则表述了这样的原则："学术的最高境界在于对自身文化的准确把握，而不是对国外理论的刻意模仿。这就要求我们具体问题具体分析，用踏实的调查、深入的分析，去实实在在地解决几个问题。"②他自己所走的学术路子也说明了这一点，"从他讨论歌谣的第一篇文章《读〈粤东笔记〉》开始，其所走的学术路子基本上就是古典文献的研究和民俗学材料的分析相结合的思路，而且这也是当时《歌谣》周刊上发表的多数文章的共同特征"。③

认识国学与西学的这一辩证关系，对于如何批判地接受西方文明是至关重

---

① 顾颉刚：《中国近来学术思想界的变迁观》，《中国哲学》第 11 辑，1984 年 1 月。此文系顾先生 1919 年 1 月应《新潮》杂志编辑"思想问题"专号而作，该专号后未编成，文章为顾先生去世之后发表。
② 以上两处引文出自钟敬文：《二十世纪中国民俗学经典·写在前面》，社会科学文献出版社，2002 年。
③ 陈岗龙：《钟敬文先生与〈歌谣周刊〉》，《民族艺术》2002 年第 2 期。

1961 年 10 月，活跃于"五四"时期的老一辈民间文艺学家，受到中国民间文艺研究会邀请，聚会于颐和园听鹂馆。从左至右分别为魏建功、江绍原、顾颉刚、常惠、容肇祖、杨成志。图片来源于《中国民间文艺家协会 70 年图像志》

要的。

在学术方法上，顾颉刚、容肇祖等人也曾对"国外的月亮"存有幻想。比如顾颉刚初接手《歌谣》时，曾经提出过借鉴国外研究方法的愿望："欧洲诸国研究歌谣已近一百年了，他们一定有许多的材料及讨论的结果可供我们参考。但这些材料我们尚未能多多搜集到。我们很愿意得到国外歌谣学者的指导，使得我们所发表的研究的议论得在歌谣学的水平线上。"[1] 但是，这一设想并没能实现，国外的所谓歌谣学，大多也只是搜集整理，而非研究。源头水枯，自然也就没有江河

---

① 顾颉刚在《歌谣》第 38 号上答复舒大桢的《我对于研究歌谣的一点小小意见》的话。

之滔滔。1924 年之后的歌谣学，已经开始有穷途末路之忧了。但对国学的学术自信可以使顾颉刚们很快抛弃对国外民俗学模式的观望，以一种积极的姿态投入自我建设之中，这与何思敬、周作人等人借鉴国外理论的幻想破灭后就迅速转入怀疑、逃离大不相同。

正因如此，顾颉刚到了中山大学以后，几乎再没有提起过学习西方学术的话题，只是偶尔提及要"借了他们的方案来做自己的方案，而从此提出更新的问题"。① 在他与余永梁合作的计划书中，一切都是按照现代国学的标准来打造民俗学的"航空母舰"。但是，这一计划过于庞大而不切当时中山大学的实际条件，正如计划指出："不是本所能够完全担任得了的。"计划的意义只在于向后学公示顾颉刚对于民俗学未来的想象与理解。

四、民俗学向人类学转型的后果

随着顾颉刚等人相继离开中山大学，民俗学会的活动曾几度中断。1936 年，杨成志复办《民俗》季刊，重振中山大学民俗学会，这时的中国民俗学，已经处于偃旗息鼓的状态了，原来顾氏方法的追随者们，也已烟消云散，杨成志干脆以彻底的欧美文化人类学的方法强力注入民俗学。

"文化人类学"虽然定名较晚，但事实上该学的学术展开却早在 18 世纪初就已开始，萌芽则更早。在西方学界，文化人类学大异于民俗学的是，学术基地多为各大学及研究机关，学科对象、范围、功能明确，学术流派众多，大师云集，著述宏富，因而成为一时显学。杨成志对民俗学的中兴，主要是借鉴了博厄斯的历史人类学派的做法。

20 世纪上半叶，美国民俗学会的主席宝座一直为博厄斯（Franz Boas，1858—1942）及其弟子们占据着，博氏以历史人类学派领袖而名世，传统民俗学的"口头创作的垄断地位被人类学家所关心的社会组织、物质文化等替代。但同时，博厄斯一贯提倡的实证主义精神和长期田野调查的方法为美国民俗学输入了

---

① 顾颉刚：《序》，杨成志译《民俗学问题格》，中山大学民俗学会丛书，1928 年。

新的血液"。① 这一状况几乎是原封不动地由杨成志转移到了中山大学民俗学会。

杨成志的人类学取向有三个原因值得注意：①个人学术取向。杨成志因出身美国教会学校，了解西学动态，早在民俗学会初创之时，就有人类学的倾向。②调研条件使然。战乱使得中山大学一再迁往偏僻山区，这些地方极有利于从事少数民族的调查活动。③学界趋势的影响。民俗学会一直都只是半官方半民间性质的学术团体，在关注民众文化的圈子内影响巨大，但在正统学界地位却不高，而自从蔡元培组建中央研究院以来，民族学（文化人类学）却成为一时显学，大规模的民族调查既是主流的学术趋势，也符合国民党政府加强边政研究的政治需要。

杨成志时期，中山大学民俗学会的实际工作内容几乎完全偏向了文化人类学或民族学，到后来，干脆连"民俗学"的名称都不再保留了。1941 年 11 月 6 日，研究院上书校长，要求对部分机构进行改组，其历史学部之考古、档案、民俗三组取消，改设"史学组及人类学组"。杨成志负责起草了《国立中山大学历史研究所人类学部研究计划》：

（一）田野工作

1. 民族调查——继续调查粤桂湘黔诸省瑶畲苗黎僮等少数民族之地理环境、社会组织、生活文化、民俗风尚，等等；继续本学部以往对于西南民族之研究。

2. 考古探检——继续广事探检中国东南沿海新石器时代先民遗址遗迹，作南方史前史之研究。

（二）搜集工作

1. 尽可能搜罗西南民族文物、粤海先世遗存、各地民俗品，及历代古物。

2. 征集各地通志、县志、文物志及有关资料。

---

① 钟敬文：《民俗学概论》，上海文艺出版社，2000 年，第 437 页。

3. 置办历代有关民族及考古之参书。

4. 搜集近数十年来中外民族及考古之杂志及专门研究报告。

（三）整理工作

1. 抄录、校理类集古书中有关民族及考古资料。

2. 比较归纳各种民族及考古之调查研究报告。

3. 文献记载与实际调查结果之配合，比较及其发展之试探。

4. 民俗品及古物之分类，陈列及说明著录。

（四）编纂工作

1. 继续出版《民俗》季刊。

2. 编纂民族及考古之田野报告。

3. 编纂西南各族之民族志及参谱。

4. 翻译外人对于中国民族及考古调查研究之著述。①

从这份计划中我们可以看出，在杨成志时期，民俗学完全被他塞进了"民族研究"的箩筐里。

杨成志对于民俗学与人类学的关系的认识是模糊的，一方面，他说两者的关系是"姊妹"关系；另一方面，他又极赞成山狄夫《民俗学概论》中的这样一张关系表②：

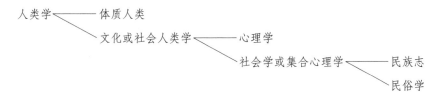

杨成志还专门论述了"民俗学在人类学上之地位"，认为："科学的民俗学，正如人类学一样，只注重某集团，少及某阶级，借考察某社会而忽略某个人。此

①杨成志:《国立中山大学历史研究所人类学部研究计划》，存广东省档案馆，全宗号20，目录号1，案卷号21，第72页。计划未标署年月，但案卷总目为"1941年研究院及各研究所报告、计划"，当是该年计划。
②杨成志:《民俗学之内容与分类》，《民俗》季刊第1卷第4期，1942年3月。

所谓文明社会有文明社会的遗留，无智识集团有无智识集团的传袭，野蛮部落或原始人民有野蛮部落或原始人民的生活方式或惯俗。所不同者，乃量的等差或质的文野，凡这一切都是现代民俗学研究的对象。"① 随后的几年中，杨成志曾先后带领他的学生团队前往海南、粤北、广西瑶山等地进行民族调查。很明显，杨成志是将民俗学看成了人类学的一个分支。他所主持的《民俗》季刊也努力地把民俗学逐步引向人类学，当年顾颉刚、钟敬文、江绍原、容肇祖等人在民俗学初创时期所创造的民俗学研究范式被杨成志的"科学"人类学范式彻底取代了。

《民俗》季刊复刊以后，《大公报》发表过一篇评论文章，指出中国的民俗学运动"倡导者多为文学家、史学家，缺乏民俗学、人类学、民族学、社会学之理论基础，眼光较为狭隘，其结果，事实多而理论少，琐屑之材料多而能作比较研究者少"，因而缺乏科学价值。该报说："当日广州中大民俗学运动中主干人物之一的钟敬文氏，于离粤赴日之后，即有着重民俗学理论研究及将民俗学与人类学、民族学等冶于一炉之倾向。"并认为只有如此"相辅并进，而后我国民俗研究，始能收更大之功效"。② 这些论调，如果理解为杨成志本人的主张，应该不会有太大的出入，甚至可能就是杨成志匿名所作。《民俗》季刊是当时颇具号召力的一份杂志，杨成志和他的学生王兴瑞、江应樑在该杂志上发表的系列民族志无疑具有很强的示范性。杨成志时期的民俗学和人类学基本上是二位一体的，如果说还有什么区别的话，主要是钟敬文等作者撰写的一部分与民间文艺相关的讨论文章。

1942 年之后，国民党政府开始介入人类学和民族学的研究，学术行为因此而蒙上了浓重的政治和实用主义色彩，这一倾向在中山大学文科研究所 1943 年的一份工作计划书中说得很明白："因本年度本所接获教育部边疆建设科目及讲座之补助，人类学组当依照部定以边胞历史语文之研究为中心工作，力求促进边民

---

① 杨成志：《现代民俗学——历史与名词》，《民俗》季刊复刊号，1936 年 9 月 15 日。
② 以上引文原载《大公报·科学周刊》第 10 期，1936 年 11 月 14 日；又载《民俗》季刊第 1 卷第 2 期，1937 年 1 月 30 日。

同化与边疆建设事业为目的。"①

对于抗战时期的国民党政府来说，能调用进行文化建设的财力物力极其有限，无力支持纯粹的文化建设，他们更希望学者的研究能有助于他们解决诸多现存的民族难题，在这一方针的指导下，无论是人类学还是民俗学，这一时期都有向狭义的民族学靠拢的趋势。

《民俗》季刊1943年停刊的时候，杨成志在中山大学的人类学建设已经相当成熟了，1944年，他被选派到美国做人类学、民族学专题考察与学术访问。1945年，杨成志重返中山大学，随即马不停蹄地开始筹办人类学系，很快获得成功，并担任了中山大学人类学系第一届系主任。杨成志先后培养的十名研究生江应梁、王兴瑞、梁钊韬、戴裔煊、王启澍、吕燕华、曾昭璇、容观琼、刘孝瑜、张寿琪，后来都成为中国人类学、民族学界的知名专家。②

杨成志时期的民俗学中兴，一方面为民俗学注入了新血液；另一方面，改造的结果是，和博厄斯改造美国民俗学一样，杨成志把中国民俗学改造成了"人类学中一个无足轻重的附庸而已"。③反之，中山大学人类学却借助于"民俗学"的巨大影响力和号召力，很快成长为中国人类学、民族学的一个重要基地。

抗日战争时期，杨成志领导的中山大学民俗学会几乎是中国学术界唯一活跃的民俗学团体，所以，该会的人类学转型也应该被视作中国民俗学史上重要的历史事件或者说发展阶段，而不应该被视作个别学术机构的个别行为。这一行为对后来民俗学的学术发展造成了深远的影响：20世纪80年代后的民俗学复兴，再次部分地重复了这一学术历程。如此看来，20世纪中国民俗学的历史，似乎就是一部关于东风压倒西风还是西风压倒东风之间的循环史。

---

① 佚名：《国立中山大学研究院文科研究所卅一年度下学期研究工作报告暨卅二年度上学期研究计划书》，存广东省档案馆，全宗号20，目录号1，案卷号21，第60页。
② 容观琼：《建国前我校人类学研究述略》，收入中山大学人类学系《人类学论文选集》第三集，中山大学学报编辑部1994年编印。
③ 钟敬文：《民俗学概论》，上海文艺出版社，2000年，第439页。

五、古来圣贤皆寂寞，唯有著者留其名

对于一个新兴的学科来说，初始的学术取向往往决定着学科的未来走向，初始的研究成绩则影响着学科的基础范式。站在21世纪的今天回望一百年前早期民俗学者们的学术规划与学科理想，或许有助于我们理解和思考民俗学科的一些基本问题。

从20世纪20年代末到40年代初中山大学民俗学会的四份工作计划可以看出，不同民俗学倡导者对于民俗学的理解以及工作计划相去甚远。以何思敬为代表的西学主张和以杨成志为代表的人类学取向最后都没能成为中国现代民俗学的道路选择，究其最重要的原因，是因其实际成绩和原创精神的不足。何思敬只有空头学术主张，没有展开研究实践，因而也就没有可供后人模仿、跟进的学术范本；杨成志借助人类学的理论和方法，倒是做出了不少成绩，可惜的是他没有原创的理论和方法，这些业绩的民俗学标记并不显著，民俗学的牌子在，它们可以归入民俗学也可以归入人类学，民俗学的牌子一挪走，这些成果就成了人类学成果。

早期民俗学者具有示范意义的学术成绩主要体现在顾颉刚等人的国学研究上，正是这一研究范式，成为后代民俗学者立足的根本和不断再出发的学术原点。学术史一再告诉我们：任何漂亮的学术主张都是纸上谈兵，唯有原创的学术成绩才是我们不断精进的立足根本。

第三章
顾颉刚民俗学思想与方法

顾颉刚走上民俗学的道路，既有大环境的作用、个人的性格原因，也有偶然的时机因缘。

大环境的作用主要是指大变革的社会文化语境对他的影响。在当时"五四"新文化运动，以及"眼光向下"的革命浪潮中，顾颉刚不可能完全置身事外，正如他自己所说："当民国六年（1917 年）时，北京大学开始征集歌谣，由刘半农先生主持其事，歌谣是一向为文人学士所不屑道的东西，忽然在学问界中辟出这一个新天地来，大家都有些诧异，那时我在大学读书，每天在校中日刊上读到一二首，颇觉得耳目一新。"[1] 所以他在《古史辨》第一册《自序》中说："总括一句，若是我不到北京大学来，或是子民先生等不为学术界开风气，我的脑髓中虽已播下了辨论古史的种子，但这册书是决不会有的。"[2]

性格因素主要是好奇心和历史欲。顾颉刚说："我是一个桀骜不驯的人，不肯随便听信他人的话，受他人的管束。我又是一个历史兴味极浓重的人，欢喜把一件事情考证得明明白白，看出它的来踪和去迹。我又是一个好奇心极发达的人，会得随处生出了问题而要求解答，在不曾得到解答的时候只觉得胸中烦闷的不可耐。因为有了这几项基本的性质，所以我敢于怀疑古书古史而把它作深入的研究，敢于推倒数千年的偶像而不稍吝惜，敢于在向来不发生问题的地方发生出问题而不丧气于他人的攻击。"[3]

---

[1] 顾颉刚辑：《吴歌甲集》，北京大学研究所国学门歌谣研究会出版，1926 年，《自序》第 79 页。
[2] 顾颉刚：《自序》，《古史辨》第一册，上海古籍出版社，1982 年，第 80 页。
[3] 顾颉刚：《自序》，《古史辨》第一册，上海古籍出版社，1982 年，第 34 页。

偶然的时机因缘主要是指顾颉刚大学毕业前后的两件事。

第一件事是大学二年级结束时（1918 年夏），第一任妻子吴徵兰去世，加上长期失眠、神经衰弱，顾颉刚只能休学在家，而他又是一个闲不住的人，必须有事可做。他说："我是一个欢喜翻书弄笔的人，在这时候，书也不能读了，字也不能写了，说不定的闷怅；而北大日刊一天一天地寄来，时常有新鲜的歌谣入目，我想，我既不能做用心的事情，何妨试把这种怡情适性的东西来伴我的寂寞呢！想得高兴，就从我家的小孩子的口中搜集起，又渐渐推至邻家的孩子，以及教导孩子唱歌的老妈子。"[①] 如此一来，从 1919 年 2 月到 9 月这段时间，他居然搜集到二百多首吴歌。顾颉刚做什么事，总是有计划、有步骤——"我总喜欢把事情的范围扩大，一经收集了歌谣就并收集谚语，一经收集了谚语又联带收及方言方音，这一年中随手的札记，竟集到了十余册。"[②]1920 年，郭绍虞将他这些歌谣和札记放在《晨报》进行连载，引起了很大的社会反响，迅速将顾颉刚卷入歌谣研究的中心圈。

第二件事发生在 1924 年 4 月，由于《歌谣》周刊编辑常惠生病，《歌谣》周刊无人打理，顾颉刚遂代为主持。本来是计划代理一个月的，可事实上一代就是一年多。在这一年多时间里，顾颉刚不仅自己亲自捉刀撰文，还广结学缘，团结了一大批有志于民俗学的青年同好，包括后来成为民俗学中坚力量的钟敬文等人。其中，始发于 1924 年 11 月 23 日的《孟姜女故事的转变》，甫一出世就震惊学界，就被刘半农誉为"二千五百年来一篇有价值的文章"[③]。此后几年，顾颉刚乘胜追击，相续展开了一系列的孟姜女故事研究与讨论："我们深信孟姜女的故事研究清楚时，别种故事的研究也都有了凭借。……我们只是借了她的故事来打出一条故事研究的大道。"[④]

---

① 顾颉刚辑：《吴歌甲集》，北京大学研究所国学门歌谣研究会出版，1926 年，《自序》第 2—3 页。

② 顾颉刚辑：《吴歌甲集》，北京大学研究所国学门歌谣研究会出版，1926 年，《自序》第 2—3 页。

③ 刘复 1925 年 1 月 2 日致顾颉刚信，《歌谣》周刊第 83 号，1925 年 3 月 22 日。

④ 顾颉刚：《孟姜女专号的小结束》，《歌谣》周刊第 96 号，1925 年 6 月 21 日。

1928 年，顾颉刚在中山大学

此后，顾颉刚又以相似的方法写出《嫦娥故事之演化》《羿的故事》《尾生故事》等系列论文，以及大量涉及叙事模式的读书笔记，奠立了中国民俗学历时研究的基本研究范式。

1927 年，顾颉刚入职中山大学之后，更是在朱家骅、傅斯年的支持下，在钟敬文、容肇祖等人的协助下，创办《民俗》周刊、成立中山大学民俗学会、发行"中山大学民俗学丛书"，发展了一大批民俗学会会员，在全国范围内吸纳和团结了一大批民俗学爱好者、同情者，为推动民俗学在全国各地的落地、生根做出了重要贡献。

运动式的热闹如烟花璀璨，可是，学术范式的确立却能不断地滋养一代又一代的民俗学者，以至到了 21 世纪 20 年代，刘宗迪还在发出"我们都是顾颉刚学派"的感叹。

在中国近现代学术史上，顾颉刚无疑是将传统学术与西方社会科学方法结合得最天衣无缝的学者之一，很好地实践了自己提出的"研究旧文化，创造新文化"的学术理想。顾颉刚民俗学范式的科学贡献在于，它突出体现了合情推理诸形式在人文科学中的恰当应用。虽说基于合情推理的上古史研究在理论上是永远不可能被证实的，但是，学术研究的尊严不在于是否能找到一个终极结论，而在于具体的研究方法与是否体现了时代的科学水平，研究过程是否合乎学术规范，研究成果是否充分体现了人类思考问题和解决问题的能力、闪烁出人类智慧的光芒。

一、顾颉刚学术思想及其背景

顾颉刚出生在清代的汉学重镇苏州，受到浓郁的地方文化传统和"江南第一读书人家"的家学影响[①]，身上带有明显的清代考据学遗风，即使在他 15 岁进了新式学堂以后，对传统经典的阅读兴趣依然浓厚。

顾颉刚的治学态度承续了清代学者勤勉认真、不避繁难的特点。他在谈论编辑《清代著述考》的体会时说："我爱好他们的治学方法的精密，爱好他们的搜寻证据的勤苦，爱好他们的实事求是而不想致用的精神。"他给自己定下的规矩是："不做学问则已，如其要做学问，便应当从最小的地方做起。研究的工作仿佛是堆土阜，要高度愈加增，先要使底层的容积愈扩大。只有一粒一粒地播种，一箕一箕地畚土，把自己看做一个农夫或土工而勤慎将事，才是我的本分的事业。"[②]

当然，少年顾颉刚对学术的这种爱好并不包括民间文化。虽然顾颉刚的祖父祖母，以及家里的几个老仆和女佣都很会讲故事，顾颉刚认为这是"一种很可眷恋的温煦"，但因为他们顾家在苏州当地是著名的"读书人家"，自认为是精神贵族，天然地排斥这些俚俗的下层文化，所以他从小"对于市民们的文娱活动，如唱歌、拍曲、说书、滩簧、宝卷，虽常有接触的机会，但总不愿意屈就它"[③]。

顾颉刚开始关注民间文化大概是到了北京大学以后的事。他说："我虽曾憎恨过绅士，但我自己的沾染绅士气确是不能抵赖的事实。我鄙薄小说书的淫俚，不屑读。在 15 岁的时候，有一种赛会，唤做'现圣会'，从乡间出发到省城，这会要二十年一举，非常的繁华，苏州人倾城出观，学校中也无形地停了课，但我以

---

① 顾潮：《我的父亲顾颉刚》，中国大百科全书出版社，2020 年，第 3 页。
② 顾颉刚：《自序》，《古史辨》第一册，上海古籍出版社，1982 年，第 34 页。
③ 顾颉刚：《我和歌谣》，《民间文学》1962 年第 6 期。

为这是无聊的迷信，不屑随同学们去凑热闹。……就是故事方面，也只记得书本上的典故而忘却了民间流行的传说。自从到了北京，成了戏迷，于是只得抑住了读书人的高傲去和民众思想接近，戏剧中的许多基本故事也须随时留意了。但一经留意之后，自然地生出许多问题来。"①

顾颉刚进北京大学时，正是民主和科学思想迅速传播与深入的年代，许多知识分子的眼光开始转向民间，一时间，平民政治、平民教育、平民文学等平民主义的口号广为流行。相应的，学术领域也出现了平民文化研究的呼声与势头。蔡元培执掌北京大学之后，曾聘请吴梅担任中国文学系的教授。吴梅天天吹笛，还教学生唱曲。这事对顾颉刚的触动比较大，让他意识到这些极平民化的俚俗文化也可以成为一种学问。因为喜欢看戏，使顾颉刚"沉醉于这种优美的艺术，开始搜集资料，加以研究，久而久之，才认识到人民群众的文学创作确有超过文人学士的地方，……于是我的阶级的自豪感和鄙视工农的习性无意中被拗了过来"。②他在写于1928年3月7日的《民俗》周刊"发刊辞"中显得特别激进，一连串地喊出五句口号：

我们秉着时代的使命，高声喊几句口号：

我们要站在民众的立场上来认识民众！

我们要采检各种民众的生活、民众的欲求，来认识整个的社会！

我们自己就是民众，应该各各体验自己的生活！

我们要把几千年埋没着的民众艺术、民众信仰、民众习惯，一层一层地发掘出来！

我们要打破以圣贤为中心的历史，建设全民众的历史！③

这些口号的思想意义非常明了，同时也清晰地表露了顾颉刚民俗研究的学术

---

① 顾颉刚：《自序》，《古史辨》第一册，上海古籍出版社，1982年，第19—20页。

② 顾颉刚：《我和歌谣》，《民间文学》1962年第6期。

③ 顾颉刚：《"民俗"发刊辞》，《民俗》周刊第1期，1928年3月21日。

目的。关于"思想性"与"学术性"、"求真"与"致用"的关系，在顾颉刚的这段话中实在是你中有我、我中有你，很难区分得清楚。

顾颉刚自认为是个痴迷于纯粹学术的纯粹学者，按照他一贯的对学术"求真"而不讲"致用"的态度①，这么一连串地高喊激进口号并不十分符合他的性格。顾颉刚1928年3月20日在岭南大学的演讲《圣贤文化与民众文化》②，口气和上述"发刊词"一模一样。顾颉刚在该日日记中说："今日到岭南大学讲题为《圣贤文化与民众文化》，为民俗学会作鼓吹。听者六七十人。"其"为民俗学会鼓吹"几字颇值得玩味。顾颉刚是个很懂得造势和宣传的学者，不排除他的激进语式是为了借助思想启蒙的时尚话语来吸引青年一代，诱使更多的力量进入民俗学的阵营中，为他的"建设全民众的历史"的学术理想鼓与呼。也就是说，挂"新思想"的招牌，做"新学术"的买卖。

顾颉刚学术思想中的怀疑精神则是很早就有的。他在少年时代就读过姚际恒的《古今伪书考》，后来又读崔述的《崔东壁遗书》，觉得很痛快。尤其是崔述在"提要"中引用的"打碎砂锅纹到底"这则谚语，更是引起他的无限感慨，他不无自得地将之引为同道："想不到这种'过细而问多'的毛病，我竟与崔先生同样地犯着。"③郑樵也是一位很有批判精神的辨伪大师，顾颉刚因辑郑樵的诗说，看了他论《琴操》的话，才知道杞梁之妻"初未尝有是事，而为稗官之流所演成"。从此，顾颉刚开始有意识地关注孟姜女故事。

有了辨伪精神不一定就会走上辨伪之路，关键在于是否具有自觉的辨伪意识以及科学的辨伪方法。在这一点上，胡适的新国学运动给了顾颉刚很大启发。顾颉刚早期的学术活动，与胡适有着千丝万缕的关联，他毫不否认自己"深挚地了解而承受"了胡适的研究方法，他说："要是不遇见孟真和适之先生，不逢到《新

---

① 关于顾颉刚的"求真致用观"，陈泳超曾有中肯的理解："按顾颉刚的理论设计，社会日益复杂发展，若学术单纯为了致用，必定造成学术的浅薄与势利，从而难以长期为社会提供帮助，学术只有以求真为唯一目的，不求眼前的应用，也就可以摆脱现实的局限，脱离开对社会政治的依附地位而获得独立的品格，反而可以为社会发展提供持续不断的新鲜血液。"（陈泳超：《中国民间文学研究的现代轨辙》，北京大学出版社，2005年，第109—110页）
② 顾颉刚讲，钟敬文记《圣贤文化与民众文化》，《民俗》周刊第5期，1928年4月17日。
③ 顾颉刚：《自序》，《古史辨》第一册，上海古籍出版社，1982年，第45页。

青年》的思想革命的鼓吹，我的胸中积着的许多打破传统学说的见解也不敢大胆宣布。……要是我不亲从适之先生受学，了解他的研究的方法，我也不会认识自己最近情的学问乃是史学。"①

顾颉刚没有留学经历，他对西学的接受，许多是从胡适那里间接习得的。他在 1919 年 1 月 12 日的日记中谈到自己对胡适一篇文章的看法："胡先生评他根本论点，只是一个历史进化观念；并谓语言文字的问题，是不能脱离历史进化的观念可以讨论的。此意非常佩服。吾意无论何学何事，要去论他，总在一个进化观念；以事物不能离因果也。" 1 月 17 日的日记中又说："下午读胡适之先生之《周秦诸子进化论》，我佩服极了。我方知我年来研究儒先言命的东西，就是中国的进化说。"

胡适于 1919 年 11 月发表《新思潮的意义》，提出"研究问题，输入学理，整理国故，再造文明"四项纲领，所谓"整理"，"就是从乱七八糟里面寻出一个条理脉络来；从无头无脑里面寻出一个前因后果来；从胡说谬解里面寻出一个真意义来；从武断迷信里面寻出一个真价值来"②。这一点极合顾颉刚的胃口。顾颉刚声称自己有历久不衰的整理材料的兴趣，他说："琐碎的困难我是不怕的，我觉得要在极琐碎的事物中找出一个极简单的纲领来，那才是最有趣的事情。"③ 又说："学问必须在繁乱中求得的简单才是真实的纲领；若没有许多繁乱的材料作基本，所定的简单的纲领便终是靠不住的东西。"④

1920 年胡适拟了一份《国故丛书》的计划，据说顾颉刚是最踊跃的支持者，力任编辑辨伪丛刊的工作。⑤ 胡适同年写成《〈水浒传〉考证》，其追踪一事物在历史演变过程中诸形态变迁的研究方法，给了顾颉刚很大启发。

---

① 顾颉刚：《自序》，《古史辨》第一册，上海古籍出版社，1982 年，第 80 页。
② 胡适：《新思潮的意义》，《胡适作品集》第 2 册，（台北）远流出版事业股份有限公司，1986 年，第 48 页。
③ 顾颉刚：《两个出殡的导子账》，《歌谣》周刊第 52 号，1924 年 4 月 27 日。
④ 顾颉刚：《自序》，《古史辨》第一册，上海古籍出版社，1982 年，第 29 页。
⑤ 顾颉刚致胡适信，1920 年 11 月 24 日及 12 月 21 日，未刊稿。转引自耿云志：《胡适整理国故平议》，耿云志、闻黎明编《现代学术史上的胡适》，生活·读书·新知三联书店，1993 年，第 112 页。

胡适在《清代学者的治学方法》中提出了"大胆地假设，小心地求证"的研究方法。这个方法中三个最主要的因素是：（1）历史的态度。任何人、任何事物、任何问题，作为研究的对象，必得弄清它的历史、它的来龙去脉，弄清它在形成、发展变化过程中的诸形态。（2）实证的态度。对前人或他人的判断不可轻信，必须求证实。（3）重视思想的能力。思想的能力来源于多观察、多疑问、多假设，耐心地求证实。

那么，什么是"历史的态度"呢？胡适说："进化观念在哲学上应用的结果，便发生了一种'历史的态度'……这就是要研究事务如何发生，怎样来的，怎样变到现在的样子：这就是'历史的态度'。"①

可以说，顾颉刚的"历史演进法"实践为胡适的主张树立了一个最好的标本。他的古史辨伪的工作、民俗研究的方法，是对胡适"历史的态度"最有价值的创造性发挥。

顾颉刚在研究传说演变的时候，充分注意到了传说的每一次迁移和变化与其所处历史环境，如时代、地域、政治、风俗之间复杂而微妙的关系。他把这一"史"与"说"的相关关系放到对古史的研究与说明当中，通过传说的变化来反推那些促使传说变化的社会制度、文化背景和思想潮流，取得了很好的效果，获得了巨大声誉。

但是，顾颉刚自己也意识到，这种借助于传说或者民俗的侧面来考证历史的方法，似乎只有两种用处："一是推翻伪史，二是帮助明了真史。"②就廓清"真史"而言，顾颉刚只敢说"帮助明了"，可见他依然不敢确认这是一条正途。顾颉刚的史学研究因此显得"破"有余而"立"不足。这种以传说的眼光重审历史的研究范式在给他带来巨大声誉的同时，也因此受到许多保守历史学者的批评。

这种尴尬对于顾颉刚来说犹如哑巴吃黄连：因传说而成功，又因传说而受责。这也使得顾颉刚对民俗学抱了一种非常矛盾的心态：

一方面，他非常坚定地认为民俗学是一门大有前途的学问，并且不断地为之

---

① 胡适：《实验主义》，《胡适文存》第1集卷2，（台北）亚东图书馆。
② 顾颉刚：《自序》，《古史辨》第一册，上海古籍出版社，1982年，第66页。

1936 年，顾颉刚在北平

鼓与呼。他在《圣贤文化与民众文化》中，提出了"研究旧文化，创造新文化"的口号，坚定地要在圣贤文化之外解放出民众文化来。不过，作为一个理性的学者，而不是激进的启蒙宣传家，他也对民间文化保持着清醒的警惕，他说："但是我们并不愿呼'打倒圣贤文化，改用民众文化'的口号，因为民众文化虽是近于天真，但也有许多很粗劣、许多不适于新时代的，我们并不要拥戴了谁去打倒谁，我们要喊的口号只是：研究旧文化，创造新文化。"①

正因如此，在另一方面，他又没有（作为一位严谨而"正统"的历史学者，又或许是因为不敢）把民间文学甚至民俗学当成自己的安身立命之本。中山大学时期，《民间文艺》共出 12 期，顾颉刚只是"应钟敬文之征"②，才在第 11、12 合期上发了几篇七八年前收集来的苏州歌谣；反之，他对《中山大学语言历史学研

①顾颉刚讲，钟敬文记：《圣贤文化与民众文化》，《民俗》周刊第 5 期，1928 年 4 月 17 日。
②顾颉刚日记，1928 年 1 月 21 日。

究所周刊》却表现出了极大的热情，每一期都亲自编审，主要的学术文章也都发表在这里。

究其心态，大约他要在一个"正统"的领域中取得胜利，博得一公认的地位（研究旧文化），再以此身份去推行一种新兴的学术（创造新文化）。反映在中山大学民俗学会早期学术期刊的刊文取向上，采风式的田野作业的原始性材料多发表在《民间文艺》，而研究性的论文则多发在《语言历史学研究所周刊》上。两份刊物创刊不久，顾颉刚就已开始为《语言历史学研究所周刊》筹划"风俗专号"①，并在各种报刊上大肆宣传。其意图很明显：把"民间文艺"当成非正统的待认可的"学"，把"语言历史学研究"当成正统的公认的"学"，"专号"的目的是逐步地把前者纳入后者之中。

二、顾颉刚的民俗学策略

顾颉刚的民俗研究，尤其是他对孟姜女故事的研究，不仅在民俗学领域具有示范意义，即使在整个中国现代学术史上也具有深远影响。胡适曾经评价《古史辨》"是中国史学界的一部革命的书，又是一部讨论史学方法的书。此书可以解放人的思想，可以指示做学问的途径，可以提倡那'深彻猛烈的真实'的精神。治历史的人，想整理国故的人，想真实地做学问的人，都应该读这部有趣味的书"②。这一段话用来评价《孟姜女故事研究》同样适合。2001 年，钟敬文在回顾 20 世纪中国民俗学发展历程时，曾把《孟姜女故事研究》比作民俗学界的《论语》："有些经典的论著可以一印再印，《论语》就有很多版本。《孟姜女故事研究》，我们这个学科的人都要有，可以印出来当礼物送给开会的人。"③

以"孟姜女故事研究"为中心，我们可以试着讨论一下顾颉刚的民俗学策略。

---

① 顾颉刚日记，1927 年 12 月 29 日："式湘（陈锡襄）来，计划编风俗专号事。"
② 胡适：《介绍几部新出的史学书》，《现代评论》第 4 卷第 91 期，1926 年 9 月 4 日。
③ 钟敬文先生录音谈话，施爱东整理：《女娲不曰其为人也》，载叶春生主编《民俗学刊》第一辑，澳门出版社，2001 年 11 月。

（一）打破学科壁垒，以民俗材料印证古史，以治史方法带动民俗研究

"五四"以后，"到民间去"的呼声日渐响起。顾颉刚意识到"凡是真实的学问，都是不受制于时代的古今、阶级的尊贵、价格的贵贱、应用的好坏的。研究学问的人只该问这是不是一件事实，他既不该支配事物的用途，也不该为事物的用途所支配。所以我们对于考古方面、史料方面、风俗歌谣方面，我们的眼光是一律平等的"①。为了将这种平等的思想落到实处，顾颉刚身体力行，尝试把民间的歌谣、戏曲、传说、故事等当作鲜活的学术素材，与高文典册中的经史材料置于同等的地位进行研究。比如，他把《左传》《檀弓》《孟子》上有关杞梁妻的文字记载与民间有关孟姜女的口头传说放在一起进行比较研究，试着从故事的历史变迁中寻找古史传说演变的一般规律；通过对民间歌谣的校注、诠释和理论探讨，论证《诗经》是古代诗歌的总集；借助乡村祭神的集会、赛会、香会，研究古代的神道、社祭活动。

但顾颉刚对民俗材料的运用，目的是历史研究，而不是民俗研究。他说他研究古史愿意承担的工作，一是"用故事的眼光解释古史的构成的原因"，二是"把古今的神话与传说为系统的叙述"②。

这一招可谓歪打正着。当时的现实状况是：民俗学作为一门新兴的学科，在中国没有现成的理论和方法可资借鉴，西方的研究方法也没有来得及与思想观念同步介绍到中国来。顾颉刚将民俗材料与"历史演进法"相结合的做法，正好为处于发轫阶段的民俗学开辟了一条极富中国特色的研究进路：把进化论指导下的历史考证法引入民俗研究。孟姜女故事研究的成功，更是极大地提升了民俗研究在普通学人心目中的地位。

如果说顾颉刚最初的民俗研究是出于辨析史实、建设民众历史的追求，那么在创办《民俗》周刊之后，则由自发的民俗研究转向了自觉的民俗学学科建设。他在1928年初的《〈民俗学会小丛书〉弁言》中说："民俗可以成为一种学问，以前的人决不会梦想到……我们为了不肯辜负时代的使命，前已刊发《民间文艺周

---

① 顾颉刚：《一九二六年试刊词》，《北京大学研究所国学门周刊》第2卷第13期，1926年1月。
② 顾颉刚：《答李玄伯先生》，《现代评论》第1卷第10期，1925年2月14日。

刊》。此外，风俗宗教等等材料也将同样地搜集和发表。"①

傅斯年曾经指责民俗学会的小丛书过于粗浅，为此，顾颉刚旗帜鲜明地表明立场说："民俗学是刚提倡，这一方面前无凭借，所以我主张有材料就印。"② 这种思路与历史学的发生发展是相通的，上古历史起于记载而非起于研究，资料的积累是研究的基础，学问之道，学而后才能问，无从学也就无从问。顾颉刚常常感叹自己研究历史时深感着痛苦，因为各种史书记载的都是贵族的生活文化。"说到民众文化方面的材料，那真是缺乏极了，我们要研究它，向哪个学术机关去索取材料呢？别人既不能帮助我们，所以非我们自己去下手收集不可。"③ 可见，顾颉刚确实是把民俗资料的搜集、印行当作民众生活文化的历史素材来记录、整理的。

事实证明了顾颉刚素材论的重要意义，当年印行的这些民国初年搜集的民俗资料，在城市化迅猛发展的现代人看来，恰恰是一种不可多得的近现代民众生活历史素材，它的珍贵价值，正体现在不复重现的历史性上。

（二）同道学人互通有无，尽可能多地占有专项课题的研究资料

顾颉刚民俗研究的扛鼎之作是"孟姜女故事研究"（包括《孟姜女故事的转变》和《孟姜女故事研究》等系列孟姜女研究论述）。其孟姜女研究历时半个世纪，他不仅从历代史书、笔记、类书、文学作品中找出大量的记录材料，还广从社会收集，凡神话、传说、歌谣、戏曲、说唱、宝卷等等，都成为他关注的材料。

但是，个人的搜集无论如何都是有限的，当他在 1924 年 11 月 23 日出版的第 69 号《歌谣》周刊上刊出《孟姜女故事的转变》之后，全国各地的学者、民俗学爱好者纷纷响应，来信对他的研究工作表示敬意和支持，并热情地为他提供了大量的材料和线索。这些材料大大地开阔了顾颉刚的眼界和思路。《歌谣》周

---

① 顾颉刚：《〈民俗学会小丛书〉弁言》，杨成志、钟敬文译《印欧民间故事型式表》，中山大学民俗学会丛书，1928 年 3 月。
② 顾颉刚致胡适信，1929 年 8 月 20 日，《胡适来往书信选》上册，中华书局，1979 年，第533 页。
③ 顾颉刚讲，钟敬文记：《圣贤文化与民众文化》，《民俗》周刊第 5 期，1928 年 4 月 17 日。

刊先后共出了九次"孟姜女专号"，历时 7 个月，出版了 80 个版面约 12 万字。这一专项课题材料之丰富、波及研究者之广泛，在世界民俗学史上，也是极为罕见的。顾颉刚打了一场漂亮的"人民战争"。

后来他在中山大学民俗学会丛书《孟姜女故事研究集》第一册出版时，在《自序》中写道："这两篇文字，第一篇只作成了一半。当这半篇写清时，自己觉得很满意，几乎要喊出'可以找到的材料都给我找到了！'但过了些日子，误谬之处渐出现了，脱漏的地方出现得很不少了，而宋以后的材料越聚越多，更不容易处理，因此，剩下的半篇再也写不下去。……材料日出不穷，每当接触新材料的时候就感到旧材料的寒俭，想把各个小部分的材料搜集略备，实在不是一时做得到的事。"而"材料的多和整理的难，正可鼓励我们工作的兴味！正是暗示我们将成就伟大的创造"。

正因为意识到占有材料的重要，所以他又说："我对于我们同志要作几项请求。孟姜女故事的材料请随时随地替我搜求，不要想'这种普通材料，顾某当已具备了。'因为从很小的材料里也许可以得到很大的发见，而重复的材料正是故事流行的证明。"

从这些叙述中可以看出，顾颉刚把对原始材料的占有当成研究工作最起码的硬件基础。问题是，如何才能尽可能多地占有专项课题的研究资料呢？顾颉刚认为"各种学问都是互相关联的"，学问与学问之间，学人与学人之间，应该互通有无，分工合作，"浙江的徐文长，四川便是杨状元，南洋便是庞振坤，苏州便是诸福保，东莞便是古人中，海丰便是黄汉宗……这类故事如果都有人去专门研究，分工合作，就可画出许多图表，勘定故事的流通区域，指出故事的演变法则，成就故事的大系统。我的孟姜女研究既供给了别的故事研究者以型式和比较材料，而别的故事研究者也同样地供给我，许多不能单独解决的问题都有解决之望了，岂非大快！"[1]

钱南扬在进行"梁祝故事"的研究时，顾颉刚不仅提供资料，热情鼓励，还

---

[1] 上述引文均见顾颉刚：《自序》，《孟姜女故事研究集》第一册，中山大学民俗学会丛书，1928 年 4 月。

积极为他联系出版。20 世纪上半叶，顾颉刚每天都有大量的书信往来，大都交流学问心得，互通资料有无。这不仅是一种治学方法，更是一种值得提倡的优秀学风。

（三）以发展的眼光，顺着时间的长河考察故事的流变

在大量拥有材料的基础上，如何分门别类地看待材料、处理材料？顾颉刚把他层累造史的观点运用到民俗研究中，认为读历史材料，不能平行对待，不应放在同一个时间背景下进行处理，而应采用历史的、发展的观点去分析。比如一件事实变为传说，在民间流传，总是处于变化之中，我们必须知道传说因何产生；从一个人到另一个人，从一个时代到另一个时代，从一个地区到另一个地区，都发生了一些什么变化；为什么要这样变而不那样变。

胡适曾经把顾颉刚的历史演进法总结成下列公式：

1. 把每一件史事的传说，依先后出现的次序，排列起来。

2. 研究这件史事在每一个时代有什么样子的传说。

3. 研究这件史事的渐渐演进，由简单变为复杂，由陋野变为雅驯，由地方的（局部的）变为全国的，由神变为人，由神话变为史事，由寓言变为事实。

4. 遇可能时，解释每一次演变的原因。[①]

这一概括极其精到。传统的古史观是平面的、一脉相承的，顾颉刚则以"演进"的眼光来看待上古史的构成，并且努力分辨出其中的层次，分析其演变的原因。顾颉刚不仅在治上古史时采用这一方法，在孟姜女故事、羿的故事、尾生故事中，处处都借以历史演进的眼光来对待。

顾颉刚首先是对材料的年代进行精当鉴别，然后依着故事的发展，把每一变异都放到特定的社会背景中，力求联系当时的社会、政治、时尚、风俗等种种

---

① 胡适:《古史讨论的读后感》，顾颉刚编著《古史辨》第一册，上海古籍出版社，1982 年，第 193 页。

因素加以综合考虑。例如，他在分析孟姜女传说时指出：战国时，齐都中盛行哭调，需要悲剧的材料，所以杞梁妻哭丧的题材就被广泛采用；西汉时，天人感应之说盛行，杞梁妻的哭，便成了崩城的感应，而且崩城不足，继以崩山；六朝、隋唐间，人民苦于徭役，于是杞梁的崩城便成了崩长城，杞梁的战死便成了逃役而被打杀，同时，乐府中又有捣衣、送衣之曲，于是杞梁妻又作送寒衣的长征了，又因为陕西有姜嫄的崇拜，故杞梁妻会变成孟姜女。

可以说，"演进"是他史学研究和民俗研究的基本观点和方法。顾颉刚的这一思想对当时的史学、神话学、传说学等学科的冲击力是非常巨大的。

（四）考虑不同地区的风俗差异，从地域的分布上看故事的流变

顾颉刚的历史演进法不是单纯地把古史或者传说放在时间的维度中加以演进的考量，而是把它们分别安在不同时间、不同地域上进行具体分析。他在《孟姜女故事研究》结论部分的一则附言中提到："只要画一地图，就立刻可以见出材料的贫乏，如安徽、江西、贵州、四川等省的材料便全没有得到；就是得到的省份每省也只有两三县，因为这两三县中有人高兴和我通信。"① 他认为若能更全面地把各处的材料都收集到，必可借了这一个故事，将各地交通的路径、文化迁流的系统、宗教的势力、民间的艺术等作一更清楚的了解。

做这种地域上的分布图表和比较分析使他得出了非常精彩的结论：他发现由于中国历代的政治、文化中心的变迁，使得一个传说会产生若干个传播的中心点。一个中心点形成的时候，这个传说便会被当时当地的时事、风俗、民众的思想感情所改造，从而发生变异。在这个中心点周围的地区，传说是相对稳定的；而各中心点之间，传说则发生很大的变异，形成了不同的异文。

这种流变的差异不单单表现在中心点的转移上，如果结合不同地区的社会、风俗等因素加以考察，就会发现文本与地缘风俗之间的关系："陕西有姜嫄的崇拜，故杞梁妻会变成孟姜女。湖南有舜妃的崇拜，故孟姜女会有望夫台和绣竹。广西有被除的风俗，故孟姜女会在六月中下莲塘洗澡。静海有织黄袍的女工，故

---

① 顾颉刚：《孟姜女故事研究》，叶春生主编《典藏民俗学丛书》上册，黑龙江人民出版社，2004年，第83页。

孟姜女会得织就了精工的黄袍而献与始皇。江浙间盛行着厌胜的传说，故万喜良会得抵代一万个筑城工人的生命。西南诸省有称妻妾事夫为孝的名词，故孟姜女会得变成了寻夫崩城的孝女。"[1] 站在地缘的角度，不同地区的风俗差异，很好地解释了大量异文的差异缘由。

顾颉刚的民俗研究，不受前人判断的影响，不受世俗成见的束缚，更不是在书籍中寻找材料去印证前人或者外国人的理论，他一切从比较和归纳具体材料出发，顺理成章，自然成文，因而不断地会有些新发现、新建树。

（五）从小学功夫入手，研究古籍材料

顾颉刚做学问很严谨，思虑很周全。相应的态度是，调动尽可能多的技术手段来处理有限的原始素材。大凡语言、文字、训诂等方面的小学工夫，都成为有效的技术手段。

他在《吴歈集录的序》中说："我想要彻底地弄他（吴歌）清楚，必得切切实实做一番小学工夫，拿古今的音变，异域的方言，都了然于心，然后再来比较考订，那么才可无憾，这件事情，不是几年里所能做的。"[2]

在后续的研究中，顾颉刚越来越重视这一方法的运用。写于 1930 年的《羿的故事》如此解释"阻穷西征"："'穷'就是穷石，《淮南子·地形训》说，'弱水出自穷石'，穷石本是西方的地名。'阻'读为'徂'，《诗经·周颂》'彼徂矣岐，'沈括、朱熹据《后汉书·西南夷传》朱辅疏，和韩愈《岐山操》读作'彼岨矣岐'，'岨'就是'阻'，可见'徂''阻'本通。'徂穷西征'，就是说羿西征往穷石。"[3] 很好地发挥了他小学工夫扎实的长处。

另一个例子是王煦华在顾颉刚的遗作《〈六月雪〉故事的演变》中发现了王力致顾颉刚的一张明信片，其中有这样的对话："日前辱询邹周窦三字古音，兹查高本汉氏所假定音值如下……"王煦华分析：这个明信片虽没有提到"六月雪"的故事，但顾颉刚向王力询问三字的古音，是为了写作"六月雪"的故事。他想

---

① 顾颉刚：《孟姜女故事研究》，叶春生主编《典藏民俗学丛书》上册，第 84 页。

② 顾颉刚：《吴歈集录的序》，《歌谣》周刊第 15 号，1923 年 4 月 22 日。

③ 顾颉刚：《羿的故事》，钱小柏编《顾颉刚民俗学论集》，上海文艺出版社，1998 年，第 29 页。

从"邹衍""周青""窦娥"三个人的姓氏上找到语音演变的证据，则是显然的。[1]

（六）实地调查与古籍记载相印证

顾颉刚的实地调查主要集中在神道和社会研究上。他研究神道的兴趣，是游历了苏州和北京的两处东岳庙而引起的，其目的则是古史研究。他认为乡村祭神的集会、迎神送祟的赛会、朝顶进香的香会，是古代祭祀社神集会的变相，因而可以以今证古，从中看到一些古代社祀的影子。

"我们要了解古代神话的去处，要了解现代神话的由来，应当对于古今的神话为一贯的研究。我们要研究古代的神话，有史书、笔记、图画、铭刻等供给材料，要研究现代的神话，有庙宇、塑像、神祇、阴阳生、星相家、烧香人等供给材料。"[2] 两相印证，即可借古推今，以今证古。

顾颉刚《东岳庙的七十二司》的初稿中，只是将当时的北京、苏州东岳庙的各司职责作一罗列。后来补写的时候，则征引《汉书》《日知录》等古代典籍，旁征博引，从中国的秦始皇说到埃及的尼罗河，最后得出结论："阎罗王未入中国之先，鬼是东岳管的，阎罗王入了中国，鬼是阎罗王管的；但东岳的势力还在，所以阎罗王做了东岳的层属。"[3]

《妙峰山的香会》一文，从香会的来源、组织，到明清两代和本年的香会情况都有详尽的记录。他还做了一项前人从未做过的调查，抄录了这一年各个香会的会启，并做了多方面的分析说明。此文刊出之后，引起社会注意，得到很高的评价。正如傅彦长所说："他不怕辛苦，亲自到民间去调查，用最热烈的同情心与最恳切的了解力来报告我们，使向来不受圣贤之徒所抬举的民众增高他们的地位，其功实在他所著的《古史辨》之上。"[4]

顾颉刚曾到西北、西南一带去过，沿途有所见闻，即以其敏锐的洞察与渊博的学识对一些具体民俗事象做一考察，先后写出"吹牛""拍马""抛彩球"等有

---

① 顾颉刚：《〈六月雪〉故事的演变》，《民间文学论坛》1983 年第 1 期。

② 顾颉刚：《东岳庙游记》，《歌谣》周刊第 61 号，1924 年 6 月 29 日。

③ 顾颉刚：《东岳庙的七十二司》，《歌谣周刊》第 50 号，1924 年 4 月 13 日。

④ 傅彦长：《中华民族有艺术文化的时候》，叶春生主编《典藏民俗学丛书》中册，黑龙江人民出版社，2004 年，第 1134 页。

趣的民俗学小品文。

用田野作业得来的活的民俗资料，与古籍中的死的文献资料互相印证，分析研究，作为一种有别于传统经学的研究方法，为后起的民族学者们广泛应用于神话领域。比如，抗战时期，处于西南后方的一批民族学家用当地少数民族的现存神话与传世文献中的古典神话进行比较研究，解决了神话领域中许多悬而未决的重要问题。

（七）奖掖后学，团队作战，以梯队的人才做梯队的学问

说顾颉刚是个开风气的大师级学者，不仅因为他的学术敏感和学术智慧，还在于他特别善于造起声势。一方面固然是因为"名盛则附之者众"，另一方面也因为顾颉刚懂得团队作战的威力，乃有意而为之。他说："在现代研究学问，应当把自己看做学术界中工作的一员。不论是大将和小卒、工程师和小工，都是一员，都有工作可作。"[1]

但是，充分发挥每一个人的作用并不等于每一个人的工作都是一样的。顾颉刚日记中有这样一段话："傅（斯年）在欧久，甚欲步法国汉学之后尘，且与之角胜，故其旨在提高。我意不同，以为欲与人争胜，非一二人独特之钻研所可成功，必先培育一批班子，积叠无数资料而加以整理，然后此一二人者方有所凭籍，以一日抵十日之用，故首须注意普及。普及者，非将学术浅化也，乃以作提高者之基础也。"[2] 这里提到的不仅是普及与提高的关系问题，还涉及人才培养与梯队建设、学术团体的内部分工等问题。显然，顾颉刚认为学科的振兴和发展，光靠一两个顶尖人物的努力是无法完成的，而要培育一批班子，团结一班同好，有人从事资料的搜集，有人从事基础的研究，有人从事提高的研究，形成梯队，进行团队作战。而欲达到此一目的，则首先须做普及的工作，即培养人才。

顾颉刚的民俗研究，正是以这种形式来展开的。1926年，顾颉刚离京南下，先在厦门大学，"竟花了半年时间在厦门、泉州、福州等地搜集风俗物品"[3]，虽然

---

① 顾颉刚：《序》，魏应麒编《福州歌谣甲集》，中山大学民俗学会，1929 年 6 月。
② 顾颉刚日记，1928 年 4 月 29 日（1973 年 7 月之补叙）。
③ 王学典、孙延杰：《顾颉刚和他的弟子们》，山东画报出版社，2000 年，第 29 页。

花去不少时间和精力，但因为是单干，成绩不大，这段历史因此很少被人提及。1927年，顾颉刚来到中山大学，随即将钟敬文从岭南大学引入中山大学，马不停蹄地印行民俗刊物，成立中山大学民俗学会，把中山大学文学院的教职员几乎全部网罗到学会中来了。之后，顾颉刚很少从事具体的民俗研究和编辑工作，更多的只是做些指导性工作，为刊物和丛书的出版写些发刊词和序言之类。一些具体、琐碎的工作事实上都由钟敬文、容肇祖等人完成了。这段历史轰轰烈烈，在全国造成很大影响，民俗学作为一门现代学术的地位得以奠定。

顾颉刚一生的主要精力都是放在历史学上，但在他中山大学时期最值得大书特书的学术功绩却不在历史学而在民俗学，他的每一篇有关民俗学的发言都会在学界产生回响，这不能不归功于团体和刊物的力量。

培养学生，奖掖后学，留给自己著书立说的时间就少了，但从学科发展的角度来说，无疑利大于弊。顾颉刚认为自己的努力为中山大学创造了一个学术的"黄金时代"，他说："学生对我的奖进扶掖极愿接受，他们没有研究的题目我就替他们想，他们找不到材料我就替他们找，他们作的文章词不达意我就替他们改，一个大学生经过两年严格的训练，也够入学问之门了。"[1] 顾颉刚把培养、发现人才当成了自己学术事业的有机组成部分。

顾颉刚不仅在研究工作中非常注意科学方法的运用，逻辑清晰、条理分明，在学术组织工作中也非常注意步骤和策略，对宣传、传播以及人才梯队建设也很重视。顾颉刚民俗研究最大的特点就是科学、求实、具体问题具体分析。正如他自己所说："我们现在研究学问，应当一切从事实下手，更把事实作为研究的终结。我们不信有可以做我们的准绳的书本，我们只信有可以从我们的努力研究而明白知道的事实。"[2] 正因为有这种思想作指导，他敢于不理会任何既有理论，无视古人既定"事实"，独辟蹊径，做出开创性的成就。

真理只需要我们去追求，但永远不会得到，学问的乐趣就在于对真理的无限接近和不断追求之中。顾颉刚说："（宇宙）最高的原理原是藏在上帝的柜子里，

---

① 《顾颉刚自传》，《东方文化》总第3期，1994年5月。
② 顾颉刚：《试刊词》，《北京大学研究所国学门周刊》第二卷第13期。

永不会公布给人类瞧的。人之所以为人，本只要发展他的内心的情感，理智不过是要求达到情感的需求时的一种帮助，并没有独立的地位。……用尽了人类的理智，固然足以知道许多事物的真相，可是知道的只有很浅近的一点，绝不是全宇宙。"①

三、顾氏研究法的传播

顾颉刚的孟姜女研究为后起的民俗研究建立了一个行之有效的研究范式，以"演进"作为研究进路讨论风俗变迁或者传说流变的文章随之蜂拥而起。仅以1928年至1929年的《中山大学语言历史学研究所周刊》为例，就有潘家洵的《观世音》、杨筠如的《春秋时代男女之风纪》《尧舜的传说》《姜姓的民族和姜太公的故事》、吕超如的《战国时代的风气》、余永梁的《西南民族起源的神话——盘瓠》、方书林的《孔子周游列国传说的演变》② 等。《民俗》周刊所刊载的相关文章，质量虽有不如，数量却更在其上。容肇祖说："由顾先生的历史与民俗的研究，于是近来研究民俗学者引起一种的历史的眼光，知把民俗的研究和历史的研究打成一片，而在我国，可以使尊重历史的记录，而鄙弃民间的口传的人们予以一种大大的影响。我的《占卜的源流》，和钱南扬先生的《祝英台故事集》等，便是其应声。"③

顾颉刚没有就传说演变和古史演变作明确的区分，大约时人也以两者均为史学之一法，不加区别。陈槃在《黄帝事迹演变考》的文后附了一段话："我很愉快，我能捉住顾颉刚先生告诉我们的伪古史的原则——'层累地造的'；又用了顾先生给我们辨伪史的工具——以故事传说的眼光来理解古史，于短期间写成这篇文字。若是这篇文字写得不好，这是我学力所限，但这个原则和工具是不会错误

---

① 顾颉刚：《自序》，《古史辨》第一册，上海古籍出版社，1982年，第33页。
② 以上文章均见1928—1929年《国立第一中山大学语言历史学研究所周刊》，中山大学语言历史学研究所编印。
③ 容肇祖：《我最近对于民俗学要说的话》，《民俗》周刊第111期，1933年3月21日。

的。"①

顾颉刚早在厦门的时候，就已写出了《天后》一文，在《民俗》周刊第41、42期合刊发表以后，又一次掀起了顾氏演进法对神的研究的热潮。

《天后》不厌其烦地罗列所能搜到的不同时代对"天后"的记载和封谥，制成表格，通过比较、分析，提出看法，指出其随时代演变的规律。容肇祖在同一期《民俗》周刊上发表的《天后》一文，则是对顾颉刚《天后》的进一步补充和完善，将顾氏"不能加上许多新材料"加了上来，结论更细致，主要思路也是"证顾颉刚先生所说"②。

之后，直接因顾颉刚《天后》而引发的对天后的研究就成了《民俗》周刊"神的研究"的一个小高潮。如周振鹤就在他的《天后》中说："喜欢步人家的后尘的我，记得图书集成里也有关于海神的一部；打开来一看，却很杂乱；于是吾把有关于天妃的各种记载也做成一张年表，同顾容二位做的年表很有些补益和互证的地方。"③他把容肇祖细致梳理的工作更向前推进一步，并提出天妃姓蔡的观点。不过，后来魏应麒又再著文，纠正周的说法。在顾颉刚的带动下，后浪推前浪，一浪接一浪，一步一步将民俗学推向前进。

魏应麒在对"郭圣王"的研究中，也是沿用顾氏演进法的思路，先罗列所能搜集到的不同时代对"郭圣王"的记载和封谥，制成表格，然后分析。魏文结论的第一条就是："年代愈后，神的威灵愈显赫，此可备证明颉刚师的史迹层积的一种理由。"④不仅使用了顾氏研究方法，还印证了顾氏演进理论。像这一类以顾氏演进法为进路的文章，在《民俗》周刊的学术稿件中，往往还是质量较高的一批。

顾颉刚本人也有意推广他的"历史演进"的研究方法，他曾在民俗学传习班上讲过《整理传说的方法》，以孟姜女故事研究为例，专讲故事传说演变和如何

---

① 陈槃：《黄帝事迹演变考》，《国立中山大学语言历史学研究所周刊》第28期，1928年5月9日。
② 容肇祖：《天后》，《民俗》周刊第41、42期合刊，1929年1月9日。
③ 周振鹤：《天后》，《民俗》周刊第61、62期合刊，1929年5月29日。
④ 魏应麒：《郭圣王》，《民俗》周刊第61、62期合刊，1929年5月29日。

进行整理，可惜未有文稿留传。他在编辑论文的时候，也常给投稿的作者以悉心的指导。从他在给夏廷棫的一封信中，我们可以大致了解顾颉刚的教学方式：

> 你这篇"水道自然之变迁与禹治水之说"，可在此间所藏滨江河之各府县志中广搜材料。又"洪水"是常有的事，亦可在各史五行志及通志灾祥略中搜集材料。
>
> 研究"庄子里的孔子"我意可照下列次序做去：
>
> （一）将庄子中说及孔子的话完全录出。
>
> （二）将抄出的材料，分为三类：
>
> 1. 与论语相同者（即儒家之孔子）。
>
> 2. 讥诮孔子者（即道家反对儒家的话）。
>
> 3. 与道家说相同者（即把孔子道家化的话）。
>
> （三）加以评论：
>
> 1. 证明孔子面目之变化。
>
> 2. 证明庄子非一人所著。
>
> 3. 证明战国各家学说之冲突。
>
> 我们千万不要希望可以从庄子一书中得到孔子的真相，因为战国学者本无求真的观念，要怎么说就怎么说。我们只能知道古人对于孔子的观念曾经有过那样一套，如庄子中所举。[①]

顾颉刚研究范式最大的特点是条理分明。他说："琐碎的困难我是不怕的，我觉得要在极琐碎的事物中找出一个极简单的纲领来，那才是最有趣的事情。"[②]从给夏廷棫的信中可以看出典型的顾颉刚研究范式的思路和方法。方书林受到这封信的启示，很快写出了一篇《孔子周游列国传说的演变》，发表于《国立第一中

---

① 顾颉刚致夏廷棫信，《国立第一中山大学语言历史学研究所周刊》第 23 期，1928 年 4 月 3 日。
② 顾颉刚：《两个出殡的导子账》，《歌谣》周刊第 52 号，1924 年 4 月 27 日。

山大学语言历史学研究所周刊》①。

　　当时身受顾颉刚教诲的学生，总是对顾氏的提携充满感激，陈槃在《黄帝事迹演变考》中说："我对于顾先生尤其感谢的是他的勤勤诱导、诲人不倦，鼓舞着我，使我内心充满了创作的热力，很大胆地来尝试这篇文字。"② 顾颉刚将上古文献与近代神话及传说概念相结合的做法，也启发了很多文章的出世，钟敬文的《楚辞中的神话和传说》就是这一思想指导下的成果。

　　刘万章《一只拜忌牌子之内容》③ 则是典型的对顾颉刚《一个"全金六礼"的总礼单》《一个光绪十五年的"夜目"》的模仿之作。可惜的是，刘万章只能仿得顾文之形而不能深得顾文之神。顾颉刚在抄出研究对象的名目之后，总是能够画龙点睛地给出一些精到的分析和前人未曾提及的结论，有时他甚至会从不完整的资料中引出一些自圆其说的学术猜想，充分展示出顾颉刚过人的学术想象力。这是刘万章的学力所难以企及的。

　　王翼之编《吴歌乙集》，明显是受到顾颉刚《吴歌甲集》的启发，而且完全按顾颉刚的分类方式进行整理。但是，《吴歌乙集》的学术影响却远不及《吴歌甲集》，作者学术声望的差别固然是一个原因，另一个原因是王翼之不可能像顾颉刚一样把吴歌放在深远的历史文化背景中做出恰如其分的考察和分析。民间天然的歌谣，如果没有研究方法的支撑，没有学理分析的加持，很容易就会被人当作"庸俗文学"的通俗读本。这也就是为什么《吴歌乙集》饱受"猥亵"的指责，而同样的指责却并没有针对《吴歌甲集》而去。

　　顾颉刚思维缜密，写作方式也很有特点，条理极其分明，逻辑非常清晰，尤其偏爱以图表的方式，以及一、二、三、四开中药铺的方式来进行写作。列表和做示意图这些在今天的写作者看来极普通极简单的工作，在刚刚摆脱文言写作的

---

① 方书林：《孔子周游列国传说的演变》，《国立中山大学语言历史学研究所周刊》第 70 期，1929 年 2 月 27 日。
② 陈槃：《黄帝事迹演变考》，《国立中山大学语言历史学研究所周刊》第 28 期，1928 年 5 月 9 日。
③ 刘万章：《一只拜忌牌子之内容》，《民俗》周刊第 6 期，1928 年 4 月 25 日。

1923 年，却极少见到。顾颉刚 6 月 20 日的《答刘胡两先生书》[1]，即以简明的图表示意了商周秦楚各民族的活动时期。1924 年写作《东岳庙游记》时，又以示意图的形式详细记录了"北京东岳庙总图"和"东岳庙七十六司图"。1928 年《天后》一文中为天后所做的年表，则至今仍为学者所沿用。

曹松叶在写作《金华城的神》时说自己"对于神方面引起注意，是在厦门集美读顾颉刚先生的《泉州的土地神》一文起"[2]，但他仿效顾颉刚研究范式而写出的文章却一样只得其形而不得其神。不久，曹松叶又作《黄河长江珠江三大流域谜语一个简单的比较表》，模仿顾颉刚列表分析的方式，洋洋洒洒列了 12 页的对照表，最后的分析却只有一句话："看上面的表，有几首是一致的，有几首是几全相同的，大多数是相似的；所以我们起码可说黄河长江珠江三大流域的谜语，有许多是类似的。"[3] 除此之外，作者似乎并没有看出其他什么问题。

就当时热衷于民间文化研究的一班民俗学爱好者来说，顾颉刚研究范式对于仿效者的素质要求还是太高了点，因而成功的仿效作品总是只有少数。张清水就曾经无奈地说："采用顾先生的方法，题目的确是很难找，而且找着也很难措手。忆昔民十六年春，曾叫静闻伙友研究'梁山伯与祝英台'的故事，十七年夏曾恳请顾先生担任研究，均以'事务拘身，故事过杂'为辞，可见困难之一般。"[4]

值得一提的是，在众多的顾颉刚追随者中，容肇祖是极少数能将顾颉刚研究范式结合自己的学术兴趣与理念进行别样尝试的优秀学者。他在《迷信与传说》一书"自序"中说："研究我国古代的迷信与传说，我所用的方法，大半是剥皮的方法。始初是习闻胡适先生剥笋及剥皮的比喻（如说剥笋，一层一层的剥去，其中是极小的或无复余；泥菩萨的衣服，一层一层的剥去，其中只有粘土；周公的伟大，一层一层的分析，只留渺小的周公），其后是习见了顾颉刚先生的古史辨

---

① 顾颉刚：《答刘胡两先生书》，《古史辨》第一册，上海古籍出版社，1982 年，第 98 页。
② 曹松叶：《金华城的神》，《民俗》周刊第 86—89 期合刊，1929 年 12 月 4 日。
③ 曹松叶：《黄河长江珠江三大流域谜语一个简单的比较表》，《民俗》周刊第 96—99 期合刊，1930 年 2 月 12 日。
④ 张清水致顾均正信，1929 年 11 月 12 日，《民俗》周刊第 102 期，1930 年 3 月 5 日。

和孟姜女的研究，更觉得这方法是适用的，这就是我的尝试。"①

胡适的"剥笋法"其实也是从顾颉刚的层累造史观中抽象出来的：

> 顾先生自己说"层累地造成的古史"有三个意思：
>
> （1）可以说明时代愈后，传说的古史期愈长。
>
> （2）可以说明时代愈后，传说中的中心人物愈放愈大。
>
> （3）我们在这上，即不能知道某一件事的真确的状况，也可以知道某一件事在传说中的最早状况。
>
> 这三层意思都是治史的重要工具。顾先生的这个见解，我想叫他做"剥皮主义"，譬如剥笋，剥进去方才有笋可吃。这个见解起于崔述，崔述曾说：
>
> 世益古则其取舍益慎，世益晚则其采择益杂。故孔子序《书》，断自唐虞；而司马迁作《史记》乃始于黄帝。……近世以来……乃始于庖牺氏或天皇氏，甚至有始于开辟之初盘古氏者。……嗟乎，嗟乎，彼古人者诚不料后人之学之博之至于如是也！（《考信录提要》上，二二）
>
> 崔述剥古史的皮，仅剥到"经"为止，还不算彻底。顾先生还要进一步，不但剥得更深，并且还要研究那一层一层的皮是怎样堆砌起来的。②

"历史演进法"以及"剥笋法"，本质上都是基于进化论的纵向研究法，只不过一个是由前向后演进，做逐项递增的研究；一个是由后向前剥皮，做逐项递减的研究。20 世纪 20 年代末至 30 年代间，顾颉刚在民俗学界乃至史学界培养了大批的追随者。层累造成的古史学说以及传说的历史演进法成为这个时代中国学术界的时尚观点和研究法。

---

① 容肇祖：《自序》，《迷信与传说》，中山大学民俗学会丛书，1929 年 8 月。
② 胡适：《古史讨论的读后感》，顾颉刚编著《古史辨》第一册，上海古籍出版社，1982 年，第 191—192 页。

顾颉刚晚年在北京寓所留影

顾颉刚没有海外留学的经历，也没有在西方已有的民俗学理论上下太多的工夫。他是从戏曲和歌谣中悟到研究古史的方法，反过来，又用史家的眼光、辨史的方法来从事民俗研究。顾颉刚既充分利用了中国古代的传世文献，又富于现世的人文关怀，因而显得极富中国特色，使得中国民俗学从一开始就建立在一个较高的起点上。

附录：我们都是"顾颉刚学派"

（一）《顾颉刚全集》的校对员

中华书局要出《顾颉刚全集》，顾潮老师分别找了一批历史学者和民俗学者帮助做校对工作。我接到的校样据说是已经四校后的《读书笔记》，我这算是五校，虽然发现错误的概率非常低，但我还是逐字逐句地进行指读，看了十几页还没发现一处错误，我的心里就有点发毛，生怕自己成了无用之人。每发现一个我认为有问题的字词，我总是非常高兴，觉得自己为顾先生做了点工作。

后来从顾潮老师处得知，被她选为顾颉刚全集校对员的三位民俗学者，分别是陈泳超、刘宗迪和我。这让我很惊讶，这三个家伙恰恰是民俗学界最狂狷的三个"革命党人"。我才疏学浅，干点粗活累活算是家常便饭，陈泳超和刘宗迪那时虽然都还不是什么教授博导，却早已"粪土当年万户侯"，尤其刘宗迪，那可是鹰击长空，鱼翔浅底，鼻孔朝天的主，他们居然也欣然接受了这单为他人作嫁衣裳的活，多少让我感到些意外。

忘了是哪一天，应该是在一个为台湾辅仁大学钟宗宪教授接风的晚宴上，大家说起这事，也忘了是我们中间的谁开始感叹，说在这个世界上，恐怕也只有顾颉刚的事，能同时让这三个"自以为是"的民俗学者心甘情愿地俯首甘为"校对员"了。借着酒意，大家开始很不严肃地一一罗列前辈高人，遍问愿不愿意为之做校对员，无论列到谁，总会有一两个人表示"我不干"。印象中酒桌上还有几位兄弟，包括来自海峡对岸的钟宗宪教授，不断要我们向顾潮老师转达他们的心意，如果还有没校完的稿子，他们非常愿意躬与其盛。

我后来曾在一篇文章中说道："即使是直接的师徒之间，也不必然存在所谓的学术传统。相比之下，许多并非同一单位的学者，因为相近的学术旨趣或思维方式，反而会选择相近的研究范式。一批散布于不同学术机构的，与顾颉刚扯不上任何师承关系的青年学者，反而是顾颉刚民俗学范式最忠实的拥戴者。"

我们没能赶上顾先生的时代，甚至没能一睹顾先生的天人风采，但是，我们都借助一本《孟姜女故事研究集》，踏上了敲开顾学大门的台阶。我认真研究了王学典老师的《顾颉刚和他的弟子们》，曾暗自庆幸，没赶上顾先生的时代，对我来说或许不是一件坏事。顾先生是个极爱才之人，大凡爱才之人，必有责人之心。1928年，《孟姜女故事研究集》第一册出版之后，顾先生在书中发现许多校对错误，就曾非常生气地在日记中写道："《孟姜女研究集》，夏君所校，误字百出。彼乃真无一技之长，无法用之矣。"看了这些责备的文字，我总是杞人忧天地担心自己也像"夏君"一样，被顾先生划入"无法用之"的行列，从而被拒千里之外。

顾先生百年之后，借助其皇皇巨著，我就成了顾先生无法拒绝的私淑弟子。阅读顾先生的文字，常常心有戚戚，我会试图从文字中捕捉先生的个性风采，想象先生的微妙心思，与先生默默地对话。陈泳超、刘宗迪怎么想，我没细问过，他们或许未曾有过我的自卑，但我相信，他们或许也曾自许为顾先生的私淑弟子，要不然的话，刘宗迪也不会说"我们都是顾颉刚学派"。

（二）科学理性的拥护者

顾颉刚作为一个历史学家太著名了，而中国传统学术又是以史学为金字塔顶的学术格局，所以，作为民俗学奠基者的顾颉刚反而不大为主流学界所在意。其实，顾颉刚的许多史学理论和哲学思想，恰恰是从对民间文化传承变异的观察和思考中生发出来的。

吕微甚至认为，如果海登·怀特对顾颉刚当年的学说有所知晓，他一定要奉之为后现代学术的一代宗师。在顾颉刚看来，所谓古史的真实本体是我们根本就无法真正了解的，我们所能切实把握的其实只是后人关于历史的诸种"造说"——传说和故事，后人的造说不断地被累积起来，于是我们才有了关于古史的系统知识。海登同样认为，历史所呈现给我们的只是叙事的话语，至于历史的本来面目其实已经经过历史学家以及无数的历史叙述者们的过滤，从而不再是客观的事实。就历史通过叙事向我们呈现而言，历史其实也是故事、传说，或者说历史的形式从来就是故事传说。在这些关于历史与叙事关系的根本问题上，海登与顾颉刚的观点是一致的。

当然，顾颉刚决不会承认自己是一位现象学家，他是一名科学理性的坚决拥护者，"只不过他是借助于类似现象学的方法达到了经典的、理性的启蒙主义认识论的目的，即通过对现象的认识达到了对本体世界的存在设定"。也就是说，顾颉刚虽然不是一名后现代学者，但其理论与方法的超越性使他具有了穿越时空、跨越流派的巨大学术容量。这也是顾颉刚至今依然被我们奉作学术偶像的理论支点。

顾颉刚很好地实践了自己提出的"研究旧文化，创造新文化"的学术理想。顾颉刚进北京大学时，正是民主和科学思想迅速传播与深入的年代，许多知识分子的眼光开始转向民间，学术领域也出现了眼光向下、关注平民文化的呼声与势头。顾颉刚正是这一学术风潮最出色的冲浪者。

在中国近现代学术史上，顾颉刚也是将中国传统学术与西方科学方法结合得最天衣无缝的人文学者。他在《古史辨·自序》中说："科学的哲学现在正在发端，也无从预测它的结果。我们要有真实的哲学，只有先从科学做起，大家择取了一小部分的学问而努力；等到各科平均发展之后，自然会有人出来从事于会通的工作而建设新的哲学的。所以我们在现在，再不当宣传玄学的哲学，以致阻碍了纯正科学的发展。"

顾颉刚将古史与传说相结合的研究方法，既拓展了上古史学的学术视野，也为中国现代民俗学奠定了一套坚实的基础研究范式。整个 20 世纪上半叶，层累造成的古史学说以及传说的历史演进法成了中国学术界的时尚观点和流行范式。

（三）打着顾颉刚的偶像大旗

顾颉刚的民俗研究，尤其是他对孟姜女故事的研究，不仅在民俗学领域具有示范意义，即使在整个国学领域也具有广泛影响。2001 年，钟敬文在回顾 20 世纪中国民俗学发展历程时，曾把《孟姜女故事研究》比作民俗学的《论语》："有些经典的论著可以一印再印，《论语》就有很多版本。《孟姜女故事研究》，我们这个学科的人都要有，可以印出来当礼物送给开会的人。"

户晓辉更是直截了当地指出了顾颉刚研究范式的当代价值："今天，当我们回顾中国现代民俗学和民间文学研究的历史时，不仅首先可以看到顾颉刚树起的一个不低的起点和标高，而且可以感觉到他的研究范式和学术理念已经深刻地演变为中国现代民间文学研究极具中国特色的一部分，并且继续影响着当代学者，所以，无论从学术史还是从学科理论与方法的研究来说，顾颉刚都是我们无法绕开的一个学术的'山峰'，更是我们在学术上继往开来和进行自我反思的一笔可贵的思想财富。"

奇怪的是，尽管有许多学者一再强调顾颉刚研究范式的重要性，但由于顾颉刚研究范式的基础是史学范式，而目前的民俗学科却归属于社会学名下，作为人文学科的历史学与作为社会学科的民俗学，中间似乎隔着一条难以逾越的鸿沟，因此实际上顾颉刚研究范式并没有真正落实到大多数当代民俗学者的研究实践中。

民俗学到底是人文学科还是社会学科？这是一个自其产生以来就未曾有过确切答案的老大难问题。顾颉刚是把民俗当作民众生活的历史来看待的，他在《民俗》周刊"发刊词"的结语部分写道："我们要打破以圣贤为中心的历史，建设全民众的历史！"相同的意思也体现在他的《圣贤文化与民众文化》演讲稿中，他说自己在历史研究中，时常因历史记载的偏畸而感受着痛苦："说到民众文化方面的材料，那真是缺乏极了，我们要研究它，向哪个学术机关去索取材料呢？别人既不能帮助我们，所以非我们自己去下手收集不可。"他把民俗学看作历史学的一个部分——记录下层民众生活史的那个部分。这与当前教育部的学科设置对民俗学的学科定位是不一样的，当下的学科设置是将民俗学归在社会学门下，而不是历史学门下。

近百年的民俗学史，已经历史地造就了执着于不同研究范式的两拨人马共用着同一个学科名称。大凡倾向于把民俗学视作人文学科的学者，多是顾颉刚的铁杆追随者；而那些倾向于把民俗学视作社会学科的学者，似乎并没有一个共同的偶像。但是，这种局面似乎也并没有促成"顾颉刚学派"的实质性团结与合作，大家该干啥干啥，各取所需地从顾颉刚的学术和思想中汲取着适合自己学术发展的学术营养。

打着顾颉刚的偶像大旗，并不是真要回到顾颉刚研究范式的旧路上去，事实上那也是不可能的。学术发展只能向前，不能向后，否则顾先生在天之灵也一定会看不起我们。重要的是，每一次学术危机的逼迫，都会让我们心生彷徨，需要一座心灵停靠的学术港湾、一面具有学术号召力的偶像旗帜，方便凝聚革命力量，表明共同的学术方向。所以刘宗迪说："我们都是顾颉刚学派。"

什么是"顾颉刚学派"？或许就是顾颉刚自己说的："我的心目中没有一个偶像，由得我用了活泼的理性作公平的裁断，这是使我极高兴的。我固然有许多佩服的人，但我所以佩服他们，原为他们有许多长处，我的理性指导我去效法；并不是愿把我的灵魂送给他们，随他们去摆布。对今人如此，对古人亦然。唯其没有偶像，所以也不会用了势利的眼光去看不占势力的人物。我在学问上不肯加入任何一家派，不肯用了习惯上的毁誉去压抑许多说良心话的分子，就是为此。固然有人说，一个人的思想总是偏的，不偏于甲派便偏于乙派，但我觉得要保持客观的态度，用平等的眼光去观察种种不同的派别，也不是不可能的事。即使不能完全不偏，总可以勉力使它少偏一点。"把这段话归纳成一句，那就是：没有学派，不囿于成见，就是顾颉刚学派。

第四章
钟敬文中国民俗学派的宏图构想

　　钟敬文与中国现代民俗学是这样一种关系:"谈起中国当代民俗学就必然要提到钟敬文,说到钟敬文就必然会想起中国现代民俗学,中国现代民俗学和钟敬文是一对孪生兄弟。"① 这不仅表现为钟敬文是一个杰出的民俗研究者,更表现为钟敬文是中国现代民俗学最重要的组织者和经营者。

　　如果说 20 世纪上半叶顾颉刚是中国现代民俗学最重要的设计者,那么,20 世纪下半叶尤其是 20 世纪最后 20 年,钟敬文成为中国现代民俗学乃至民间文艺学唯一的总设计师。以北京师范大学这一人才培养(培训)基地为依托,基本上在全国民俗学界形成了以钟敬文为顶点的金字塔形的人力资源格局。

　　在这样一种格局下,钟敬文的学科构想和学术策略就不再局限为一个学者的个人意志,它能有效地转化为一个学科的集体意志。所以说,钟敬文 1979 年之后的民俗学学科构想可以直接表现为 20 世纪下半叶中国现代民俗学的学科蓝图。本书的讨论,主要集中于钟敬文在这一时期的学科构想。

　　体现这些构想的文章基本均已收入《钟敬文文集·民俗学卷》。② 以正式发表年月为序,则主要有《建立民俗学及有关研究机构的倡议书》(1979)、《民俗学与民间文学》(1980)、《民俗学及其作用》(1982)、《〈民俗学入门〉序》(1983)、

---

① 刘魁立:《智者善者钟敬文》,《民间文化》杂志专刊《祝贺钟敬文百岁华诞学术专刊》,2001 年 12 月。
② 钟敬文:《钟敬文文集·民俗学卷》,连树声编纂,安徽教育出版社,2002 年。钟先生在《自序》中说:"本书是我的民俗学方面的专著,所收录的文章,是比较全面的。大凡我过去所写作的(包括演讲记录稿)、属于这门学科范围内的、多少有些保存价值的文章,大都收录在内。"

钟敬文在北京师范大学小红楼寓所的书房

图 / 宫苏艺，1996 年

《民俗学的历史、问题和今后的工作》（1983）、《民俗学》（1986）、《关于民俗学结构体系的设想》（1986）、《民俗学的对象、功能及学习研究方法》（1987）、《"五四"时期民俗文化学的兴起》（1989）、《民俗文化学发凡》（1991）、《建立中国民俗学派》（1999）等。因为这些文章收入各类文集的时候文字略有出入，本章的讨论主要以《钟敬文文集·民俗学卷》（安徽教育出版社，2002 年）为据，具体引文只注该书标注年份及该书页码。

一、与时俱进的策略性学科定位

20 世纪的中国民俗学，一次又一次地经历着学科危机，这与民俗学的学科定位总是在文学、史学、社会学之间摇摆不定有关。20 世纪的民俗学家主要是一批人文科学工作者，而社会科学却要求民俗学者解释或解决许多现实的社会问题，这不是既有的民俗学范式下的常规研究。现行民俗研究的提问方式与解题方式均与社会学范式有着学科间的不可通约性（incommensurability）。

民俗学的学科定位在顾颉刚眼中是非常明确的。顾颉刚一直强调自己是一个历史学家而不是文学家。顾颉刚实现了民俗研究从《歌谣》周刊时期的"为文学"向《民俗》周刊时期的"民众历史"的转换。之后，杨成志时期的《民俗》季刊又实施了民俗学向"人类学"的转换。1949 年以后，民俗学成了资产阶级的学科，只好潜伏在"民间文学"名下苟延残喘，几乎灭顶。

世纪之交的中国民俗学，再次处于由人文学科向"社会学科"的范式转换之中。民俗学科的从业者们，一旦脱离了原本基于文学或者史学等人文科学的研究模式，也就脱离了过去的常规研究所依赖的既定范式，而新的社会科学的民俗研究范式又没能确立，因而只能权且以空间描述和时间描述作为其研究方法，长期徘徊于现象论和实体论阶段，难以深入到本质论。这种两难境地已经使民俗学成了危机之中的学科。

20 世纪中国现代民俗学学科定位的摇摆性，以 1949 年为界，前期主要是因为学术环境和学科倡导者的意识因素，后期则主要是因为政治环境和学术体制的因素。

受体制和规范的影响，20 世纪 80 年代早、中期，钟敬文曾经努力地试图为民俗学找到一个安身立命的学科归属。但民俗学的边缘学科性质决定了它不可能在现有学科格局中找到一个准确的位置，于是，在钟敬文的论述中，出现了这样一些多少有些矛盾的表述方式：

> 1978："民俗学是人文科学的一个部门。"（P679）
>
> 1980："民俗学是人文科学的一种。它在那里占有一定的位置，跟其他人文科学如民族学、文化人类学、文化史等都有相当关系，特别跟民间文艺学的关系更为密切。"（P151）
>
> 1982："民俗学是一门社会科学，是一门人文科学。"（P82）
>
> 1983："民俗学是一门不容忽视的社会科学（或者说人文科学）。"（P476）
>
> 1986："民俗学是研究民间风俗、习惯等现象的一门社会科学。"（P3）

1987:"作为研究社会现象的民俗学，它自然应归属于社会科学。而民俗同时又是一种相对于自然现象的文化现象，其科学亦应是人文科学（或称文化科学）的一种。马克思主义哲学奠基人提出所有科学都是'历史科学'的著名说法，因为一切客观事物无一例外地都有其发生、发展，以至消亡的历史过程。民俗现象亦如此。故从这个角度出发，民俗科学也可说是一门历史科学。"（P51）

1989:"民俗学是一门社会科学，也是一门文化科学。"（P624）

1991:"对于历史的和当代的民俗文化现象，加以收集、整理、探究和描述的学问就是民俗学。这门人文科学……"（P572）

我们知道，任何分类，包括学科分类，都是人对自然和社会现象的认识手段，是一种人类自己构造的、外在于事物本质的框架。分类的合理性在于它是对过去现象的经验性认识，它只是基于表面的相似性而做出的一种判断。没有一种分类是永远正确的，也没有一种分类事实是不能修改的。"当人们进行分类时，人们几乎总是求助于因袭的概念和分类，并且运用这些已经存在的概念去标记他们遭遇到的任何新的对象和实体。在这种意义上，所有对事物的分类都是社会性的。"[1] 而我们如何分类却又依赖于我们因袭的是哪一个传统，不同的传统有着不同的分类框架。当我们在为一个事物进行类别辩解的时候，实际上表达的是对一种既定传统的权威性的认可。

毋庸置疑，当民俗学在既定学科格局中的地位尚且得不到确认的时候，钟敬文不可能向社会托出一个现行系统所不能容纳的全新事物而要求得到社会的承认，他只能在既定的学术框架中试图为民俗学寻找一个立足的位置。因为"学科的界限由特定的社会团体来维持和界定。这些界限与保护和维持这些社会集团自身的认知权威、智力霸权、职业构成以及借助于这些界限能够控制的其他的经济

---

[1]［英］巴里·巴恩斯等，《科学知识：一种社会学的分析》，邢冬梅、蔡仲译，南京大学出版社，2004 年，第 57 页。

和政治力量直接相关"。①

假设我们把钟敬文在 1979 年至 1987 年间的有关民俗学学科建设的文章按其功能进行分类，似乎可以分成这样三种类型：呼吁类、号召类、介绍类。这类文章的社会性远远超越了它的学术性。我们可以看到，钟敬文总是要在这些文章中辟出大量的篇幅，反复说明民俗学的作用及其作为一门独立学科的必要性。

> 1980："民俗学这种学问，至少有下列两种作用：第一种作用，是它能够加强和加深广大人民对于唯物历史观及人民创造历史的伟大真理的理解和信心。……另一种作用，是民俗学的研究成果，可以使今天广大人民明了许多民间风俗、习惯的起源和变迁过程，明了它们的社会性质和社会作用，因而自觉地去观察和对待那些跟自己生活有切身关系的民俗事象，加进和增强了当前新的生活和文化，推动了整个社会主义社会的进程。……民俗学是帮助我们正确认识民俗事象的一种知识力量。我们掌握了它，就能使它变成一种物质力量，就能按照我们的期望去改变现实、推进现实。"（P161—163）

> 1982："在我们以广大人民为主体的社会主义国家中，民俗学是一门决不可缺少的社会科学。它的收集、研究工作，不仅具有科学和文化史的意义，它的成果将有裨益于国际学坛，而且它对于我们全国人民尽力以赴的'四个现代化'目标，无疑是能作出实际有效的贡献的。"（P85）

> 1983："在人群智力随着社会生活不断向前发展，在人们对自己民族、社会的种种现象要求有比较清楚的认识，并想把这种认识应用到教育和社会的改革上，这时候，以记述、研究和说明人民生活文化现象为职志的民俗学，要受到重视，对它进行探索和阐明，这不是很自然的道理吗？"（P476）

---

① ［英］巴里·巴恩斯等，《科学知识：一种社会学的分析》，邢冬梅、蔡仲译，南京大学出版社，2004 年，第 211 页。

我们把钟敬文对传统学术格局以及政治时局的这种迎合，放在20世纪80年代初百废待兴的学术环境下，可以明白地看到一个充满焦虑的民俗学者的良苦用心。今天当我们重温这些呕心沥血的文字的时候，与其把它当作学术追求的一种目标，不如把它看作一个智慧老人为求取学科生存权利而精心策划的一种经营策略。

但从事物的另一面看，如果我们能够单纯地从一个学科的自身发展规律来讨论得失的话，必须指出，民俗学的这种边缘学科在现行学科分类格局中是很难得到健康发展的。"非此即彼"或者"既是此又是彼"的归类方式使得民俗学在不可通约的两种学术范式中无所适从。假如我们分田分地时分得一小块沼泽地，水量介于水塘与水田之间，那么，它既种不了稻，也养不了鱼，在现行体制内，它就是一块产业荒地。

钟敬文清醒地认识到了这一点，所以当90年代民俗学作为一门独立学科的地位逐步得以确立之后，钟敬文开始抛弃这些不利于学科发展的提法，不再执着于民俗学到底属于哪种学科的问题，也不再以外部要求作为工作指针，转而强调学科发展的内在需求。

中国现代民俗学是从民间文学的基础上发展起来的，两者既有区别又相互包含。钟敬文一直努力于将之建设成两个各自独立的学科，但这种努力在实际运作中很难实施，走了一段分分合合的曲折道路之后，最终还是走向了以合为主，以分为辅。董晓萍执笔的北京师范大学《1997年中国民间文学专业博士点自我评估报告》中说：

> 本专业博士研究生分为两个研究方向：民间文艺学和民俗学。1992年以来，我们将这两个研究方向打通，做到民间文艺学和民俗学的专业基础课相同，专业方向课大致相同。选修课程有所侧重。博士专业课以民俗学和民俗学史为主。这就改变了原来过分侧重民间文艺学教学的比较单一的偏向。同时，将与相关学科密切联系的一些课程，如文化人类

学等，列入专业基础课；将民间信仰研究、社会组织民俗研究列入方向课；将民间文学与美学研究、区域民间文化研究等列入选修课。总之，调整后的课程较大幅度地拓宽了知识结构，使专业教学走上了更为科学规范的道路。①

在《建立中国民俗学派》（1999）一文中，钟敬文把建立中国民俗学派的必要性的论述表述为："①学科发展的自然要求。②有利于学科的进一步发展。③避免学术进程中的偏离正轨的倾向。"（P357—374）

进入 20 世纪 90 年代之后，在钟敬文的各种学科建设方略中，"符合事物的实际"也即研究对象内在的学术需求成了学科是否成立的必要条件，而不是外在于民俗现象的各种"重要意义"决定着学科的成立与否。更值得注意的是，在钟敬文最后十年的学科建设论述中，一般不再以"人文科学"或"社会科学"给民俗学进行学科定位。

但在现代的学科体制内，民俗学只能有一种定位：要么作为人文科学，放在"中国文学"一级学科之下；要么作为社会科学，放在"社会学"一级学科之下。全国高校的多数民俗学从业者都是中文系、文学院的在编教师，他们都希望民俗学能放在中国文学一级学科之下，可是，在钟敬文晚年写给教育部部长的陈情书中，他既想照顾民俗学的历史和现状，又不想伤害已经开始在社会学一级学科下萌芽的民俗学幼苗。手心是肉，手背也是肉，钟敬文希望两者能够兼得，所以他在 2001 年《关于民间文艺学和民俗学的学科分类变更致教育部领导的信》中写道：

中国文学专业所培养的高级人才也应该了解民族民俗文化的知识，提高综合素质。但考虑"中国文学"专业的主要分工倾向于文学类，所以在学科分类的提法是，可以相对突出民间文学，这样，专业名称可以

---

① 钟敬文等著，史玲玲等编：《钟敬文全集·28》第十五卷《专题档案卷》，高等教育出版社，2018 年，第 68 页。

1983 年 5 月 21 日，钟敬文在中国民俗学会成立大会上与参会代表一起翻阅会员新出的学术著作

写作"民间文艺学（含民俗学）"或"民间文艺学与民俗学"。

……

如果这次学科分类完全把"民俗学"从社会学领域中撤出，也会使这一部分新发展起来的学科点受到影响。如果考虑到这一层情况，也可以在"社会学"一级学科下面，保留"民俗学"二级学科的位置。另外，根据社会学不侧重民间文学研究和教学的特点，可在专业提法上，写作"民俗学（含民间文艺学）"。①

矛盾都是多面的，关键是看主要矛盾和矛盾的主要方面，舍得舍得，有舍才有得。相对于其他成熟学科，民俗学无论从人力资源还是理论资源来说，都还没有壮大到能够横跨人文科学和社会科学占据两个二级学科的学术地位。虽然作为民俗学者的我们曾经对这封钟敬文晚年的"绝笔信"寄予厚望，但如果将我们自己换位为教育部部长，可能也很难满足钟敬文的这一美好愿望。毕竟我们心里想着的只是民俗学和民间文学，而教育部部长面对的却是数以百计的二级学科。我

① 钟敬文等著，史玲玲等编：《钟敬文全集·28》第十五卷《专题档案卷》，高等教育出版社，2018 年，第 94 页。

们眼里只有一个钟敬文，而在教育部部长的眼中，却有数以百、千计的钟敬文。如果没有充足的理由和强大的学术支撑，单凭一封信，就能让教育部增加一个二级学科，那只是我们一厢情愿的天真幻想。

综上我们可以看到，钟敬文的民俗学建设方略始终体现了一种"变"的策略，一直在根据时代、政策，以及实际的教学需要而调整。这种与时俱进的策略性调整有利有弊，利的一面主要表现为对于时局变化的适应性，弊的一面主要表现为学术积淀的不稳定性。

二、民俗学是一门现代学

关于民俗学的研究对象，是个可以随着时代的推移、社会生活的变化、新旧事物的更迭，以及引进学术思想的先后而不断翻新的话题，因而学界一直也没有停止过讨论。正如钟敬文所说："（民俗学研究对象）像定义问题一样，也不单纯。各国、各派学者对它有不同的看法和处理法。有的学者把范围划得狭窄些，有的则划得宽泛些，……在规定民俗学范围的问题上，还有对时期的界限的看法。有不少学者把对象限于过去，……反之，也有许多学者却不局于这种界限。"（1980，P154—155）

钟敬文认为，为了能更具体地廓清民俗学的内容和范围、界限，应该先参考国外学者的分类体系。他在《民俗学与民间文学》（1980）一文中，列举了四个不同国家的有代表性的民俗学家的分类体系：①过去英国民俗学会会长班女士在她修订的《民俗学手册》里，把民俗资料分为三大类：信仰及行为，惯习，故事、歌谣与成语。②法国学者山狄夫，把对象内容分为三类：物质生活，精神生活，社会生活。③德国学者霍夫曼－克莱尔把这方面的资料分为二十类。④日本柳田国男把民俗对象分为三大类：旅人的学问、寓居者的学问、土著人的学问。

不同学者分类体系的差异决定了钟敬文必须在其中做出选择，或者重新界定自己的分类体系。钟敬文选择了后者，他说："当然我们对今后我国这门科学所包含的内容和它的分类，还有待于这方面专门研究者的共同讨论和商订。"（1980，P157）这些话其实只是一个铺垫，引而待发的是他自己对于民俗学研究对象的意见。

钟敬文对研究对象问题的独立思考其实早在 20 世纪 30 年代就已经开始了。他在《民俗学的对象、功能及学习研究方法》（1987）中，做了如下说明：

（一）"五四"以后中国现代民俗学运动兴起，在理论上主要是学英国。那时民俗学的对象范围主要指民间文艺（如歌谣、谚语、神话、传说等）、宗教信仰以及某些民间旧习。

（二）1934 年我去日本后，看待民俗学对象范围的视野扩大了，认为研究民俗不应只限于精神文化，而要把民众所传承的生活和文化各部分都作为对象来进行研究。

（三）今天，我们对其对象范围也有了进一步深化的认识。民俗学的对象范围应该包括三大部分：社会组织、物质文化、精神文化。它是存在于一个民族共同体中的、反复出现的、代代相传、约定俗成的社会文化现象。[①]

对于上述（三）的认识，其实也不是一天完成的。1980 年到 1987 年间，他不断地在思考和调整自己的意见。

1982 年，他曾经试图从民俗的现行主体和共时的民俗事象范围两个横向角度来确认民俗学的研究对象，将它划定为："一个国家或民族中广大人民（主要是劳动人民）所创造、享用和传承的生活文化。它的疆域是相当广阔的：从物质生活（衣、食、住、行等）、社会组织（如家族、村落及各种固有的民间结社）、岁时风俗、人生仪礼以及广泛流传在民间的一切技术、文艺等。"（P82）

针对许多国家的民俗学侧重于研究古俗与旧习的倾向，为了使中国现代民俗学适应社会学科对"当下"研究的要求，80 年代中期，钟敬文开始强调民俗学对"现代社会"研究的重要性，以便民俗学能在"现代"的时空层面上广泛地开展

[①] 详见钟敬文《民俗学的对象、功能及学习研究方法》，《钟敬文文集·民俗学卷》，连树声编纂，安徽教育出版社，2002 年，第 49—50 页。本文文字对原文做了归纳和条分处理。

工作："民俗学研究的主要对象是现代社会中的民俗现象，所以今天我们研究者的重要任务，是对它进行实地采集并加以科学整理。在这基础上，用科学的观点与方法对它进行客观的研究。"（1986，P5）并且钟敬文据此将民俗学定位为现代学："民俗学，在性质上是现代学，即以当前传承的民俗事象作为研究对象的科学。"（1994，P634）"民俗学是一门现代学，谨慎一点说，是带有浓厚的历史意味的现代学。"（1998年）①

三、研究对象问题不是一个需要反复讨论的问题

在学术发展中，问题的重要性与答案的清晰度之间并没有什么必然的联系。有时很重要的问题却并不需要一个明确的答案，正如我们不能清楚地回答"人是什么"。但丝毫也不影响我们对人以及与人相关的各项事物的研究。同样，民俗学的研究对象是什么，这应该是一个"意会知识"（tacit knowledge），也即主要是依赖于实践获得，大家都能明白，但又难以明确阐述的那种知识。

对于民俗学的入门者来说，研究对象的问题是一个很容易被领悟的知识，钟敬文的以上表述已经足以使他们了解到民俗研究的大致范围，而更精确的理解只能从他们自己的具体科学实践或对前人研究的不断阅读中习得。研究对象问题尽管重要，但对它的讨论却是一个无法展开也难以深入的话题。只要既定范式还在作用于常规研究，即便我们为此再开一百个学术讨论会，也不可能有比钟敬文的表述更丰富的收获。而钟敬文对此一问题的论述，表现的是一个拓荒者和领路人的智慧，间夹着一个学科经营者的策略性思考。我们不应该把钟敬文的这些基础性的学术思考看作是需要反复阐释的学术纲领来不断发挥和延展，而应该把它们当作一种最基本的学科常识，在此基础上向上走，而不是向下行。

虽然钟敬文经常自谦地表达这样一层意思："在民俗学领域的活动，我虽然参与较早，并且能够贯彻始终。但是，由于主观和客观的限制，我也远远不能做到包揽一切的地步。平心说来，在这方面，我只是一个耕耘时间较长、涉及的园地

---

① 钟敬文:《从事民俗学研究的反思与体会》,《北京师范大学学报》1998 年第 6 期。

较广的诚实的农夫而已。"①但是，钟敬文言辞的谦和并不表示他对学科基础问题思考得不成熟，他已经做到了作为一个拓荒者和奠基人所能做到的最好。具体到关于民俗学研究对象的问题，永远也不会有一个可以确定且精确表述的答案。钟敬文的界定在表面上看来虽然只是一种模糊性表述，但是，只要我们承认民俗学的常规研究还没有科学革命的必要，那么，即使钟敬文的表述还有进一步商榷的余地，也没有进一步商榷的必要。因为钟敬文的表述已经足够在常规研究中发挥其范式的指导作用，而且无损于学科成员对于这一问题的基本理解。

许多民俗学者显然误读了钟敬文的谦和，他们耗费巨大的精力、撰写了大量的论文，试图进一步"深入"探讨民俗学的范围、界限等问题，试图为钟敬文的思想做出更清晰的疏释，或是以为自己可以在钟敬文的基础上更上一层楼。殊不知，在钟敬文之后，对这些常规研究基本问题的诸多探讨，绝大多数都是毫无意义的工作。

1987年之后，钟敬文基本没有更改、提升，甚至没有重复过这些关于学科研究对象的看法，也没有就此提出新的命题，因为这一时期，钟敬文已经将民俗学的界限范围扩大到了极致，很难再扩大了。由董晓萍执笔的《1997年北师大研究生院民俗学（含中国民间文学）专业简介》中说道："现在，民俗学的研究范围，随着时代的发展越来越广泛，在有的国家已经扩展到民间社会及文化生活的所有领域，包括各种民间的生产惯习、社会组织及制度、行为规范、精神现象（包括信仰、伦理观念、知识、民间文艺创作）等。在现代社会科学的体系中，民俗学具有不可替代和引人注目的地位、作用。"②该简介虽然由董晓萍执笔，但显然反映了钟敬文的学科建设理想。

事实上，研究对象问题之所以没有再讨论的意义，不仅因为钟敬文已经将之扩大到了扩无可扩，更在于从学理上看，这根本就不是一个需要深入讨论的问题。

①钟敬文：《钟敬文文集·民俗学卷》，连树声编纂，安徽教育出版社，2002年，"自序"第2页。
②钟敬文等著，史玲玲等编：《钟敬文全集·28》第十五卷《专题档案卷》，高等教育出版社，2018年，第78页。

　　首先我们会问，学科的确立主要是以什么为标志的？库恩的回答是"范式"。"对某一时期某一专业做仔细的历史研究，就能发现一组反复出现而类标准式的实例，体现各种理论在其概念的、观察的和仪器的应用中。这些实例就是共同体的范式。"①

　　于是，范式的优先性告诉我们，"范式比能从其中明白地抽象出来进行研究的任何一组规则更优先、更具约束力、更加完备。……范式无需可发现的规则的介入就能够确定常规科学。"② 也就是说，在学科确立的过程中，并不需要确立一套标准的阐释体系或者经由共同体成员一致认可的合理化的规则。③

　　其次，学科的特质是看待对象的眼光而不是对象自身，不同的眼光反映着不同的世界。库恩通过著名的视觉格式塔转换实验告诉我们，虽然世界不会因为范式的不同而不同，但是，接受不同范式的科学家却会以不同的眼光看待同一个世界。范式的特质更多地体现为科学家看待世界的方式，而不是世界本身。研究工作的意义和价值不在于研究领域是否足够广大，而在于研究方法和结果是否有助于推动科技进步或人类认知水平的提高。

　　有了这样一种认识，我们就知道，研究对象的问题并不是一个需要精确表述和反复讨论的问题；有了这样一种认识，我们还可能想到，民俗学似乎不必要把所有可能被称作"民俗"的事物全部当作自己的研究对象，正如地球物理并不把地球上的所有物理现象都当作自己的研究对象，人类学也没有把所有与人类相关的现象当作自己的研究对象；有了这样一种认识，我们也就不必把"文学人类学"这些蚕食研究对象的兄弟学科视作"狼来了"。同一个对象，完全可以有不同的方法和视角，做出自己的独特研究。

　　所以说，民俗学并不是自认为占着一块学术自留地，就天然地"具有不可替

---

① [美] 托马斯·库恩:《科学革命的结构》，金吾伦、胡新和译，北京大学出版社，2003年，第40页。
② [美] 托马斯·库恩:《科学革命的结构》，金吾伦、胡新和译，北京大学出版社，2003年，第43页。
③ 范式的确立更多地依赖于研究实例的提供，而民俗学恰恰难以为学习者们提供足够丰富的研究实例。

代和引人注目的地位、作用"，如果没有自己独特的理论眼光，以及引人注目的研究成果，就一定是"可替代"的。

四、建立中国民俗学派的构想

钟敬文对学术活动有着强烈的规划和管理意识，这种意识早在中山大学时期就已经初露锋芒，他在《数年来民俗学工作的小结账》中写道："我们要尽我们所有的力量，集拢艰苦力作的同志，一齐把这民俗学的工作，整个地肩负起来，一点一滴地搜集爬梳、理解、探究，得一分便算一分，得一尺便算一尺，不快求结论，不遗忽细微，要使这种学问，在中国能够略略站得起来，这才算尽了我们的一份责职！我们这样矢志，我们更愿会外同志们一齐奋勉！"（1928，P324）除了一度被剥夺正常学术话语权的人生低谷时期，这种经营和管理意识贯穿在他的整个学术生命之中。

1999 年，97 岁高龄的钟敬文还高屋建瓴地提出《建立中国民俗学派》的宏伟设想，指示"今后亟待进行的几项工作"：①工作原则——重视整体观念和联合活动。②强化或新建有关的各种机构。③有计划地继续收集整理民俗资料与开拓和深入理论研究工作。④大力推进各种层次的民俗学教育活动。⑤加强对中国古代民俗学著作的整理及对外国本学科名著的译述与介绍。⑥适时地举行各种有关的学术讨论会，利用各种条件展开本学科际文化交流。（1999，P397—406）

我们比较这一前一后两个发言，虽说文字中流露出学科地位与作者地位的不同，但天将降大任于斯人的强烈使命意识却是一以贯之的。而钟敬文对学科工作的这些全局性意见，主要又是基于他对学科体系的整体想象。钟敬文没有把个人的学术工作当作自己的个性化的研究工作来对待，他更多地觉得自己应该站在（事实上也只有他能够站在）一个领导者的位置对全国的民俗学研究作全局性的指导，这种指导明显带有宏观调控的意图："假如我们对工作的态度更自觉些，更注意到这门学科活动的发展和全局，我们便无疑能取得更多、更完满的成就。……我们必须在今后的民俗学工作中尽可能加强计划性，加强合作和共同商讨。"（1989，P96—97）

80 年代中，钟敬文提出的民俗学的结构体系包括六个方面："①民俗学原理。②民俗史。③民俗志。④民俗学史。⑤民俗学方法论。⑥民俗资料学。"（1986，P38—47）他分别对六个方面进行了详细的论述，显然对此有过反复的思考和精细的归纳。但他并不满足于只在现象的层面做出归纳，而在逻辑的层面作了进一步提升，把六个方面归纳为三个部分，即："①理论的民俗学。②历史的民俗学。③方法及资料的民俗学。"

80 年代中后期，国内文化界发生了一场持续的文化讨论热潮，钟敬文"从容不迫地参加了这一场关于文化的大讨论，并且陆续为此发表十几篇文章。……他的学识宽广，对于上层精英文化和典籍资料亦十分熟悉，又广泛地了解人类学等现代科学，所有这些，都使他在参加关于中国文化及历史一般问题的讨论时，应付裕如。"[①]受这一讨论的推动，他认为应该把民俗研究与文化学结合起来，因而建议使用广义的文化概念，对不同的文化形态加以考察。1990 年前后，积多年的文化学思考，他终于提出了"民俗文化学"这一新创概念，立志把它建成一个独立的学科。

钟敬文对民俗文化学的结构体系同样做了六个方面的规划："①一般民俗文化学。②特殊民俗文化学。③描述民俗文化学。④历史民俗文化学。⑤应用民俗文化学。⑥民俗文化学方法论。"（1991，P20—24）并分别给予了简单说明。基于科学共同体对权威思想的普遍认可，挟文化热潮之余威，这一概念得到了广泛的呼应和认同。[②]

1997 年，国务院学位委员会和教育部联合下发的《授予博士、硕士学位和培养研究生的学科、专业目录》中，民俗学终于被纳入目录，成为社会学一级学科下的二级学科，确定了它在现行体制内难以动摇的学科位置。于是，如何进一

---

① 刘铁梁：《钟敬文"民俗文化学"的学科性质及方法论意义》，《北京师范大学学报》2002 年第 2 期。
② 比如：刘铁梁《钟敬文"民俗文化学"的学科性质及方法论意义》；汪玢玲《民俗文化巨擘—记钟敬文先生》；程蔷《坚实的奠基，睿智的启示—〈民俗文化学：梗概与兴起〉读后》；李凤亮《论民间文艺的民俗文化学意义》；丁静《民俗文化学教学与学生素质培养刍议》等。陈华文也将他在大学里开设的"民俗学与传统文化"课程讲义改编后以《民俗文化学》作为正式书名出版。

步提高民俗学在整个学科大格局中的学术层次，以争取更多的国家资源，逐渐成为这一科学共同体所面对的主要难题。问题由争取学科独立转向了提升学术品味。

既然大学教育体系所确认的学科名称是"民俗学"，钟敬文也只能在这一既定的学科名称下"戴着脚镣跳舞"。这时，钟敬文的学术思想由学科意识转向了学派意识，并不失时机地提出了"建立中国民俗学派"的构想。"在强烈学科意识的策动下，我以为钟敬文身上还有着一种在理论体系上追求更大更高更新的倾向，甚至步入耄耋之年，仍然保存着理论创新的巨大冲动，这倒让我联想起王小玉唱大鼓，'那知他于那极高的地方，尚能回环转折；几啭之后，又高一层，接连有三四叠，节节高起'。从这层意义上说，晚年钟敬文的精神世界依然是十分年轻的。"①

钟敬文在《建立中国民俗学派》中拟议的"中国民俗学结构体系"还是包括六个方面："①理论民俗学。②记录民俗学。③历史民俗学。④立场、观点论。⑤方法论。⑥资料学。"（1999，P387—397）与80年代中期的提法大致相似。

这一学科体系的构想体现了钟敬文对民俗学学科构成的一种战略性思考，这在中国现代学术史上是极其罕见的。"五四"以来，我们大量引入西方学术，从自然科学到社会科学，几乎全盘拷贝了一份西方学科目录。各学科名称下的西方学术，多有成型成套的理论体系可供借用、改造甚至直接照搬，而民俗学结构体系大约只是借用了一个叫做"Folklore"的名称，难有可供直接借鉴的理论体系。对这一点，钟敬文表述得很生动："任何一个民族的民俗文化，以及对她的学术研究，要跟外国的理论去接轨，这比起一般的自然科学或社会科学的对外交流，是肯定有其特殊的地方的。就民俗学本身而言，可能有些方面想去接轨，但是有的时候就不一定接得很好；可能你想接轨，在他们看来，还不够，搭不上。也可能他想接轨，但在我们看来，又说不到点子上。"（1999，P358）因此，钟敬文更加觉得有自成一派、自立体系的必要。

①陈泳超：《钟敬文与民间文艺学》，"民间文化青年论坛网络会议"论文，2003年7月14日。

从这一点上看，钟敬文并不是一个常规研究的科学工作者，而是科学革命的建构大师，他应该作为一位战略家而不是战术家为我们所敬仰。他总是试图在既定的科学结构中更上一层，开拓一片新的天地来促成学科的更好发展。他没有把自己的主要精力投入具体细致的研究工作中（这些工作对于一个耄耋之年的老人来说，事实上也是不太可能的），以他当时的学界地位和学术见识，把自己定位为"学科总设计师"是合适的。

钟敬文能够清醒地认识到民俗学学科体系建构的历史作用在于它的相对意义，所以他说："一定的科学结构体系的建立，在一定时期内有它的稳定性。但是从科学史发展的长远过程看，它又是处在不断调整和完善中的。我们今天所认识的结构体系，昨天未必产生，明天则可能要变成另外一副样子。所以，在我们的头脑里，应随时随事，都具有唯物辩证法的观点。僵化的观点是不能真正认识和有效处理现实事物的。"（1990，P47）这也就是为什么说钟敬文的学科体系建构只有历史意义，在今天已经不合适我们时代的发展。我们需要学习的，是钟敬文学科建构的指导思想、与时俱进的策略和智慧，而不是刻板地坚守钟敬文时代的学科体系建构方案。

五、对民俗学美好未来的宏图愿景

我们可以借用科学革命的理论来讨论钟敬文民俗学体系建构在今天学术指导中的合理性问题。

库恩之前的科学发展观倾向于认为科学的发展过程是对真理的不断接近的过程，因而把科学看成是向一个预先设定的合理目标不断接近的事业。"但是，需要有这样的目标吗？我们把科学发展看成是从某一时刻科学共同体的知识状态出发的演化过程，难道就不能说明科学的存在和它的成功吗？……如果我们能学会用'按我们确实知道的去演进'取代'按我们希望知道的去演进'，许多令人烦恼的问题就会在这过程中消失。"[1]

---

① ［美］托马斯·库恩：《科学革命的结构》，金吾伦、胡新和译，北京大学出版社，2003年，第153页。

库恩借用达尔文的无目标进化学说，充分地论证了科学的发展过程"是一个从原始开端出发的演化过程，其各个相继阶段的特征是对自然界的理解越来越详尽，越来越精致。但是，这一进化过程不朝向任何目标"①。也就是说，科学发展就像生物进化过程一样，无须一个预先设定的目标，也无须一种永恒不变的真理，科学知识发展的每一个阶段，都是下一阶段的更好的范例。如果我们从常规科学和科学革命两种阶段来看待这个问题，那么：常规科学是对既有范例的模仿和改进，不是对虚设目标的接近；科学革命是在危机范式上的反叛和突破，也不是对虚设目标的接近。

按照这一理论，如果把钟敬文的体系建构看成是对既有研究的归纳与总结，它是合理的；但如果把钟敬文的体系建构看成是对未来目标的结构想象，它就可能无法如愿地发挥其想象的作用。理论上，钟敬文正是把民俗学的结构体系看作是"这门学科经历了漫长的发展阶段，其理论积累达到了一定程度的产物"（1986，P33）。因而我们说，钟敬文学科体系建构的理念是合乎科学发展规律的。

但是，钟敬文在实际的体系建构中并没有完全按照自己的学术理念来展开思考。翻开《民俗文化学发凡》（1991），文中小标题名为"民俗文化学体系结构的设想"，他阐释说："一门学科的建立，要具备相应的结构体系。民俗文化学的结构体系，我以为应该包括以下六个方面。"从以上"设想""以为应该"等措辞中，我们可以看到，钟敬文确实有这样一种意图，即要求民俗文化学"按我们希望知道的去演进"。这大概也是源自对民俗学美好未来的宏图愿景及其迫切追求。

关于民俗文化学结构体系的这些设想中，诸如"特殊民俗文化学"中的"家庭民俗文化学""经济民俗文化学""宗教民俗文化学""艺术民俗文化学"等等，基本只是一种美好愿景，而不是钟敬文自己说的"积累达到了一定程度的产物"。这种过于迫切的学术要求对学术发展可能造成的伤害，恰恰是妨碍了理论建设的深化。库恩指出，"只有在既有环境中和目前实存的有机体间起作用的自然选择

---

① [美] 托马斯·库恩：《科学革命的结构》，金吾伦、胡新和译，北京大学出版社，2003年，第153页。

才是逐渐而又不断地产生更复杂、更精致和更特化的有机体的机制。"①从辩证法的角度来看，理论的发展必须有一个否定之否定的过程，才能不断得到认识的提升，而诸如"应用民俗文化学"等种种专业方向的横空出世，总是给人以空中楼阁的感觉，无从经历否定之否定这样一种辩证上升的过程，也就难以产生精致的理论。

如果我们过于频繁地改变范式，科学共同体就难以进入常规研究，我们的理论建设就很难坚实地立足于既有科学成就上进行。只有当科学共同体接受了一个共同的范式，他们才无须反复定义和重新考察一些最基本的问题，他们才能全神贯注于研究对象中最细微、最本质的深处，才能有效地提高共同体科学研究的效率，发展出更精致、更成熟的理论成果。

六、有些学术遗产只有学术史的意义

当钟敬文以他独特的身份和地位勤劬于学科建设的时候，他大概不会想到，他的后学们可能不是站在他建构的基础上开始常规研究，而是照搬他的建构模式，另筑"世界之窗微缩景观"，也即把钟敬文的建构模式缩小一号，以民俗学名义再辟新专业、新方向，美其名曰"拓宽学科领域"。

在民俗学界，模仿钟敬文似乎不会被当作一种该指谬的现象。钟敬文有关学科建设的这些基础性工作，可能被许多民俗学者反复模仿：钟敬文编概论，大家跟着编概论；钟敬文谈学科建设，大家跟着谈学科建设；钟敬文建构新学科，大家跟着建构新学科；钟敬文谈多民族一国民俗学，居然也有人谈多民族一省民俗学……当然，由于时代不同，话语体系不同，当代民俗学者可以用来操作的漂亮词汇和学术大词也越来越丰富，听起来似乎都很高大上，基本思想却是万变不离其宗。

库恩在科学史的研究中发现："前范式时期通常是以对合理的方法、问题和解答的标准频繁而深入的争论为标志的，尽管这些争论主要是为了确定学派而不是

---

① [美]托马斯·库恩：《科学革命的结构》，金吾伦、胡新和译，北京大学出版社，2003年，第154页。

为了达成一致。"① 他的这一表述常常让我怀疑民俗学是否一直处于前范式状态。当革命过于频繁，当我们不断地更换学科定位、反复地进行学科建设的时候，每一次改变都让我们失去了一次进入常规研究的机会。而没有进入常规研究的我们，尽管不断地在拓展自己的学科范围，不断地在厘清学科的基本问题，却始终没能把握住进入成熟科学之门的钥匙。

钟敬文说："历史不仅预先规定了我活动的舞台，也指定了我应该演和所能演的角色。"② 当钟敬文的时代落幕的时候，在肯定钟敬文民俗学学科建设伟大意义的同时，我们也要看到一味因袭这些学科建设思想和构建模式在今天的科学实践中不合理的一面。

"怀特海写道：'不敢忘记其创始者的科学是个死掉的科学'，他抓住了科学共同体的非历史精神。然而，他并不全对，因为科学像其他专门事业一样，的确需要英雄，也的确铭记着他们的名字。幸运的是，虽然不忘这些英雄，科学家却能忘记或修改他们的研究成果。"③

钟敬文辉煌的一百年人生，完成了他那个时代的学者应该完成的工作，他是民俗学的开拓者之一，是民俗学的学科英雄。忘记英雄和初心的学科是没有根基的学科，但是，当时代已经进入电子化、数字化的时候，如果我们还在强调重复英雄的道路，继续操持英雄所使用过的冷兵器，就一定会葬送英雄打下的这一片基业。即使钟敬文再世，我也相信钟敬文不会同意只有钟敬文思想才是民俗学者永远需要学习的思想。钟敬文的学科构想和策略已经明显不适合今天的时代，曾经的辉煌，只属于那个过去的时代，但他的与时俱进的应对智慧，对于各个高校的学科负责人来说，依然有其值得借鉴的地方。对于整个学科来说，有些学术祖产可能只有学术史的意义，无论是成功的经验还是失败的误判，都可以作为学科自省的研究对象，不应该无限拔高，更不应该照搬照套到实际的研究工作中。

---

① [美] 托马斯·库恩:《科学革命的结构》，金吾伦、胡新和译，北京大学出版社，2003 年，第 44 页。
② 钟敬文:《钟敬文文集·民俗学卷》，连树声编纂，安徽教育出版社，2002 年，"自序"第 2 页。
③ [美] 托马斯·库恩:《科学革命的结构》，金吾伦、胡新和译，北京大学出版社，2003 年，第 125 页。

附录一：钟敬文先生病中论学

2001 年 7 月，钟敬文先生住进了北京友谊医院。8 月，笔者住在医院附近，专职照顾钟先生，并就中国民俗学史诸问题对先生进行访谈。笔者曾经将部分访谈录音整理成《女奚不曰其为人也》一文，借 2001 年 10 月赴京参加中国俗文学学会年会的机会，送先生寓目，经先生逐字逐句订正后，发表于中山大学《民俗学刊》第一辑（澳门出版社，2001 年 11 月）。现节录部分作为本书附录。

（一）学科建设方面

1. 50 年代顾先生跟我谈过，他说我们在中大出了那么多书，是否可以选编一些留下来。当时政治气候不行，不适合搞民俗学，所以我很为难，没法工作，现在还可以，或者可以把周刊选一些比较重要的印出来。但也不要都印，要把钱用在最有用的地方。

2. 有些经典的论著可以一印再印，《论语》就有很多版本，《孟姜女故事研究》，我们这个学科的人都要有，可以印出来当礼物送给开会的人。

3. 现在的形势是最好的，要出东西，没有东西出版，不能推进学术，哪怕

钟敬文先生与本书作者在北京友谊医院
图 / 萧放，2001 年 8 月 16 日

程度低一点，也比没有好。北师大出了几本"中国民间文化探索丛书"，都是我们的博士论文，我们还要出刊物，科学研究的，高水平的。

4. 问问叶春生老师，他的研究生愿不愿意为民俗学学科做一些有益的工作，要英语比较好，可以翻译一些外国的东西。最近我们有两三个博士要从美国回来，我都让他们多收集一些外国民俗学的东西。开始先搞五种，慢慢来。不过这不是赚钱货，思想上要有准备。

5. 要是有钱的话，还可以出一些中国古典的民俗和民俗志丛书，这个也很重要，假如能出十种二十种就会很有影响。总之花一点钱，这个不能勉强，没有钱的人想做也不行，有钱的人不一定想做。其实也用不了多少钱，几十万就行了。编书要有一个体例。穷人就谈不上了。

6. 要振兴中国的民俗学，是要四方八面的支持。民俗史、民俗学史、民俗理论、民俗研究、民俗人才培养、国际交流，这几个方面都要同时进行才行，光一两方面不行，光培养几个博士也不行。

7. 你们要建立一个资料室，要尽可能地多搜集图书，有的资料可以从我们这里复制一份过去。三套集成要尽量收齐，地方上可以买到的唱本、歌册要尽量收集。

8. 现在叶老师是不是孤军奋斗？把我的意思告诉叶老师，光凭他一个人做不了那么多事，要团结大家的力量。邓启耀不错，可以对他有帮助。容观琼、张寿祺，他们对考古学、民俗学都很有研究，他们退了休，也还可以请他们做些工作。要多跟刘志文合作。

9. 叶老师开一些什么课？博士、硕士的功课除了民俗学理论、民俗学史，还要开民俗志这一类的课，就像是人类学的中国民族志，要慢慢准备。

10. 你们可以请陈云根这些学者到中大讲座，不要只讲一两次，要有系列。外系的学生，有兴趣的也可以来听，作为一门事业推广。

11. 这次12月的会，玩的东西尽量少一些，多些讨论、发表意见，不能以旅游代替学术，外国人花钱花时间走那么远来，花花絮絮他就不高兴，他要有所收获，他要来学他不知道的东西。翻译、招待、宣传这些工作都要做好，不然他对中国的学术活动就会不相信，第二次人家就不来了。

（二）历史、人物方面

1. 傅斯年想把中国的种种研究变成世界上有名的汉学研究，同法国一样，他的要求很高，而顾先生认为民俗研究要从实际出发，要多采集，采到的东西就直接发表，不然学校的形势一变，那些材料都没有了，北大就是这样的，所以两个人的看法不一样。一个是要求很高，一个是想从普及入手，普遍搜集材料，然后再建立起中国自己的学问来。他们本来是好朋友，后来吵起来，这里面，还有一些人不喜欢顾先生，从旁边也说说闲话。顾先生爱才，有的人就不高兴。

2. 顾（颉刚）先生人很爽直，喜爱好学的青年，肯提拔人；傅斯年就不一定，他要求高，两个人不同性格。这是学术分歧，没有个人、政见上的差异。

3. 江（绍原）先生看不起顾先生的东西，他觉得你这个东西不合国际标准的，他和傅斯年他们是西欧派，他们要以西欧的标准为依据，其实他们的国际标准也不过就是欧美的标准。顾先生还是从中国实际出发。他们的学术观点有矛盾。我对顾先生的评价比较高。

4. 新中国成立后，顾先生日子不好过，许多人对他不好，他有几个北大的学生没有品德。其实顾先生很少在外边骂鲁迅，我知道他冤枉。历史有它的真面目，我始终都对他保持一种敬重。顾先生，好人呐！不仅学问好，人也好。他的文集要出版了，我还想全部看一看。

5. 我和顾先生比起来，他有许多优越的条件，我没有。比如说，第一，他的家学、藏书；第二，他生长在苏州，苏州是中国文化发达的地方，不像海丰；第三，他遇上了五四运动，很早就进了北京大学，遇上胡适这批人，这些都对他非常有利。更重要的是，他自己也很自觉，很勤奋。我家里没有书，地方上只有一个秀才，这个秀才也没有读过几本书，家里又穷，上不起学，读完师范之后，我就做国民教师了，但是，也有有利的一面，我毕竟还是碰上了五四运动，又碰到《歌谣》周刊，这很重要；我因为不能上学，只好在家乡做田野调查，所以我的歌谣搜集才有条件；后来我到广州时，正是大革命时期，我接受了大革命的思想，碰到顾先生这种人，顾先生来中大，我也进了中大；离开中大，我去杭州，杭州又是一个文化中心，与上海邻近，我又接受了上海的左联文化，还遇到钱南扬等人，又建立起了民俗学会；我去日本两三年，也学了一点东西；后来我被中山大学赶出来，去了香港，又同一批左派的朋友在一起，思想上也比较相得。所以也有许多机遇，也有许多不利条件，凑起来就变成现在这个样子。抓住所有可能利用的机会去努力，要加倍地去努力，自己努力是一个很重要的因素。一个人要有机遇，但也不能完全靠机遇，碰到机遇要能抓住，碰不到机遇也要自己努力。

6. 娄子匡是我在中大时认识的，我编杂志，他投了《绍兴歌谣》《绍兴故事》，他原来在宁波县党部，我 1928 年去杭州，他 1930 年才来。

（三）学术规范方面

1. 做科学研究，首先要讲准确。我不准他们（的博士论文）随便乱搞，写文章要根据事实，不能取巧，宁可文采差一点。某某人也写过中大的民俗学史，但他不肯去查资料，分析也不是那么回事，想当然，他的文章是瞎讲。

2.（某民俗教材）它对民俗学的功用，只提改良风俗，这是外行，学问不到

在钟敬文家乡广东海丰公平镇，由当地政府和中国民俗学会筹划，民营企业家连氏兄弟斥资 1000 万元建设的敬文广场，以及由雕塑家廖慧兰创作的钟敬文大型汉白玉坐像落成揭幕 图 / 施爱东，2005 年 9 月 21 日

家。民俗学对于国民文化的作用，绝不仅仅是改良风俗，团结、凝聚力的作用都很重要，民俗的功用是无限的。

3. 学问要谨严，要肯查资料，要用正确的东西去驱逐错误的东西，光空口去辩论没有用，要用实际的东西去改变它。

4. 材料不要直接抄在论文上，要活用，写得有可读性，因为这个东西是要给人家读的。总之，不要搞成了资料罗列，也不能有文学想象，要可信，还要好读。

5. 材料要真实，宁可才华差一点，一定要真实。有些人的文章只能参考，不可靠。要多用原始资料，是什么就是什么，不要人为拔高，实事求是吧。赵世瑜那篇写得可以。

6. 引用的东西一定要准确，要核对。只要是根据事实的著作，都能站得住脚，不根据事实的，生命力不强。

7. 容观琼评教授的时候，我写了评语，他只给我一篇论文，我说一篇就行，可以做教授。文章一篇就可以看出水平，何必要十篇八篇。

附录二：《钟敬文文集》的阅读以及钟敬文再认识

钟敬文先生，我们可以把许多常人难以企及的名誉披戴在这位世纪老人的身上，"人民的学者""中国民俗学之父""一代宗师""世界上最老的在职教授""著名的诗人、散文家"，等等。钟先生一生，刚好贯穿了 20 世纪，最为难得的是，他能始终与时代的先进学术文化保持同步发展，一生辛勤耕耘，从未间断。他的学艺脚步，可以看作整个 20 世纪中国文化进程的一个绝佳缩影。

但是，由于他的学术足迹广，时间、空间的跨度大，散漫分载各处，而且各大出版机构都愿意各取所需地从大量钟著中选刊部分论述，他的许多文章都曾不止十遍地被选入各种论文选本，相互之间可能还有出入，而有些重要的文章却又很难找到足本，这给我们的学术研究带来了极大的不便。反复拥有部分文章和无从搜集另一部分文章是许多研究者都曾有过的尴尬。

这种现象，在名人著述的发行现状中恐怕还不是个别。

2003 年由安徽教育出版社推出的《钟敬文文集》，比较完整地辑录了钟敬文先生生平的学术论著和文艺创作，分为《民俗学卷》《民间文艺学卷》《诗学及文艺论卷》《散文随笔卷》《新旧体诗歌卷》，收录的文章都是经过钟敬文先生本人认可的。钟先生生前一再说自己的文章中很有一些是"比较幼稚的"，也有一些是"应景的"，印出来就是浪费纸张，因此不主张重印。《钟敬文文集》收录了他学术人生中最值得珍惜的论述和诗文，是经由他本人认可的重要文化遗产。

《钟敬文文集》共计 300 余万字。这个数字显然不是钟先生论著的全部，但从各卷收录的著目上看，钟先生各个历史时期比较重要且有代表性的论文、讲话、散论、随笔、诗词，以及较具史料价值的通信、序跋等，都已搜罗其中，富于条理地进行了分门别类，可说是比较全面反映钟敬文学术思想的研究资料。

学术文献，善本难求，而《钟敬文文集》在这一点上尤可称道。钟先生早年的文章，常有卖弄文采之作，好用生僻词汇，我曾专门挑着这样的文章来对照《钟敬文文集》，意在鸡蛋里面挑骨头，结果徒劳，因而不能不赞叹出版者的忠实和精当。

更重要的是，我们能够透过这些未经外部叙事插足的，具备忠实性、富于代表性的文本，看到一个更为实在的、充满浪漫情感的、有着不普通的人生经历和体验的普通知识分子。

（一）严谨的学者

钟先生总是强调"学问要谨严，要肯查资料。做科学研究，首先要讲准确。"这种严谨的态度，常常体现在他的教育方式上，杨利慧教授说："先生曾经教育我，对待学问要'纠缠如毒蛇，执着如怨鬼'……在治学的方法上，我竭力遵循先生教诲的'一切从材料出发，用材料来说话'的实证方法，虽然后来也逐渐接受了一些其他的理论和方法，但实证的精神始终不敢丢弃；在文章的风格上，努力做到严谨、平实、清楚，不说过分的话。"

我们看钟先生的文章，一个很大的特点就是"不说过分的话"，以他在学界的身份和地位，要做到这点是不容易的。在学术研究上，他认为："我的专业，使我比较熟悉底层的民间文化。因此，我只能就这方面多着眼。"之所以曾经涉足诗学与文艺理论，写出《略论格言式的文体》《风格论备忘》《诗心》等颇具匠心的文论，也是因为在中山大学时期，"我每年重复讲授文学概论、诗歌概论等功课，这使我对于文学理论、诗学等的原理、问题，有机会作比较深入的思考。"

因为声名的关系，钟先生常被要求在各种场合发言，但他总是"只说自己知道的"，《钟敬文文集》中收入了许多发言稿和序跋类文章，有些甚至是几十年前的即兴作品，今天在我们看来，依然觉得中肯而精到，而且相信文章还能一直保持着这种不朽的魅力。原因很简单：实事求是地说自己知道的话。即使是那篇被认为与事实有许多出入的《惠阳畲仔山畲民的调查》，也因为作者附志中的这样一段话而让我们看到了当地汉人眼中的畲民存在："从我们家里到畲仔山，只有一百多里路，我……直到现在还没有去过。这篇小文，大部分的材料，是一个姓黄的朋友供给我的……"实实在在的几句话，从而使历史的"不实"变成了叙述的"实在"。像这种例子，比比皆是，总能让读者透过作者的叙述，牵扯住真理的一挂衣角。

钟先生是个始终睁着眼睛认认真真说话、写文章的人，对于自己不能理解的政治运动，从不瞎唱颂歌，即使在政治动荡的年代，"我们没有以政治代替或压倒科学，我们重视专业知识的传习"。学术如此，做人也如此，在顾颉刚先生难挨的那段日子里，钟先生始终没说过顾先生一句不好，他说："我知道他冤枉，历史有它的真面目，我始终对顾先生保持一种敬重。"

当然，在我们赞赏钟先生的严谨和实在的同时，也不能不看到他的理论建树的相对薄弱。当一个学者的思虑过于周全的时候，当他总是希望能够表达真理的时候，也许他就失去了许多独树一帜的机会。如果我们把《钟敬文文集》中的每一篇论文都平移到它的发生年代，我们会发现这些文章中的大部分都代表着当时同类学术成果的最高水平，遗憾的是，它总表现为同期的代表，而不是表现为理论和方法的前瞻。正因如此，钟先生自己也在《纪念两位文化老人》中不无遗憾地说："现在我九十岁了，也还不时执笔写作这方面的论文。但是，平心说，在文章本身成熟的程度上，我还比不上顾先生在20年代中期所作的那篇《孟姜女故事研究》。"

（二）不屈不挠的探索者

钟敬文在 1979 年曾作《书感》自评："辛勤学圃一工蜂，卅载时评有异同。"对自己有着极清醒的定位。刘魁立则评价钟先生是"一个手执勤奋之灯走在追求真知之路上的先行者"。如果我们能结合钟先生的学艺历程来细读《钟敬文文集》，可能会从钟先生身上学到更多的"诗外"功夫。

1927 年以前，钟先生还只是个文学青年，他的短论、随笔等，谈论的范围主要是歌谣、故事，他在民间文化各领域的活动，基本都是追随潮流和模仿写作，他自己也说："那时我不仅缺少应有的工作经验，就连比较基本的专业知识也不怎么具备。所凭借的，只是一股少年向往和肯干的热情、蛮劲。"今天看来，这一时期的文章大多质量不高，如果我们把钟先生的每一阶段的成绩都当作"一座不可逾越的丰碑"奉为经典来阅读，那显然是不恰当的。

1927 年参与创办中山大学民俗学会之后，他才开始进入主流学术圈，并着力探索关于民俗学和民间文学的专门的理论和方法，在民间故事类型研究方面展开了介绍和运用。

1928 年钟先生转往杭州之后，系统地接受了人类学派的理论，他的《天鹅处女型故事》《中国地方传说》《金华斗牛风俗》等一批有代表性的文章，用力勤勉，思索精细，可以看作英国人类学派的中国试验。1934 至 1936 年在日本，他又接受了"文化传播论"和从多种角度研究神话的方法。后来他感到这些理论和研究方法各有自己的缺欠，又努力吸取法国社会学派关于宗教和艺术的主张。随着理论的拓展，他的研究对象也在不断扩大，逐渐逸出了单纯的民间文学的范畴。在长时间的探索中，他逐渐感到仅仅沿袭、运用国外某些学派的理论和方法，远远不能适应中国民间文化研究的要求，他认为有建设具有中国独立学术品格的"民间文艺学"的必要，遂又写成《民间文艺学的建设》。1949 年以后，钟先生开始学习苏联的民间文学教学模式，努力适应新的变化，勋力坚守在民间文化研究阵地上。20 世纪 80 年代以后，他重创中国民俗学会，并在晚年提出了建立中国民俗学派的设想。

钟敬文的学术探索历程，其实就是中国民间文化研究发展历程的一个缩影。

钟先生的伟大之处，还在于从不因权威而自大，他在学术问题上极富自我批评的精神，他在任何一个学术阶段，都在不断反思自己走过的学术道路，总结经验和教训，这使他能够长期地站立在学术前沿来看问题、作文章，而且，他善于把这种反思过程写成文章，用来劝勉学生。因此，追溯钟先生不同时代的论学文献，总能让我们这些后学感受到智者光芒的烛照。

（三）浪漫的诗文家

钟敬文是个具有浪漫情怀的诗人，他说："由于心脏的搏动而咏唱出来的真理，是诗。"又说："诗人必须具有儿童的直观和哲人的透视。"

他一生热爱文学，诗文不断。诗在他的生活中占据了一个重要的位置，他说："在我个人的心灵历史上，她无疑是一种极重要的成素，甚至于是一种支配的力量。诗，许多年来，她是和我的生命纠缠在一起的。……她简直是我精神生活的一切。"他自言诗歌"锻炼了我的智慧，开拓了我的思想和感情的境地。她教我怎样地观看人生和尊重人生。她教我怎样理会自然和赏鉴自然。她教我爱，教我恨，教我忍耐，教我梦想——她是我的逻辑，我的哲学，她是我实用的社会学和论理学。她使我在艰难的生活经历中能够翘然自立而举步向前"。我们试作一个假设，如果没有对诗的热爱，没有幻想的浪漫情怀，整日价爬梳在书堆中，粗茶淡饭，终老于七十余平方斗室的钟敬文，还能对生活有着如此执着的爱恋，还能"耕耘到百岁"吗？

他的散文则是一种平实的美文，诗与文，在钟敬文来说，主要在于对情感控制的差别："散文中浸透情绪的地方就成为诗。"山水草木是他早期散文的至爱，其次就是"写人物、评世相、谈文艺，以及直接抒写当时个人情怀的篇章"。时人评论钟文"冲淡平静，是个温雅学人之言，颇与周岂明作风近似"。年过四十以后，随着阅历加深，行文愈加自如，文风也变得醇香深厚。钟文不以知识性见长，但处处透着浪漫情怀，读之如沐春风，洋溢着沁人心肺的人性之美。

如果说诗文抒发的都还只是个人的感情，随着时代的远去，诗文赖以寄托的情感也多日渐发黄的话，他那些隽永的格言，闪耀着思想光芒的诗学和文论，可能会伴随我们走得更远，正如钟先生诗云："艺文重欣赏，其次乃评论。倘得两兼之，品格自高峻。"钟先生的诗论亦如诗作，常以格言体来写作，含英咀华，韵味无穷。

诗人的浪漫还表现在浓郁的爱国情感上。钟先生说，古希腊人军队出征的时候，诗人常常走在前头，这是诗人职能最好的象征。对陆游的喜爱与赞颂是他诗论与诗作中的一大特点，这与钟先生集中写作诗论时正值抗日战争不无关系。

钟先生生前最后的这首诗篇可说是他一生最好的写照："历经仄径与危滩，步履蹒跚到百年。曾抱壮心奔国难，犹余微尚恋诗篇。宏思竣想终何补，素食粗衣分自甘。学艺世功都未了，发挥知有后来贤。"

（附录原题《耕耘到百岁　微尚恋诗篇——〈钟敬文文集〉的阅读及钟敬文再认识》，原载 2003 年 5 月 29 日《光明日报》，原刊时有删节）

第五章

刘魁立和他的故事形态学

刘魁立祖籍河北静海，1934 年 9 月出生于黑龙江省小镇昂昂溪。1961 年从莫斯科大学研究生院毕业，获得俄罗斯语言文学副博士学位，1997 年获得哲学博士学位，现任中国社会科学院荣誉学部委员、中国民俗学会荣誉会长、亚洲民间叙事文学学会（AFNS，中日韩）荣誉会长、国家非物质文化遗产保护专家委员会副主任等职务。

20 世纪 60 年代至今，刘魁立从未间断在中国农村及少数民族地区进行民俗学及民间文学的考察活动，多年来一直致力于中国民间文艺学、民族文学和民俗学的学科建设，尤其着力于民间叙事的理论研究和欧洲民俗学史的研究。进入21 世纪以来，刘魁立把主要精力放在推动中国非物质文化遗产保护工作中，每年三分之一以上的时间都奔走在全国各地，不在民间文化的演述现场，就在前往现场的路上。本章将以刘魁立的故事形态研究为例，着重讨论其故事学理论与方法。

在中国民间文学界，传统的故事研究主要是历时研究。[①]20 世纪 80 年代，普罗普的故事形态学在中国故事学界开始得到传播，许多故事学者才在历时研究范式之外，洞开了一片共时研究的学术视野。

可惜的是，努力于纯粹共时研究的学者并不多，刘魁立和李扬可谓凤毛麟角。李扬是最早使用普罗普的故事形态学理论对中国故事展开研究的学者，其代表作是博士论文《中国民间故事形态研究》，该书首版于 1996 年。作者"选择了

---

① 20 世纪 50 年代至 80 年代初产生的大量基于社会阶层理论和作家文学理论的民间文学研究，本书暂不讨论。

一组中国民间故事作为考察对象，逐一划分标示了其功能项及形态图示，并附文字说明分析"。① 作者以"功能论""序列论""角色论"等三个专题系统阐述了中国民间故事的叙事结构，还分别统计了中国民间故事功能的数目、出现频率及分类，总结了 31 项功能之间的各种关系及在故事中的对应情形，发现功能对的位置都符合逻辑顺序，而核心的功能对更是必然对应的。

2001 年，刘魁立在"中日民间叙事文学情节类型专题研讨会"发表《民间叙事的生命树——浙江当代"狗耕田"故事情节类型的形态结构分析》②，从形态学的角度探讨了特定故事类型的内部结构与结构关系，由此生产了一系列的结构概念和理论命题。此文在部分中青年学者中间引起了强烈共鸣，但在传统故事学界不仅没能得到多数学者的认同，甚至遭到部分同辈学者的诘难。

刘魁立在青海西宁的"昆仑神话与世界创世神话国际学术论坛"会议上
图 / 施爱东，2011 年 7 月

---

① 李扬：《中国民间故事形态研究》，汕头大学出版社，1996 年，第 262 页。
② 此文原为刘魁立在"中日民间叙事文学情节类型专题研讨会"（2001 年 4 月，北京）上的主题报告，报告的主要部分同时刊载于《民族艺术》2001 年第 1 期。为了节省注释篇幅，本章引文如无特别说明，均引自刘魁立《民间叙事的生命树——浙江当代"狗耕田"故事情节类型的形态结构分析》（《民族艺术》2001 年第 1 期）。

一、形态学与共时研究

要充分理解刘魁立的故事形态研究以及共时研究的学术史意义，我们还得先简单追溯一下博物学与分类学的历史。

分类学与形态研究有很深的渊源。科学哲学家几乎从一开始就认识到分类具有双重作用，一种是科学的（或形而上学的）认识作用，另一种是实际的作用。早期学者所强调的实际作用是把分类当作检索方式，现代则更加强调把分类看作信息贮存和信息检索系统。分类的主要任务是区分分类单位、建立等级结构，以便做出最大数量的理论概括。民间故事的类型研究兼有以上各种目的。

形态学最初是为了生物分类而展开的研究，其原意是"动植物形态和结构的科学研究"。在生物学发生的早期，由于新的动植物以及大量生物新的内部结构不断被发现，使生物界的无限多样性不断增长。然而博物学家也隐约地觉察到，在大量动植物变化多端的表面之下，具有一些相对固定的结构模式。他们试图找出这些模式，为生命世界建立秩序。

形态学在居维叶 ① 时代盛极一时。对居维叶来说，形态描述之所以必要是因为它能为普遍性规律的呈现提供原始资料。他意识到只有通过研究结构和功能的关系才能真正了解结构，提出了著名的器官互相关联规律："身体的每个器官在功能上是和其他的每个器官互相关联着的，生物有机体的和谐协调与运转正常是由于各个器官合作的结果。正是由于功能之间的互相依赖和彼此互相提供的支援才能确立这种决定器官之间关系的规律。这些规律具有和形而上学规律、数学定律一样的必然性。" ② 根据这一规律，居维叶认为，只要得到化石的一部分，就能够重建完整的生物原貌。

居维叶的形态学研究及其功能分析对哲学社会科学产生了极为深远的影响。

---

① 居维叶（1769—1832），法国动物学家，比较解剖学和古生物学的奠基人。
② ［美］E. 迈尔：《生物学思想发展的历史》，涂长晟译，四川教育出版社，1990年，第523页。功能的研究，强调在事物的相互联系和相互作用的过程中来认识事物。普罗普是这样解说"功能"这一术语的：功能是根据在事件发展过程中的意义来确定的主人公的行为。这个解说明显受到居维叶的影响。

自 19 世纪中叶以来，随着语言的发展和对语言研究的深入，一些语言学家最早引入形态学的概念和方法，用以研究词的内部规则及构词法则；马林诺夫斯基则据此而缔造了功能主义人类学；普罗普直接将形态学方法及功能的研究引入故事学，甚至套用了"形态学""功能"等一系列概念来做他的神奇故事研究，开辟了民间文学研究的新纪元。

20 世纪初，欧洲语言学界出现了一个天才思想家索绪尔。其语言学思想的出发点与居维叶功能研究的思路完全一致，但他没有直接使用"功能"一词，而是借用经济学的"价值"来说明语言单位之间的相互联系和相互作用关系。索绪尔认为，价值是由语言单位之间相互制约、相互限制的关系所规定的，"语言既是一个系统，它的各项要素都有连带关系，而且其中每项要素的价值都只是因为有其他各项要素同时存在的结果"[①]，要正确认识一个语言单位，必须借助于与它相关的其他语言单位的协调与制约。

但是索绪尔的思想并未止步于此，他在语言的形态研究中天才地发展出一套哲学社会科学共时研究的一般法则。

索绪尔把所有科学研究的对象都区分为"共时态"和"历时态"两种状态。他把有关语言的静态方面的相互关系和作用称为共时态，把在时间轴线上发生的一切演化都称为历时态。共时态与历时态互不相容、彼此没有任何共同之处。由此我们就区分出了人文社会科学的两个研究范式——共时研究和历时研究。

索绪尔认为，单纯的历时研究有许多自身无法克服的逻辑障碍：

1. 对于语言学家来说，如果他置身于语言演变的历时过程，那么，他所看到的，只是一系列改变语言的事件，而这些事件是片断的、极不完备的，就像人们所说的新闻事件一样，充满了偶然性和随机性，它并不属于语言本身。历时研究只是挖掘了一些可以被抓住的偶然事件，本身没有自己的目的。

2. 历时研究所考虑的要素不必限定在一个语言系统之内，它所考虑的语言演变只是相互有一定关联的事件的继起以及它们在空间上的传播和影响。为了证

<hr>

① [瑞士] 费尔迪南·德·索绪尔：《普通语言学教程》，高名凯译，商务印书馆，1980 年，第 160 页。

明某两个语言形式的接近，历时研究往往只要指出它们之间有一种历史上的联系就够了，而不管这种联系是多么间接的，它甚至无法触动语言运动的任何本质。

3. 所有的历时演变都是外部事件强加于语言的，它们没有任何本质的内在规定性。"所以历时事实是个别的；引起系统变动的事件不仅与系统无关，而且是孤立的，彼此不构成系统。"[1]

相反，共时研究恰恰在这些方面具有历时研究所无法取代的优越性：

1. 索绪尔对共时语言学的定义是："研究同一个集体意识感觉到的各项同时存在并构成系统的要素间的逻辑关系和心理关系。"[2] 索绪尔认为，个别语言符号的产生和变化是任意的，符号间的关系才是相对稳定的、更为本质的。

2. 语言是言语活动的事实的规范，它本身就是一个整体、一个分类的原则，它是一个纯粹的"价值系统"，除了它自身各项要素的暂时状态之外，并不决定于任何其他偶然的历时因素。比如一块地产的价值，它不取决于这块土地的历史价格，而是由它同时代的价值系统所决定。语言作为一个系统，它的任何部分都可以而且应该从它们共时的连带关系方面去加以考虑。共时研究是价值系统内部的逻辑研究，恰恰能够用以担当这一使命。

3. 价值系统越是复杂，组织越是严密，就越有区分轴线、顺次加以研究的必要，而不是混杂地搅成一团进行综合研究。价值系统是一种共时状态，它不存在时间上的连续性，如果我们要了解这种状态，就必须把产生这种状态的一切置之度外，坚决地撇开历时态。

4. 共时研究的对象不是同时存在的一切，而只是与特定语言系统相当的全部事实。以下棋为例，共时研究面对的是即时状态的棋局与棋法，而不是某一个棋子在棋局中所走过的步骤。共时态中的每一个棋子，都处在互相制约和互相作用的关系之中，这是一个完整的、封闭的系统，具有自给自足的特征。

---

①［瑞士］费尔迪南·德·索绪尔：《普通语言学教程》，高名凯译，商务印书馆，1980年，第136页。
②［瑞士］费尔迪南·德·索绪尔：《普通语言学教程》，高名凯译，商务印书馆，1980年，第143页。

刘魁立在黑龙江五大连池

图／施爱东，2009 年 9 月 26 日

普罗普的故事形态学就是典型的共时研究。故事作为一种比语言更为完整的叙事形态，它和语言一样，也有属于自己独立、完整的价值系统与结构法则。故事的发展演变同样受到各种偶然性"事件"的随机作用和影响，故事的传播变异与语言的传播变异都经历着相似的混沌模式。

二、《民间叙事的生命树》的方法论意义

刘魁立写作《民间叙事的生命树》的最初目的，是出于对民间故事类型学分类标准的学理探讨。他在主编《中国民间故事集成》的过程中，意识到传统的 AT 分类法作为一种经验分类，已经远远无法囊括亚洲甚至中国现有的民间故事类型，也不能有效地对这些民间故事进行科学分析，在此基础上，编撰一种新的、比 AT 分类法更科学有效的类型索引已经成为中国民间文学研究的当务之急。

刘魁立早年留学莫斯科大学，他曾坦言受到普罗普和索绪尔的深刻影响。在刘魁立的设计方案中，他试图在共时的平面上建立一个纯形态学的逻辑分类标准，努力阻止故事的历史、文化等非结构因素向分类标准的介入。于是，他决定通过个案分析来解剖类型故事的内部结构与结构关系，以阐明其形态学分类思想。但是，刘魁立这一工作的最终成果所显示的理论意义和方法论意义，却大大

超越了类型学本身。

我们先从《民间叙事的生命树》一文的方法论意义上来进入讨论。

（一）在研究对象和研究进路上，刘魁立为自己的研究工作划定了清晰的边界。

1. 在研究对象上，严格限定选材的标准和范围。

> 为了要解决民间故事分类的实际问题，即要把现有的浩如烟海的民间故事文本材料按某种标志加以清理和归纳，我就不能不根据这一工作任务的需要，使自己的出发点和工作准则简单化和封闭化，选定一个单一而具体的标准。[①]

在案例选择上，顾颉刚发现"孟姜女故事"是从读书看戏、思考顿悟到科学研究的递进过程，具有"偶然性"特征；而刘魁立之所以选择"狗耕田故事"，则是从理论设想到案例选择的主动行为，具有"必然性"特征。

刘魁立所要探究的主要问题是：一个简单的故事，主要由哪些要素所构成？依据什么原则来组织材料？在这些要素中间，哪一个是主要的？哪一个是次要的？围绕这些问题，他必须在浩如烟海的故事集成中选择一个大家都比较熟悉，而自己又比较容易操作的案例。"狗耕田"这一故事类型既能满足情节相对比较单纯的要求，又能满足异文比较丰富的要求，自然是理想的研究个案。

为了避免对异文数量漫无边际的无限追求，他严格规定了对象范围的界限，采取以地域为单位的整体抽样研究方案。他从材料来源上把研究对象限定为："仅仅考察这一类型在一个具体省区（浙江）里的所有流传文本的形态结构。"这一限定不仅达到了抽样的目的，而且有效地把异文背景限定在了相对同质的民俗文化区域之内，使得研究成果更具逻辑合理性。

2. 在研究进路上，严格坚守共时研究的原则，与历时研究和文化研究画清

[①]本小节所有引文均出自刘魁立《〈民间叙事的生命树〉及有关学术通信》（《民俗研究》2001 年第 2 期），后面不再一一注明出处。

界线。

与历时研究的界线：

> 我把这里的研究仅仅限制在共时的范围内，并不期望得出关于这一
> 类型作品历史发展过程方面的结论。

为了研究故事的形态关系、抽绎出决定故事类型的主要矛盾，他就必须把构成形态关系的各种因素置于同一个共时的平面上进行考察，为此他还必须保证不使历时性的思考介入研究过程。他说："我在本文的研究过程中，不断告诫自己要暂时放弃对故事生成和发展的脉络，以及这一故事类型演化过程的推断。"

与文化研究的界线：

> （对于故事的）文化历史内涵的研究，当然也是十分重要的，但这
> 不是本文所要关注的问题。

对此，他在给稻田浩二的信中做了大意如此的解释：无论使用什么标准来进行故事分类，这种标准都必须是唯一的，而不允许是多重的。为了坚持标准的一贯性，他决定从中选择最具操作性的标准，也即结构形态的标准。这样，他就必须在研究过程中努力回避关于故事文化意义和文化内涵的探讨。他认为文化意义与文化想象一样，带有浓烈的主观色彩和偶然性，排除文化研究在某种意义上也即排除了主观性和偶然性，使得该项研究更具有逻辑一致性。

许多学者指责《民间叙事的生命树》一文未能从历史的、文化的角度进行探讨，恰恰是因为他们基于历时研究或文化研究的既定范式，不理解刘魁立"是不为也，非不能也"，更无法理解刘魁立共时研究的科学意义。刘魁立说："面对分类这一课题，假如没有这种简单化和标准单一化，也就无法进行研究，也就不可能得出有价值的结论。"

（二）刘魁立为该项课题的研究制定了严格的游戏规则，在具体操作上提供

了一个具有示范意义的研究文本。

"狗耕田"这一类型故事的情节并不复杂，但一样呈现着仪态万千的异文。刘魁立从浙江寻检到 33 则异文。为了方便比较研究，他做了如下步骤的工作：

1. 把每一则异文按母题进行切分。

2. 每一个母题，他都用一节线段来表示。这样，每一则故事，都可以描画成一条由若干线段串联而成的线段连线。

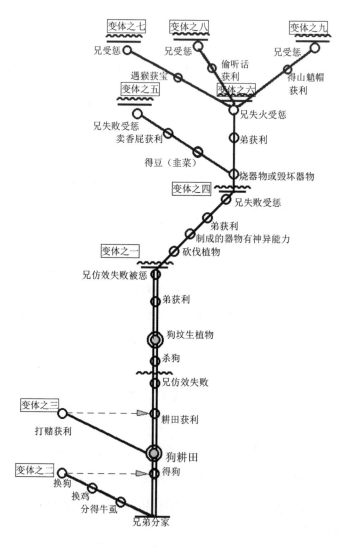

刘魁立借助"狗耕田"故事绘制的"民间叙事生命树"

3. 把一条这样的线段连线竖起来，就变得像一根"竹竿"——由许多线段（母题）前后衔接而成的、单线的竹型线段连线。

4. 把所有的"竹竿"立起来摆在一起，然后，"合并同类项"——把相同的母题合并在同一根线段中。

5. "于是，一幅奇异而有趣的图画就展现在眼前！原来一条条像竹竿或电线杆似的线条，如今则变成生长着许多枝丫的丰茂的树。"

这就是被刘魁立称作"民间叙事生命树"的生命树原型："树干上有树芽，树芽长成枝，枝上再生枝，于是我们就有了一棵鲜活茂盛的树。"按照刘魁立的设想，每种类型的故事都可以用"生命树"的形式来呈现。

三、"故事生命树"的理论贡献

刘魁立在论文的前期工作中，曾经画有一个巨大的"狗耕田"故事的母题统计表，他的"生命树"模型的构拟，正是基于这张巨大的统计表。我们可以认为，生命树的诞生，是一项基于民间文学的搜集文本，以及统计学、故事形态学、故事类型学的科学发明。刘魁立的所有推论和理论术语，都源自于这棵生命树：

（一）在生命树上，我们发现在情节的发展过程中，有一些母题总是固定地组合在一起，呈有序的排列，但又尚不构成独立的情节，而是情节发展中的一个比较稳定的母题组合，它们构成一个相对独立的单元。如："兄弟分家，弟得牛虱——牛虱被鸡吃，弟弟得鸡——鸡被狗吃——弟弟得狗"；又比如："兄砍伐植物——制成的器物有神异能力——弟获利——兄仿效失败受惩"。刘魁立把这样一种组合叫作"母题链"[①]。

"母题链"的发现，是对于"母题"概念的一次有益补充。事实上等于发现

[①] 王燕生、周祖生在翻译艾伯华的《中国民间故事类型》时，曾使用"母题链"一词表达一种母题组合，即故事："事实表明，在中国的民间故事中每个母题都是非常固定的，同时也具有强大的生命力，然而母题链，即整个民间故事，又是相对地不稳定的。"（艾伯华：《中国民间故事类型》，商务印书馆，1999年，第2页）但该著并未对"母题链"进行准确定义，也与刘魁立的"母题链"内涵有别。

了一种新的单元，提出了一系列新的问题。

从母题链的内部关系来看，一些相关母题在故事中往往呈现为相对固定的组合关系，这种组合往往具有明确的目的和方向，或者具有比较稳定的逻辑关系。

从母题链的外部关系来看，母题链的末端往往具有极强的链接能力，可以嫁接各种相关的新母题链。并且这种嫁接不是唯一的和单向的，而是多枝的和多向的，它可以做出多种选择。因此刘魁立认为："母题具有极为活跃的变异性，同时具有极强的黏着性、极强的链接能力，具有组织和推进情节的机制。"

（二）刘魁立把生命树的树干部分称作"情节基干"。所谓情节基干是该类型的所有异文都具有的母题链，类似于该类型的所有异文中关于母题链的最大公约数。

每棵生命树也即每种故事类型，有且必有一条情节基干。如果某组异文不能抽绎出一条情节基干，它们就不能被视为同一类型的故事。也就是说，只有具备了这一情节基干的故事，才能被算作同一类型的故事。一组故事中能否抽绎出一条共同的情节基干，应当被视作这组故事是否可以划成同一故事类型的唯一依据。

这一结论，是刘魁立该项课题的中心目的。他的本意即希望通过对"狗耕田"故事类型的学理分析，摸索出一条可以用于判断故事情节类型的学理标准，并以此投入实际操作，作为中国乃至亚洲民间故事类型索引的编制标准。

其具体操作方案是：先将每个故事都拆分为若干组母题链，然后，对相近故事的母题链进行比较，合并同类项，把最大数量的相同母题链视为某一故事类型的情节基干，依据这一标准，所有具备这一情节基干的故事即划入该类。

（三）生命树显示，"狗耕田"故事的情节基干，是由两条稳定的母题链所组成的，它们分别是以"狗耕田"和"狗坟上长出有神异能力的植物"两个母题作为内核的。刘魁立把这些充当情节基干母题链内核的母题，叫作"中心母题"。中心母题是所有同类型故事都必须具有的母题。

母题链、情节基干、中心母题是刘魁立"故事生命树"最基本的三个概念。三者之间的关系是这样的：情节基干是判断一个故事集合是否同属一个类型的基本要求，情节基干由若干母题链组成，但是，母题链却不一定只存在于情节基干之中，它也可能是某些"枝干"中的组成部分。中心母题是特指情节基干中的某一条母题链的核心内容，而"枝干"中的母题链则不在刘魁立的讨论范围。在情节基干中，每一条母题链必有一中心母题，因此，该情节基干有多少条母题链，就会有同样数量的中心母题。

（四）刘魁立从生命树上发现，33 则异文的母题结构并不呈现为 33 个分支。事实上，依据各个文本在母题数量以及母题排列顺序上的特点，同是"狗耕田"故事类型的 33 则异文，可以分成 9 个不同的小组，组内的各个文本在母题结构上有极大的相似，同时又与其他组别有所区别。刘魁立把这样的组别（在生命树上主要体现为树枝终端的分叉）定名为"情节类型变体"。

这一概念的提出，无疑是对民间故事"类型研究"的一次细化与深化。刘魁立认为："把中心母题、情节基干、变体这些问题理清楚了之后，我们再谈类型如何划分、一个类型和别的类型之间有什么关系等问题，就都可以解决了，至少好解决了。"①

包括阿尔奈、汤普森在内的故事学家们过去所关注的，是对于故事分类的外部指标，他们并没有探讨特定故事类型内部的结构与逻辑。刘魁立"情节类型变体"的提出，还在于将研究的视域，从"故事"集合，移向了"类型"子集，做出了更为精细的研究，使得故事研究更趋专业化。

（五）刘魁立在对情节基干的分析中发现："在这个基干上，还可能'生长出'其他一些母题链。这些母题链的含义同基干中的某一个阶段处在同一个高度上，从一定的意义上说，它们是替代情节基干的这一或那一情节步骤的。由于这一类的母题链是和情节基干中的某一个步骤等价的，所以它没有结束或发展情节的功能，我称这一类性质的母题链为'消极母题链'。"

所谓消极母题链，其实是一些替代性的母题。比如说，如果在某一段情节

---

① 刘魁立：《刘魁立、稻田浩二谈艺录》，西村真志叶整理翻译，2004 年 10 月。公开发表于"民间文化青年论坛"网站之"演武场"：http://www.pkucn.com/chenyc/thread.php?tid=2801。该网页于 2013 年关闭。

中，某一部分母题的顺序是"A—B—C"，而某个异文中的母题顺序是"A—Xn—C"，那么，我们就把"Xn"叫作消极母题链，它在故事中的作用可能是单纯的替代，也可能是大大地丰富、发展了母题"B"。

（六）相对于消极母题链，刘魁立把那些可能积极推进故事情节进一步发展的母题链命名为"积极母题链"。积极母题链是指那些嫁接在情节基干末梢或大的情节枝干上的新母题链，它们生长出去之后，一般不会再回到原来的情节上。故事从这里伸展出去之后，可能就此结尾，也可能进一步嫁接新的母题，获得新的发展或新的结尾，从而构成新的异文。

事实上，按照刘魁立的定义，每一个新嫁接的母题链，只要它不是替代性母题，都可以叫作积极母题链。积极母题链总是从树枝顶芽处伸展出去，它可以拥有很强的嫁接能力。理论上说，在它之后，还可不断嫁接新的积极母题链，甚至可以把别的故事类型整个地嫁接过来。

（七）通过对生命树的每一枝末端母题的考察，刘魁立发现"狗耕田"故事的全部文本无一例外地都以哥哥的被惩而告终。因此他认为，"如果从深层结构的角度看，情节的核心在于二元对立"。每一次"哥哥剥夺弟弟财产——弟弟反而获利——哥哥被惩"应该视为一次循环。多次循环的结果，是以哥哥彻底失败而告终。

故事的结束状态，是对双方初始状态二元对立的彻底颠覆，作为正反角色类型的对立双方均回到了人们所希望的理想状态。

四、一个真理并不排斥另一个真理

这些结构性的理论问题，从历时研究的角度是永远提不出来的。它只有在共时研究的考察中，更进一步说，只有在对生命树模型的考察中，才可能为我们所认识。这些认识为我们提供了一批来自统计分析和直观归纳的、合乎逻辑的、值得信赖的理论工具。刘魁立对此颇有自信，他说：

> 这种故事类型的比较研究，对于理解故事形态的组织结构，对于理

解故事情节的内部机制和演进过程，或者更扩大地说，对于理解民间故事变异性的特点和机制，会提供有益的视角和思路。

刘魁立的生命树并不是对一种"现实存在"的客观描述，而是借助于自己的形态学眼光精心构建起来的虚拟模型："它是在科学研究中对诸多现实文本进行概括和归纳的结果，它的现实性体现在一个个具体文本中。"

经过抽象之后的模型，是一定数量的原始文本的综合，其内在的结构与逻辑已经不再依赖于这些原始文本。生命树模型虽然是建立在33个"狗耕田"故事文本之上，但它的最终结果却完全脱离了具体的故事内容。该模型是否有效只依赖于文本的"量"是否充足。在量的最低要求得到满足之后，量的进一步增加与否，并不直接影响模型的结构关系，充分的样本数量保证了逻辑结构的抽样有效性。

索绪尔的共时研究并没有排斥历时研究的意义，他认为认识事物必须从两方面着手："共时真理和历时真理都同样是绝对的、无可争辩的。"[1] 一个真理并不排斥另一个真理。共时研究与历时研究是学术史上一对充满辩证意味的矛盾统一体。一方面，两者无法共存于一次研究之中；另一方面，正是前一种范式的困境和危机，才能刺激和促成后一种范式的兴起和发展。两者之间的继承、竞争与否定的关系，刺激着每一种方法的每一次轮回，都是"带着新的精神和新的方法回来的"[2]。

中国现代故事学在"历史演进法"和"人类学派"范式上的充分发达，产生了许多经典的研究成果，比如顾颉刚的孟姜女故事研究、钟敬文的天鹅处女型故事研究、刘守华的系列类型故事研究，等等。但是，再成功的范式经过简单重复的一再操作，也会逐渐显现出一些难以突破的瓶颈，这个时候，回过头来转向共

---

[1]［瑞士］费尔迪南·德·索绪尔:《普通语言学教程》，高名凯译，商务印书馆，1980年，第139页。

[2]［瑞士］费尔迪南·德·索绪尔:《普通语言学教程》，高名凯译，商务印书馆，1980年，第121页。

刘魁立在河北内丘进行田野考察

图 / 施爱东，2003 年 1 月 1 日

时的形态研究，无疑是一条可以选择的突围之路。

即使我们愿意将故事的文化与历史研究当作终极目标，我们也必须把工作建立在共时研究所生产的理论基础以及它所遭遇的范式危机之上，才能进入新方法与新理论的再生产。从这个意义上来说，刘魁立的研究工作不仅是合理的，而且是我们现阶段研究工作所必需的，也是中国故事学发展史上无法逾越的一个阶段。

附录：刘魁立先生访谈录（2007年）

施爱东：做民间文化研究，许多人都把自己弄得很"田野"，但我注意到您却非常注重仪表和礼节。只要是开会或上课，您总是西装革履出现在公共场合，这样严谨的生活累不累？我记得您参加我的博士后出站报告会的那一天，因为来不及回家换衣服，居然临时跑到商店买了一件正式的白衬衫换上，那件事给我的印象非常深刻。

刘魁立：这大概是在莫斯科留学期间养成的习惯，这么多年下来，我一直都这样要求自己，我认为穿戴整齐是对别人的一种尊重。当然，要是没这习惯，可能会觉得很累；我已经习惯了，所以并不觉得累。

施爱东：我对您在苏联的学习生活有点好奇，相信民间文化研究界其他许多朋友也和我一样好奇，能不能简单说一说？

刘魁立：我 1953 年在哈尔滨外国语专科学校毕业并留校，1955 年被选派到苏联留学。学校派我去苏联学习时，本来也是让我读语言教学法的，衣服也是按研究生的标准发下来的，比发给大学生的少。可是我考虑到自己才 21 岁，年岁还轻，基础也不够扎实，就主动申请转为本科生，得到了国家批准。可是这样一来，留学时间就变长了，出国前公家发给的衣服不够穿，只好自己又去买了一身。刚进莫斯科大学，我就喜欢上两门课，一门是古希腊罗马文学，另一门就是俄罗斯民间文学。我二年级时的学年论文写的就是有关民间故事的。两年后，由于看到许多课程是我自学过的，所以又获得批准转回来做研究生，当时我选择了民俗学作为我研究的主攻方向。

从进入莫斯科大学学习开始，我就利用假期随同民俗考察队多次下到苏联农村和边远地区进行民间文学的田野作业。以前没有外国学生参加过他们的考察团，因此在出差办手续的时候还遇到了不少麻烦。我跑过很多地方：沃罗涅日州、伊万诺沃州、弗拉基米尔州、临近边境的卡累利亚 – 芬兰自治共和国的好多地方。在专业方面获益很多，对社会现实有了深一层的了解，在语言方面更是得到极好的训练。

施爱东：有没有发生什么好玩儿的事？

刘魁立：年轻人嘛，自然少不了乐趣，每次考察回来除了正式的调查报告之外，还要在某个同学家里举办一回请有关师生共同参加的晚会，把我们在考察期间所出现的种种有趣的场面表演一回，其中也不乏恶作剧的成分。

当然，也有惊险的事，有一次，我们在寒假期间下乡调查，连续下了几天大雪，雪齐腰深，载人的公共汽车停运，我们和一大批农村妇女一道，乘坐轱辘上加了铁链子、上面加帆布棚子的载重汽车，赶往乡下。车道两旁全是深深的积雪，车子走在小山坡上，车轮空转，原地打滑。我和后来做了俄罗斯科学院民族学研究所所长助理的巴希洛夫同学下来推车，车子突然向前走了，我们两个都摔倒在地，这时两个人尽量爬到道旁的积雪上，我们穿着棉大衣，很笨重，他在拽我的当口脱了手，我又摔倒在车道上，可谁知这时汽车竟突然向后倒起来，我来不及站起来，只好尽量把身子紧紧地贴在轮子旁侧，车上的妇女尖声喊叫，车子才停下来，我才没遇险。

施爱东：您现在还关注俄罗斯的学术新动向吗？

刘魁立：很关注！我平均每几年会去一趟俄罗斯，去了就花几天在列宁图书馆看书，也去几家书店买新书，平时有什么好的新书，俄罗斯科学院高尔基世界文学研究所的朋友也会寄给我。我 1999 年到 2000 年担任日本斯拉夫研究中心的合作教授，从事的也是俄罗斯民间文化研究。我在这方面有不少积累，但发表的东西极少。另外，我总是对自己不满意，觉得自己的许多思考都还应该而且都还能够再深入，但又总是很难抽出完整的时间把这些思考好好地整理出来，这是我极感歉疚的。有人以为我谦虚，他们不理解我的心情。我不是谦虚，是心虚，自己过不了自己这一关。

施爱东：您对自己要求高，这在民间文化研究界是众所周知的。没有成熟的独特见解，您就述而不作，宁可用自己的思想去启发别人，也不轻易成文。我非常敬佩您的这种治学态度。民俗学界多的是著作等身的学者，但真正能经得起考验的论文有几篇呢？多数都是过往云烟。文章贵精不贵多。负责任的学者应该更重视论文的质量而不是数量，多思考，少出货。我看了您的许多论文，取材和论述的边界都非常清晰，这在中国学者的论文中是非常难得的。《刘魁立民俗学论集》的"内容提要"中介绍您"学风严谨、长于思辨"，这与您在莫斯科大学的科学训练关系大吗？

刘魁立：这可能不仅仅是科学训练的问题，大概是学术传统不一样。中国的学术传统长于考据，欧洲的学术传统长于思辨。中国的学术讲究学以致用，俄罗斯学者不怎么讲这些，他们没有将学术世俗化，在他们看来，学术研究必然是在一定的理论准备下进行的合乎逻辑的独创性活动，他们认为从材料中升华出思想才可称之为学问，而我们往往把材料的归纳和叙述、常识普及等也叫学问。他们的学问注重学理思考，而我们有时却以博闻强志作为有学问的标志。今天，资料和信息的数量极大，增量的速度极快，同时，由于电子时代的来临，资讯检索变得越来越便利，获得资料和信息变得相当容易，所以对资料和信息的学理思考和"深度加工"就更显得特别可贵。

施爱东：苏联的学者们也经常在一起讨论问题、互相切磋吗？

刘魁立：其他领域的情况我不了解，以民间文学而论，50年代莫斯科有三个重要的研究中心，一是高尔基世界文学研究所，一是莫斯科大学，一是苏联作家协会民间组，几乎每月这三个机构都会轮流举办一次学术活动，这是一个不怎么涉及时政的领域，所以思想很活跃。我作为研究生每次都参加，几乎场场不落。我很庆幸，听过当时非常多的权威学者的学术报告。我认为自己的学术训练是在这一时期打下基础的，在听讲演和听讨论的过程中我学到了很多东西。渐渐地学会了从别人零散的语言中迅速抓住主要内容和中心思想，学会了广阔地联想和生发出自己的感悟。

施爱东：我知道20世纪80年代以来您在故事学领域建树良多，我个人最推崇您的《民间叙事的生命树》一文，这篇文章成功地利用共时研究法，从形态学的角度探讨了特定故事类型的内部结构与结构关系，并由此生产了一系列的结构概念和理论命题。您能不能介绍一下这篇文章的写作初衷或过程？

刘魁立：说到初衷，似乎有些荒唐，我是为了参加一次国际学术研讨会，根据会议主题的要求而作这篇文章的，当然在确定会议主题时，我也是决策者之一。中、日、韩三国学者要选择共同拥有的故事材料——"狗耕田"故事，召开起会议来才会有共同语言、有交锋。规定了文本材料，但并没有限制各个人的研究思路和前进方向。我以为做研究最重要的是找准要解答的问题，这个问题越明确、越具体越好。

阿尔奈和汤普森以及我国和其他许多国家的同类学者，要解决的问题是如何把现有的浩如烟海的民间故事文本按某种标志加以清理、归纳和分类。这个问题尽管还有疑义，但大家似乎都不得已地使用着AT分类法或者艾伯华分类法，二者的基本原则是一致的，就是把所有的故事都按照类型排列开来，以便于检索和研究。而我所关注的则是在某一个具体的类型里各种不同异文的相互关系。我在整个分析过程中力不旁骛，只穷追不舍地探寻着一个问题的规律性的答案——在某一特定类型中所有不同文本共有的核心成分是什么，彼此间又以什么样的逻辑方式呈现出多彩多姿的形态。

类型对于具体故事文本来说，只是一个莫须有的公约数。我认为具体地找出同一类型的诸多故事文本的相互关系的规律才是进入科学研究、学理分析的层次。

根据这一工作任务的需要，我就必须使自己的出发点和工作准则简单化和封闭化，选定一个单一而具体的标准。一个简单的故事，它由哪些材料所构成？它又靠什么因素来组织材料？在这些材料中间，哪一个是重要的，哪一个是次要的？所选择的比较容易操作的研究个案应该是既能满足情节相对比较单纯的要求，又能满足异文比较丰富的要求。在中国的学术传统中，材料是多多益善，最好是一网打尽，但故事异文是无法一网打尽的，为了避免对异文数量的漫无边际的无限追求，我严格划定了对象范围的界限，从材料来源上把研究对象限定为：仅仅考察这一类型在一个具体省区（浙江）里的所有流传文本的形态结构。这一限定不仅达到了抽样的目的，而且有效地把异文背景限定在了相对同质的民俗文化区域之内，这样可以使研究成果更具逻辑合理性。

施爱东：我记得您这篇文章写成之后，有一些学者提出批评，认为您没有把故事研究放在特定的历史与文化背景中加以讨论，致使您的论文缺乏文化学的意义。

刘魁立：这种批评是站在历时研究或文化研究的视角来说的。站在历时研究的角度，就无法理解共时研究的工作方法和意义。为了研究故事形态的内在关系、抽绎出决定故事类型的主要矛盾，我必须把构成形态关系的各种因素置于同一个共时的平面上进行考察，为此，我就必须保证不使历时性的思考介入研究过程。关于故事文化历史内涵的研究，当然也是十分重要的，但这不是本文所关注的问题，我有意回避了这些问题。我在本文的研究过程中，不断告诫自己，要暂时放弃对故事生成和发展脉络的探讨，以及关于这一故事类型演化过程的推断，也不讨论和分析故事的意义和价值。这些应该是其他论文的追求。我在写作中始终有意地保持着这种戒心。

施爱东：我同意您的观点，这也是索绪尔以来学界的基本共识，普罗普的故事形态学就是共时研究结出的一大硕果。共时研究与历时研究是无法相容的两种研究方法，坚持共时性，恰恰必须暂时排斥历时性。但在中国这种以考据源流为主旋律的学术传统中，要坚守这一点实在不是一件容易的事。像您这样功成名就的学者当然可以这么做，可是如果我们这些小人物也依此而行，恐怕文章既没人看，也发表不了。

刘魁立：学术传统是一种积累的过程，如果谁都是只顺应潮流，不做开拓的努力，恐怕永远也无法让我们的学术传统得到发展进步。共时研究和历时研究并没有高下之分，他们的目的应该都是指向对于客观事物规律性的认识和阐解。

施爱东：好吧。我们换一个话题，回到您的具体工作上来。您曾经担任民族文学研究所所长，您认为您所做的最重要的工作有哪些？

刘魁立：其实我不是个适合做领导的人，我更喜欢思考学术问题，对于行政管理不是很在行，我刚担任所长职务的时候，为了能适应新的岗位，曾经买了好多本管理学、领导学方面的书，但那是纸上谈兵，一旦落实到实际工作上，杂七杂八的事务性工作特别多，头疼得很。我任所长的时候，民族文学研究所还是个新成立的所，民族文学研究也是一个新兴的学科。一些研究人员当时都是没有经过相关专业训练的少数民族文学爱好者，他们有热情，愿意为本民族的文学研究事业贡献力量，但有的人对如何做研究工作、应遵守哪些学术规范，都不十分了解。为了使这些同志很快适应专业研究工作，我们在培养学术风气、改进研究方法等方面做了一些具体的工作。

还有，我认为最重要的一项工作是开展了"少数民族文学史丛书"的国家社科重点项目，我计划编撰 40 个兄弟民族的文学史，当时计划分两个五年完成，每次完成 20 个民族的文学史写作，更远的计划则是将全程分为三个阶段：一是族别史，二是比较文学史，三是统一的以汉民族为主线的多民族中国文学史。这些工作在我的任上并没有全部完成，我相信它是一个需要几代人来完成的大工程。

施爱东：您是从 1999 年开始担任中国民俗学会理事长的吧？在这个位置上

有些什么感触？比如高处寒不寒什么的。

刘魁立：中国民俗学会自成立以来，就是钟敬文先生的理事长。他是我们这个学会乃至我们这个学科的创始人之一，是民俗学界的泰山北斗，接他这个位置，压力之大可想而知。我多次推脱，不接这个摊子。钟敬文先生也知道我的畏难情绪，就找我的同事以及我的老领导来劝说。最后钟老说了些很重的话，我不得不接下来。那真是诚惶诚恐、如履如临啊。民俗学会那么多同志，工作都做得很好，也很有成就，却让我来领导学会，我心里压力很大，就像你说的，高处不胜寒。当然，今天看到许多年轻的学者成长起来，我很高兴。民俗学界这几年欣欣向荣，我心里的紧张情绪也稍稍缓和一些了。

施爱东：我知道您这些年一直在为非物质文化遗产的保护和发展问题而奔波，能不能简单介绍一下您这些年的工作？

刘魁立：我看到了你对于民俗学家参与非物质文化遗产保护工作的批评意见。

施爱东：哈哈。我对于当前的非物质文化遗产保护热是有些微词。我的意思是说，非物质文化遗产保护是一种纯粹事务性的工作，其中没有太多学理的问题，民俗学界的人力资源是如此有限，当大家都热衷于社会工作的时候，沉浸于真正学术研究的人力资源必然大为削弱。学者一旦脱离自己专业领域的具体研究而介入公众话题，他就不再具有任何优越于普通知识分子的优势。所以我认为，民俗学家不必过多介入地方非物质文化遗产保护工作。

刘魁立：非物质文化遗产保护并不如你说的完全没有学理问题。从理论层面上说，非物质文化遗产既是建设具有民族特色的现代文化的基础，也是每个民族对人类文化的丰富和贡献。然而，这两个命题都没有得到认真的研究，也没有从实践上进行深度的考察和论证，无论是民族文化发展的前景或者是人类文化发展的多样性面貌，现在还都只是朦胧的推断。而且见仁见智、人各不同。现实地说，人们在继承和保护非物质文化遗产的激情中，忙于做事，疏于思考，尤其缺少宏观的和远视的思考。对政策性的、操作层面的议论多于学理性的、思辨性的挖掘和阐释。例如，我们要保护的非物质文化遗产，在当今社会进程中究竟应该占据什么样的位置；我们要在怎样的程度上、以怎样的方式对之进行保护；目前习惯的做法——对民间文化进行解构式的"保护"，究竟对民间文化事项的整体性结构会产生什么样的影响？类似的许许多多的问题，都没有在广大工作人员当中引起重视和取得共识。由于非物质文化遗产大都是农业社会条件下的产物，所以今天对它的保护便包含着许多悖论。例如，保护和发展的关系、非物质文化遗产生态环境的保护、对传承人的态度、市场经济体制和非物质文化遗产保护的关系、城镇化和标准化等当今社会发展趋势和非物质文化遗产保护的关系等诸多方面，都隐含着大量两难的理论问题，如果我们仅仅是期待文化行政部门去考虑，很容易就会失之偏颇，所以，民俗学家参与其中，可以给文化行政部门提供许多参考意见。

施爱东：我对您的批评主要是想说，您有那么好的学术素养，有那么多的学术积累，您可以做许多别人做不了的研究工作，但如果您把过多的时间放在现在非物质文化遗产保护工作这种事务性的工作中，就大大地浪费了您的时间和精力。而这些事务性的工作，您不做，别人也会做，也能做。有些工作是非您不可的，有些工作不是非您不可的。如果是我，我宁愿选择那些更能发挥我特长的、有更强专业特质的工作。

刘魁立：一方面，我并不觉得做这些工作是在浪费时间。你不知道，每当我看到各个地区、各个民族那些丰富的民间文化表现形式时，我都会异常兴奋，好几次到浙江、福建、山西、陕西等地去实地接触那些民间艺人和民间文化，有时会被他们感动得流下眼泪。好像在我面前打开了一座座收藏着无数奇珍异宝的宝库！我就觉得，那些农民兄弟，他们是我的同胞，我是他们中的一员，把世世代代流传的文化遗产搜集起来加以整理、研究，使其优秀的传统得以继承和发扬，是我们共同的历史责任。非物质文化遗产的保护是我目前最重要的工作之一，当然，民间叙事的研究我还在继续做。有时，我也去一些高等院校讲几堂课。因为是国家非物质文化遗产专家委员会的成员，他们有事也经常找我，我找不到推托的理由。

施爱东：您不觉得太浪费您的才华了吗？我倒是觉得这些一般性的文化整理

和文化传播工作，一个有良知的新闻记者或者一个普通的知识分子就能做。

　　刘魁立：我没有把自己和其他人区分开来的意思，我觉得我就是这个民族大家庭中的一员，保护民族文化，是我应尽的职责，这是一种天职，只要社会需要我，我就会去做，有时，即使别人没有要求我，只要我觉得有意义，我也很愿意做，而且我还在不断地学习和思考，努力挖掘事务性工作背后的问题和规律，尽自己之所能，努力把这件事做好。

　　施爱东：这我能理解，从民族文化保护的角度来说，非物质文化遗产保护运动需要民俗学的专家出来做些具体的工作。您作为中国民俗学会的主要负责人，代表民俗学界出来对社会热点问题发言也是应该的，你们的专业话语和专业认识有助于澄清社会上以及各级地方官员头脑中的许多模糊认识。这是民俗学家的历史使命。这些年，您，还有其他老一辈民俗学家，都在致力于非物质文化遗产的保护工作，参与理论建设、发表理论文章，为各地培训文化干部、进行专业咨询等，做了许多工作，在社会上也有很好的反响。但您有没有觉得，你们主要是在以你们的地位和影响力在做事，而与你们的学术素养没有太大关系？

　　刘魁立：我不是很同意你最后说的这个观点。非物质文化遗产保护问题虽然不是纯粹思辨性的题目，但是为了更好地认识非物质文化遗产的本质，就不能不从学理的角度挖掘它的深层内涵。只有在不断深化认识的基础上，才能使保护工作的方针和方法更符合非物质文化遗产本身的实际，更有效地回应社会现实的要求。通常理解的文化遗产是历史留给我们的精神财富，仿佛是属于过去时的。但实际上所有这些事象又可以在现实生活中找到它存在的痕迹，有的甚至生命力相当旺盛。这一点决定了我们在保护中存在诸多两难的问题。说到在当今社会条件下的非物质文化遗产保护，我想没有哪一个题目会像它这样包含着那么多的悖论，包含着那么多需要在理论上给出答案的问题。

　　施爱东：能不能说得更具体一点？

　　刘魁立：我们可以从这样几个方面来看：

　　（1）保护意味着保持原汁原味，保持它的本来面目，保持它现今的或是昨天的形态、内涵、功能等等，但社会要前进，一切事物——包括传统在内，总在不停地发展、演变，我们不是要把被保护的对象仅仅放在博物馆展台上，而是要它在现实中发挥作用，于是保护和发展的悖论就出现了。

（2）当我们谈保护的问题时，往往会连带地提出一个重要问题，就是要保护这些遗产的生态环境。而这个生态环境，包括政治的、经济的、文化的各种历史条件，也包括人的思想、价值观，人的需求等等，都在发生着急剧的变化。那么所谓保护遗产的生态环境，实际上就可能是一种美好的空想。这也是十分矛盾的。

（3）当我们谈保护的问题时，为了保护得方便和有效，往往要把保护对象从一种完整的、庞大的体系中抽绎出来，给以特别的关注。实际上是采取一种解构的办法来对待文化遗产。但是非物质文化遗产的非常重要的特点就在于它的发生和构成中的混元性、现实存在的共生性，以及和民众生活的不可分割的关系。而对于对象的解构或所谓保护，却意味着完整性的破坏，这也是很矛盾的事情。

（4）当我们谈保护的问题时，首要的是要特别保护那些在继承和发扬历史文化传统方面发挥重要作用的优秀传承人，而这些传承人的思想、价值观、生活方式在急遽变革的时代同样在不停地发展变化着。他们有对于新生活的欲求，有改善生活条件的理想，不能让他们为了保护某种遗产而牺牲自己的现实生活。我们不能强求他们以昨天的思维方式和生活方式来度过今天。

（5）保护一种传统文化，不让它受到市场经济的影响是不大可能的。非物质文化遗产本来是民众的一种生活方式，当一种生活方式变成商品时就很难再完好保持原来的功能了，例如旅游业使非物质文化的各种表现形式在性质、功能等方面发生了根本性的改变。另外，在市场经济条件下还会产生知识产权问题，现在有的儿女把老人们口传心授的一套民间技艺保护起来，不许与别人交流，这对非物质文化遗产的传承会起到什么样的作用呢？然而为了扩大影响、扩大传承，而不去保护知识产权，那又如何防止国内、国际的文化侵权和文化剽窃呢？

（6）在当今时代，标准化已成为一种社会需求和发展趋势；而在非物质文化遗产保护当中，强调的则是地方特色。比如舍弃了地方方言，任何地方的民间戏曲、故事、歌谣等也就丧失了地方特色甚至是存在的土壤。类似的矛盾和两难还可以举出很多。

施爱东：所以您认为在这些问题上民俗学家责无旁贷，知识界有责任提供智力支持，从各自的角度给出各种不同的答案？

刘魁立：对。我个人认为，没有深入的研究工作就没有真正意义的、科学的、合乎历史规律的保护。然而知识界不可能包打天下。知识界的出发点和重心在于求真，在于追求真理，在于挖掘事物的真谛。而且每位学者根据自己接触对象的程度和侧面不同，只能从自己的角度对事物做出观察，得出相应的认识，所以不可能没有局限。而追求真理和经世致用，并非在一切场合下是相通的、统一的。文化行政部门有条件听取各方面发出的呼声和信息，其中包括知识界提供的学理思考，能够审视社会、现实和历史发展的需要，从民众长远利益出发，坚持可持续发展的方针，权衡利弊，综合考量，选择最佳方案进行决策，达到经世致用的目的。

施爱东：我知道这几年您为民族传统节日纳入国家法定假日做了许多具体的工作，能不能简单说一说？

刘魁立：几乎世界上所有国家都十分重视自己的民族传统节日，并在其法定假日体系中安排重要位置，一些历史并不太长的国家甚至有意识地创造一些新的"传统节日"，以达到凝聚民心的作用。我国的传统节日体系有着悠久的历史和丰富的内涵，但是近百年来由于各种原因没有得到很好的保护和传承。这几年通过我们民俗学会以及许多两会代表、社会贤达的呼吁，党和国家有关行政领导部门也很关切各个社会阶层广大民众的这种呼声。

2004 年，中国民俗学会受中央文明办的委托，组织了一批民俗学家进行了"弘扬民族传统节日改善国家假日体系"的课题论证。2006 年年底，我们又受国家行政领导部门的委托，组织了一批民俗学家完成了"民族传统节日与国家法定假日"的课题论证，对春节、清明节、端午节、中秋节等民族传统节日的起源与流变、内涵与功能、象征符号、节日活动等进行了深入的研究，而且提出了关于假日体系改革的具体建议方案。我相信，我们的工作对于我们民族以及我们国家都是有意义的。

第六章

朝戈金和他的口头诗学

在国际学界，朝戈金被视作中国史诗学、民俗学、少数民族文学研究、口头传统研究领域的代表性学者。2012 年 11 月 18 日，为期两天的"史诗研究国际峰会"（ISES）在北京闭幕，来自近三十个国家的约七十位史诗学者共同倡议成立"国际史诗研究学会"，推举朝戈金担任该会首任会长。两年之后的 2014 年 10 月 15 日，联合国教科文组织"国际哲学与人文科学理事会（CIPSH）第 31 届大会"在巴黎闭幕，朝戈金全票当选理事会主席，这是中国大陆学者首次在此类顶级国际学术机构担任首席领导职务。面对记者，朝戈金如此解释这些学术职务："按我的理解，这不是我个人的荣誉或对我业务的肯定，而是对我们少数民族文学学科的某种肯定，是对中国史诗学术的某种期许。"① 这句话充分体现了朝戈金学术人生的两大特质：大国背景、大家风范。

朝戈金，1958 年生于呼和浩特，中国社会科学院学部委员，中国民俗学会荣誉会长

大国背景指的是中国民族众多，活态史诗蕴量丰富、形态多样，史诗研究

---

① 民文：《国际史诗学者倡议成立"国际史诗研究学会"推举朝戈金研究员为会长》，中国民族文学网 http://iel.cass.cn，2012 年 11 月 22 日。

虽然起步较晚，但是国家对史诗的挖掘、整理、研究非常重视，学界不断推陈出新，研究成果丰硕，尤其是朝戈金领导的"中国少数民族文化与语言文字研究中心"和"口头传统研究中心"，多年来积极参与国际学术对话，不断将中国的口头诗学、口头传统研究成果推向世界，日渐受到国际学界的重视。进入21世纪以来，中国的史诗保护经验和史诗研究理论成果，正在成为其他国家开展史诗学科建设和史诗遗产保护的重要参考。

大家风范指的是朝戈金"在民俗学研究的道路上，几十年如一日地坚守，开创了我国史诗研究的新范式；他致力于展示我国史诗独特的魅力与代代相传的生命力，并将中国民间传统文化推向全世界"。[①]从其个人学术特点来说，家学渊源、学术背景、国际视野、全局观念诸要素，都是体现其大家风范的不同侧面。

一、转益多师，旁收博采：学术基础的养成

朝戈金走上口头诗学之路有其先天优势。他的父亲巴·布林贝赫（1928—2009）是蒙古族最杰出的诗人、诗学理论的开拓者，也是当代蒙古族文学的主要奠基人之一，在口头诗学尤其是英雄史诗领域有精深研究。1958年出生的朝戈金是家中长子，浓厚的家庭学术氛围，让少年时期的朝戈金就坚定了文学研究的理想；游牧式的学术经历，开阔了朝戈金的胸襟与视野。

尽管父亲的史诗研究很早就蜚声学界，但是朝戈金并没有一开始就走上史诗研究的道路。朝戈金1976年高中毕业，随后到锡林郭勒盟正镶白旗布日都公社两面井大队做插队知青，做了大队会计，他厮混在牧民中间，读书、骑马、喝酒、仰望星空。这段基层生活阅历和工作锻炼，对于出身呼和浩特知识分子家庭的朝戈金是至关重要的，让他深切地理解了史诗所咏唱的人民和生活，理解了史诗英雄的生长土壤。

1977年全国恢复高考，19岁的朝戈金顺利考入内蒙古大学汉语言文学系，从此开始了他的文学梦之旅。大学期间，朝戈金最喜欢的是外国文学，翻译了许

---

① 杨绍琛、孟庆：《朝戈金：创立中国史诗研究新范式》，《中国民族报》2017年10月13日。

多小说、诗歌，学位论文写的是《斯巴达克斯与欧洲历史小说》。大学毕业后朝戈金留校任教，分配在现代文学教研室。出于教学需要，他又在职攻读中国现代文学硕士学位，那时候他醉心卢卡奇的西方马克思主义文艺批评，并将这种批评观贯穿于硕士论文《老舍小说形式结构的分析》之中。

朝戈金1986年硕士毕业，随后入职中国社会科学院少数民族文学研究所，担任《民族文学研究》编辑，学术领域随之转向了当代少数民族文学批评。1995年，朝戈金与关纪新合作出版的《多重选择的世界——当代少数民族作家文学的理论描述》是他在这一领域的主要代表作。"本书立论的着眼点，不是仅仅拘泥于单纯的作品分析和欣赏，而是把少数民族作家创作，作为一种重要的文化创造来认识，进一步从社会历史的角度、文化传统的角度、语言发展的角度、美学的角度、整个中华民族文化发展的角度……来挖掘和探索民族作家文学的内涵和意义。"[1] 其"多重选择"的解析模式，对于学界持续开展的"多民族文学史观"等后续讨论，起到了范式开启的示范作用。

同一时期，因为受到刘魁立等学者的影响，朝戈金开始关注民间文学的研究动态，试作了一些关于蒙古史诗与游牧文化关系的论文，同时还翻译一些西方神话学的理论文章。1990年，朝戈金陪同德国著名史诗学者卡尔·赖歇尔（Karl Reichl）一起到新疆进行田野调查，两人自此成为同行好友，这也是朝戈金的第一次民间文学田野作业。随后，朝戈金翻译了卡尔·赖歇尔的论文《南斯拉夫和突厥英雄史诗中的平行式：程式化句法的诗学探索》，第一次接触到"口头程式理论"并发生兴趣。

不过，朝戈金真正开始转入民俗学和口头传统研究，是1995年夏天参加在芬兰举办的民俗学暑校（FFSS）之后。芬兰暑校是国际民俗学界最具声望的教学平台，在此授课的老师都是国际著名的民俗学者。通过学习和讨论，对照朝戈金所了解的国内研究现状，让他意识到中外学术差距之大，尤其是美国密苏里大学约翰·弗里（John Miles Foley）教授的口头诗学课程，一整套全新的理念和方

---

① 平常：《〈多重选择的世界〉——一部关于中国少数民族作家文学研究的理论新著》，《民族文学》1995年第11期。

法，令他茅塞顿开，不胜仰慕。

暑校结业之后，朝戈金马不停蹄飞往美国，在哈佛大学燕京学社进行为期一年的学术研修。在哈佛的前期，他依然保持着对于精英文化的兴趣，醉心于当代文学评论，选择了向李欧梵、杜维明、科斯莫（Nicola Di Cosmo）等文化学者取经。随后在哈佛威德纳图书馆的"帕里特藏中心"，他真正接触到口头程式理论创始人帕里－洛德留存的大量珍贵的演唱录音、调查笔记、口述文本等原始素材。在安静的托匹图书馆，他逐渐沉浸到了帕里－洛德的学术著述之中，为这种精密的诗学理论和分析方法所折服，变得难以自拔。口头程式理论结合他的家庭诗学氛围，以及少年时期的游牧生活实践，催生了他在口头诗学领域建功立业、大展宏图的迫切愿望。

二、口头诗学：反复权衡之后的方向选择

口头程式理论又称帕里－洛德理论，其创始人米尔曼·帕里（Milman Parry）和艾伯特·洛德（Albert B. Lord）师徒都是哈佛古典学教授。历史上围绕荷马史诗到底是不是口头传统的问题一直争论不休。"（帕里）从语文学的角度入手，极为精细和深入地分析了荷马的诗歌句法，从中发现了问题：荷马诗歌中大量出现重复性的片语，其中'特性形容词'的程式片语具有典型性。经过复杂的、被不同意帕里方法的人诟病为'过于机械'的分析手段，帕里得出的结论是：荷马史诗是'传统性'的，它必定经过了一个相当长的形成和发展时期。经过进一步的分析，他又在随后宣布，他发现荷马史诗必定曾经是'口头'的。"[1] 为了验证这种猜想，从 20 世纪 30 年代开始，帕里与学生洛德在南斯拉夫进行活态史诗英雄歌的田野研究。他们在塞尔维亚－克罗地亚地区找到一位著名的史诗歌手胡索，通过对胡索以及其他一些歌手的研究，帕里认为胡索就是一位在悠久的口头传统中孕育出来的当代荷马。

帕里－洛德理论认为，"民间口头诗人有许多'武器'来帮助他们记忆故

---

[1] 朝戈金：《问业哈佛》，《民族艺术》2000 年第 1 期。

事和诗行，他们大量地运用程式（formula）、典型场景（typical scene）和故事范型（story pattern）作为现场创编故事的'记忆单元'"①。该学派第二代掌门人约翰·弗里则按照南斯拉夫歌手的传统说法，将这些记忆单元统称为"大词"（large word）。弗里相继提出的概念工具还有演述场（performing arena）、史诗语域（epic register）、传统指涉性（traditional referentiality）、传奇歌手（legendary singer）等，"他广泛搜求世界各地直接或间接运用'口头程式理论'的学术成果，为学界提供了详备、扎实的文献索引。在此基础上，他撰写了该理论的学术史，接着围绕史诗研究专题完成了几本分量很重的著作，将前辈的学术创见发扬光大"②。

这些往返于田野与文本之间，触类旁通、以今证古的理论研究方法，以及学术前辈的深厚学养，深深地吸引了朝戈金。联想到国内的史诗研究尚停留在分析主题思想、人物形象、历史根源等苏联作家文学研究方法的阶段上，朝戈金计划先把弗里的口头诗学学术史著作翻译介绍到国内，借以推动国内民间文学研究范式的革命。就在哈佛的托匝图书馆，朝戈金开始了这项工作。

学术史往往涉及该领域大量的学者及其学术成果、专业术语，难度很大。朝戈金在翻译过程中一直与弗里保持着密切的沟通，由此结成了一种亦师亦友的亲密关系。这段艰辛的译介过程，以及两人之间的学术讨论，对于朝戈金问题意识和研究方法的形成，具有重要意义。期间朝戈金还应弗里之邀访问了密苏里大学的"口头传统研究中心"，在哈佛大学和密苏里大学各做了一场有关蒙古史诗的学术报告，进一步夯实了他从事口头诗学的决心和信心。

回国之后，朝戈金打定主意从当代文学批评转向口头诗学、民间文学的研究，报考了"中国民俗学之父"钟敬文的博士研究生。读博期间，朝戈金一边继续翻译口头诗学学术史书稿，一边通过广泛阅读补足西方史诗学知识。

一场真正的学术革命，首先是对自己既有知识体系的颠覆。通过更加深入的阅读和学习，朝戈金越发坚定意识到，口头传承的史诗甚至不能被理解为一部

---

① 朝戈金：《国际史诗学若干热点问题评析》，《民族艺术》2013年第1期。
② 朝戈金：《约翰·弗里与晚近国际口头传统研究的走势》，《西北民族研究》2013年第2期。

"作品"，而只能理解为一个个活态的"传统"，是文化传统加个人意志、记忆单元加现场灵感的即兴创编，口头诗学不是复述和朗诵的诗学，而是创编的诗学。

在博士论文的选题上，朝戈金计划以蒙古史诗《江格尔》为例，"通过文本分析来具体探讨蒙古史诗的口头传统特征，从而尝试并实践一种合乎民间口传文学实际的，特别是史诗类文艺样式的研究范式"[①]。《江格尔》是浩瀚的史诗集群，不可能展开全面考察，朝戈金最终选择了歌手冉皮勒演唱的诗章《铁臂萨布尔》作为主要考察对象，把它当作实验室里的组织切片，进行精细解析。他试图解答的核心问题是：程式句法如何决定性地影响着蒙古史诗的构造和传承。而最终想达到的目的是：为中国史诗研究开创一种新的研究范式，推动中国口头传统研究的学术转型。

2000 年对于朝戈金来说，是学术大丰收之年。这一年，他完成了《口头诗学：帕里－洛德理论》的翻译和出版，博士论文《口传史诗诗学：冉皮勒〈江格尔〉程式句法研究》也同步完成并出版，随后得到福特基金的资助再度赴美，跟随弗里从事博士后研究。

后来的学术史证明，博士论文成为朝戈金最重要的学术代表作之一，不仅在口头诗学的概念工具和研究范式两个方面促成了中国史诗研究的范式转型，其巨大影响更是扩展到整个民间文学领域，乃至古典文学（特别是宝卷和乐府研究），民族音乐学（特别是叙事旋律），曲艺（相声、说书），戏剧（特别是地方小戏），宗教学（布道、信仰仪式等），神话学（尤其是神圣叙事），民族学（特别是文化认同问题等），以及非物质文化遗产保护（尤其是口头传统、表演艺术及仪式和节庆等"非遗"项目）等领域，催生了不少以新理念、新方法解析问题的成果。口头诗学成为 21 世纪中国文学研究最重要学术流派之一。

三、约翰·弗里：亦师亦友的亲密合作伙伴

朝戈金跟随约翰·弗里从事的博士后研究工作，不仅对于朝戈金的口头诗学

[①] 朝戈金：《口传史诗诗学：冉皮勒〈江格尔〉程式句法研究》，广西人民出版社，2000 年，第 3 页。

2011 年 10 月 11 日，朝戈金访美期间与约翰·弗里合影

之路具有重要意义，对于国际口头诗学重心向中国的倾斜同样具有重要意义。

　　弗里是洛德的学生，口头诗学领域第二代旗手，也是口头诗学理论最重要的推动者和传播者："他广泛搜求世界各地直接或间接运用'口头程式理论'的学术成果，为学界提供了详备、扎实的文献索引。在此基础上，他撰写了该理论的学术史，接着围绕史诗研究专题完成了几本分量很重的著作，将前辈的学术创见发扬光大。"① 弗里曾经追随洛德多次深入塞尔维亚和克罗地亚，他将塞尔维亚的乌玛迪安地区当作口头诗学的田野基地。他从歌手立场出发，创造性地将"大词"（larger word 或 bigger word）引入其诗学理论，将这种来自民间的、不可拆分的独立表达单元视作歌手演述世界中的特殊演述方式，以此替代帕里－洛德理论中的"程式"，体现了一种民间本位的学术视角。他关于"传统指涉性"（traditional referentiality）的总结，也即一个特定表达与其在特定传统中的特殊意义之间的相对固定的对应关系，"不仅强调表述单元必须与传统和语境进行对接，而且也要求同时关注创编者和接受者的认知和接受"② 。这些创造性的发现，让口头诗学摆脱了精英本位的古典学束缚，为口头诗学向着地方性、传统性、民间性的范式转

---

① 朝戈金：《约翰·弗里与晚近国际口头传统研究的走势》，《西北民族研究》2013 年第 2 期。
② 朝戈金：《约翰·弗里与晚近国际口头传统研究的走势》，《西北民族研究》2013 年第 2 期。

移奠定了方向性的基础。

弗里始终倡导并实践口头诗学理论的拓展和深化，促进史诗研究的范式革命。1986 年，弗里在密苏里大学创建"口头传统研究中心"（The Center for Studies in Oral Tradition），同时创办蜚声世界的《口头传统》（*Journal of Oral Tradition*）学刊，不遗余力地推动"口头传统"（oral tradition）的学科建设，堪称这门新学科的倡建者与领跑者。

朝戈金在密苏里大学这一年，除了读书、听课和讨论，主要做了两件事：一是主编了《口头传统·中国专辑》，将中国史诗研究成果介绍给英语世界的同行，这种英译和编辑的过程，其实也是不同学术理念，不同研究范式碰撞、交流的过程；二是与弗里合作撰写了长篇专论《口头诗学五题：四大传统的比较研究》，两人每周都要抽出几个小时逐句商榷和推敲。

"口头诗学五题"从四个迥然不同的史诗传统（蒙古、南斯拉夫、古希腊、古英语）出发，提出了五个当代史诗研究最重要的基本问题：①什么是口头史诗传统中的一首诗？②什么是口头史诗传统中的典型场景或主题？③什么是口头史诗传统中的诗行？④什么是口头史诗传统中的程式？⑤什么是口头史诗传统中的语域？① 他们将这些共同的问题逐一放在四个不同的传统中加以考察，再让"答案"在分析意见中自然呈现。这种跨越多个传统的共时比较研究理路，是传统民俗学所没有的，也是民间文学共时研究的开创性尝试。

论文从最基础的问题入手，在精细化的语文学阐释中，通过语词和诗行的对比分析，同时将文本分析并置于各自的传统语境中，重新奠立史诗学的基本概念和基本认识，得到五个重要的关联性结论：①史诗与民族文化传统之间的关系是变动的，每一次表演都依赖传统的结构和意义，诗歌跟随着诸故事范型并仰仗着暗含的指涉（而非直接的说明）来推动人物、事件和情境。②在每一个传统中都将叙述的单元用作建构故事的板块，于是典型场景就在每一次表演中依据个人方言和传统而发生变异。③根据诸传统间的相似性和差异性现象，通过其自身的特

---

① 朝戈金：《史诗学论集》，中国社会科学出版社，2016 年，第 207—271 页。

性来理解不同的口头史诗传统，而不是提出若干方纳圆凿的尺度。④程式是与诗行共生的单元，程式片语依赖韵律因素，也会在不同的歌手间形成差异，进而也会在不同的传统间形成差异。⑤史诗语域超越了结构层次和传统意蕴的效用性层面，传统指涉性使得这四个传统皆以各自的方式完成言近旨远的表达。

朝戈金与弗里之间亦师亦友的亲密关系，在论文的合作中得到巩固和加强。朝戈金回国执掌中国社会科学院民族文学研究所之后，很快就成立了中国版的"口头传统研究中心"，标志着口头传统的规模性研究、学派性建设在中国的正式启动。此后的十几年间，随着朝戈金在国际史诗学界地位的快速提升，弗里对朝戈金、对中国口头传统研究的信任和期许也日益高涨，他多次来到北京参加"口头传统研究中心"的学术活动，为朝戈金助阵加油。"他甚至在离世前，还在积极计划前来中国参加史诗研究方面的学术会议，同时协调由芬兰文学学会、中国社会科学院民族文学研究所和密苏里大学三方的合作，以新技术和新理念推动民俗学资料学建设和理论建设。"①

四、学术代表作：21世纪民俗研究新范式的生成

口头诗学是介于语文学与叙事学之间的研究，素以"精细"而著称，"以语文学为基础的文本分析——片语、句法、步格、韵式等等，被他们精密地组织为一个系统，以便'逆向'地解决口头诗学的问题，就几乎成了口头程式理论的'品牌商标'"②。朝戈金尤以蒙古史诗的精细诗法和句法研究、文本的"田野再认证"、口头演述的"文本对象化"等方面的贡献而蜚声国际史诗学界。我们以朝戈金的博士论文，也是他最重要的学术代表作《口传史诗诗学：冉皮勒〈江格尔〉程式句法研究》为例，看看他如何精细地操作这一研究范式。

（一）既有术语体系的梳理

在朝戈金之前，口头诗学对于中国学界基本上还是一张白纸，研究从何入手

---

① 朝戈金：《约翰·弗里与晚近国际口头传统研究的走势》，《西北民族研究》2013年第2期。
② 朝戈金：《口传史诗诗学：冉皮勒〈江格尔〉程式句法研究》，广西人民出版社，2000年，第90页。

本身就是一个问题。工欲善其事，必先利其器，朝戈金选择了从术语体系入手："借鉴国外口头传统研究成果的第一步，即要对这一领域通行的概念和术语进行梳理，建立一套在概念上'能指'和'所指'之间有着明晰对应关系的术语系统。"①

朝戈金从哈佛和弗里处得到了很好的学术训练，非常重视游戏规则的设定，以保证所有的推论能够基于坚实的资料基础和严格的逻辑过程。他说："我曾对史诗学的术语阐释设定过基本规则，目的就是在讨论问题之前就告诉大家我谈的口传史诗、句法、步格、韵式等分别是怎样界定的，这些概念至少在我的话语体系内部是清楚的、有理论来源的，其中一些概念既参考了文学理论工具书的表述，也基于我的研究论域进行了拓展或附加说明，如我们怎么界定'传统'。这样的努力其实本身就是朝向建设中国史诗学体系和口头传统的。"②

（二）文本类型、属性的辨析与文本边界的划定

史诗文本复杂多样，必然影响到文本的使用效果，为更好地利用历史上形成的缺少现场要素的誊写本，朝戈金对转述本、口述记录本、手抄本、现场录音整理本、印刷文本等各种文本进行了精细辨析。在此基础上，朝戈金选择了著名的江格尔奇（演唱《江格尔》的民间艺人）冉皮勒所演唱的《铁臂萨布尔》作为核心分析文本。

在分析程式频密度的时候，考虑到样本中 625 个诗句的"句首音序排列表"篇幅过于巨大，不便展开，朝戈金从中随机抽取了第 101 至第 200 句，分析统计发现："在这个总共只有 100 个诗句的范围里，程式的使用频度高得惊人，达到44%！"并且进一步推断说："我们坚定地相信，若是将取样的范围扩大到整个诗章，则程式的频度还会有明显的提高。至于若是取样的范围能够涵盖整个冉皮勒

---

① 朝戈金：《口传史诗诗学：冉皮勒〈江格尔〉程式句法研究》，广西人民出版社，2000 年，第 11 页。
② 姚慧：《面向人类口头表达文化的跨学科思维与实践——朝戈金研究员专访》，《社会科学家》2018 年第 1 期。

的演唱曲目，则我们能够得到的重复的程式比例还会高一些。"① 这是符合统计规律的。

（三）"田野再认证"工作模型的建立

冉皮勒虽然是一个杰出的江格尔奇，可是，当朝戈金着手论文写作的时候，冉皮勒已经去世，为了"用一个特定的文本去投射一个宏大的演唱传统，并对这个传统的若干基本要素进行深入说明"②，朝戈金创造性地将口头程式理论、田野实践、历史文本三者置于同一讨论平台，让三者展开充分对话，开创了一种新的田野再认证工作模型，为研究变动中的传统文化，提供了新的研究范式。

（四）操作步骤的分解

为了将口头诗学理论具体落实到蒙古史诗的文本分析实践，朝戈金设计了四个层层递进的精密步骤：首先是片语程式的归类和分析；其次是句法程式的归类和分析，包括对韵式、步格、平行式等要素的分类；再次是程式系统的分析，这是全书最精密的部分，包括程式频密度的分析、程式的系统化运用等；最后是理论总结，提出自己的口头诗学理论和主张。

（五）史诗句法分析模型的创用

在句法程式的分析中，朝戈金充分发挥了家学渊源的优势，根据蒙语诗歌押头韵的特点，创造性地发明了用"头韵音序排列"的方法来分析史诗诗行的"韵式"和"程式频密度"，取得了很好的效果。他对蒙古诗歌格律的研究，尤其是对其句法、韵律、韵式等所做出的总结，其中"句首韵"和"头韵法"的区分，"内韵"的认定等，不仅在蒙古史诗研究中具有开创性意义，也为其他语言的文本解析，提供了可资借鉴的范例，不仅发展了诗学研究的分析模式，也为国际口头诗学提供了值得借鉴的中国经验，踩出了一条新的研究进路。

---

① 朝戈金：《口传史诗诗学：冉皮勒〈江格尔〉程式句法研究》，广西人民出版社，2000年，第217页。

② 朝戈金：《口传史诗诗学：冉皮勒〈江格尔〉程式句法研究》，广西人民出版社，2000年，第85页。

（六）利用统计方法描述程式规则

为了充分证明口头诗学分析的效度，朝戈金往往采用随机抽样的方式，选取不长篇幅的诗节，借助统计方法找出规律，再将这一规律应用到更多的诗行、诗章，甚至其他史诗艺人的演述文本中加以验证，既实现了分析过程的"俭省"原则，又保障了结论的有效度。比如，在讨论英雄人物的特性修饰语时："经过统计，得出的结果是这样：'阿萨尔·乌兰·洪古尔'在该文本中出现了33次，其中有16次是在它的前面加有'伟大的力量拥有着的'这个诗句，从而形成一个对句……因此我们这可以这样理解：这一类型的特性修饰语的对句，是由'中心部分'与前面的往往形成对句的'从属部分'构成一种'偏正结构'。这是特性修饰语程式在演唱中运用的一个基本的规则。"[1]

（七）以抽样的多样性保障统计的科学性

今天随着大数据向人文研究领域的渗透，统计分析已经逐渐为大家所熟悉，但在20多年前朝戈金写作《口传史诗诗学》的时候，"截取片段，掰开揉碎式地分析，加上统计数字、图表等手段，来解决艺术中的问题，可能会引起人们的诟病"[2]。朝戈金不仅大胆地借用统计手法，还分别使用了三种抽样方式，以确证"样例的句法核心就是程式"[3]：首先是某诗段抽取40个"起首诗句"，统计它们在其他诗段中的出现频率；其次是将"特性修饰语"单独挑选出来，计算它们在整个样本中所占的比例；最后是随机抽取"100行诗句"，计算其中包含了多少程式片语。通过不同角度的抽样分析，发现程式在口传史诗中的确占有压倒性的优势比例，从而指出：程式是口头诗歌的基础和灵魂。程式的表达在《江格尔》演唱传统中，占据着压倒一切的地位。

---

① 朝戈金：《口传史诗诗学：冉皮勒〈江格尔〉程式句法研究》，广西人民出版社，2000年，第147页。

② 朝戈金：《口传史诗诗学：冉皮勒〈江格尔〉程式句法研究》，广西人民出版社，2000年，第218页。

③ 朝戈金：《口传史诗诗学：冉皮勒〈江格尔〉程式句法研究》，广西人民出版社，2000年，第229页。

（八）从反常和差别中发现问题

朝戈金擅长于精细的比较分析，在比较中发现规律，从规律中找出反常和差别。比如，通过冉皮勒的不同诗章的参照比较，以及与其他江格尔奇演述本的比较，朝戈金发现有些诗段"是个在很广大的区域内，在《江格尔》的演唱传统中，到处都在使用着的一个固定程式"①。他总结《江格尔》史诗特性修饰语有一个基本的结构公式"基本词组＋修饰成分＋句法成分"。一般情况下，在一个诗段中，演述者是沿着基本词组一路唱下去的，从而保证程式短语在句首韵上不出现问题，可是，有时突然会有反常的瑕疵。这些反常之处，在朝戈金看来，正是存在问题的地方。通过更多的类比和互文分析，他发现"瑕疵"往往是冉皮勒在将不同头韵的对句程式进行扩展组合的时候，即兴添加，但在韵式上又不能完全吻合的部分。现场表演时，歌手宁可留有韵式上的瑕疵，也不会改动既定的程式，这恰恰体现了史诗艺人应变自如的高超演述技巧。又比如，关于武器的程式，在冉皮勒的演唱中可以毫不走样地多次出现，类似的程式在其他史诗艺人的演唱中也会出现，但是相互又有所差别，朝戈金说："正是这种差别为我们提供了某些极有价值的信息，那就是在歌手的心中，储备着的是描述的模式和基本的句式，但不需要逐字对应分毫不差。"②

（九）借助形态规则探讨历史内涵

史诗研究中长期存在着以诗证史、以史证诗的研究范式。可是，通过对于句式和韵法的分析，朝戈金却发现："这里的句式的构造，还体现出了蒙古史诗诗法中的另一个特点，即根据韵律的需要安排一些河流山川的名称。谁要是希望考证出这里的'额木尼格河'和'杭嘎拉河'在什么地方，他多半是不会有什么结果的。"③

---

① 朝戈金:《口传史诗诗学：冉皮勒〈江格尔〉程式句法研究》，广西人民出版社，2000年，第185页。

② 朝戈金:《口传史诗诗学：冉皮勒〈江格尔〉程式句法研究》，广西人民出版社，2000年，第161页。

③ 朝戈金:《口传史诗诗学：冉皮勒〈江格尔〉程式句法研究》，广西人民出版社，2000年，第200页。

史诗内容不仅受到传统程式的制约，也受到艺人风格的影响。比如，朝戈金发现许多江格尔奇的宴饮演述中都有"六十天的享乐进行了，七十天的酒宴举行了，八十天的欢聚操办了"这种高度程式化的句式，但在冉皮勒的演述中，却没有出现过"七十天"的程式，"这大概是冉皮勒所特有的对传统程式的处理方式吧"①。

（十）术语体系的拓展与发明

口头诗学的核心概念是程式，"程式是在漫长的口头表演和流布的历史发展过程中形成的，用于表述某种反复出现的基本观念的相对固定的句法和词语模式"②。既有的口头程式理论虽然已经形成一套成熟的理论体系，但是应用在不同的口头传统之中，仍然需要做出适应性的调整，以便更好地应用于不同的文化语境。经过精细的分类、比较、归纳、推论以及验证，朝戈金不仅对蒙古史诗的口头程式做出了精当的解释，还在蒙古史诗的分析中发明了一套工具性的程式系列：从形态上可以分为片语程式，整句程式（动词性整句程式、名词性整句程式），对句程式（核心程式、附属程式、并列程式），复合多行程式等；从用途上可以分为与人物相关的程式、关于马匹的程式、关于器物和特定场所的程式、关于数字和方位的程式、关于动作的程式等，其中与人物相关的程式又可区分为专属程式、通用程式等。"在民间的评判中，一个出色的歌手，一定是会大量地、充满技巧地运用各种各样程式的高手"③，这些精分的程式概念，就像一系列解剖学的工具，有利于研究者对歌手的创编活动进行更加精密、有效的分析操作。

经过精巧的设计、精细的操作，朝戈金的研究旨在说明：史诗的句法核心就是程式，高明的史诗艺人总是善于调用各种程式手段，用最简单的格式、最俭省的表达、最快捷的语速，最大限度地唤起听众的共同知识与诗意想象。美国学者

① 朝戈金：《口传史诗诗学：冉皮勒〈江格尔〉程式句法研究》，广西人民出版社，2000年，第201页。
② 朝戈金：《口传史诗诗学：冉皮勒〈江格尔〉程式句法研究》，广西人民出版社，2000年，第173页。
③ 朝戈金：《口传史诗诗学：冉皮勒〈江格尔〉程式句法研究》，广西人民出版社，2000年，第218页。

马克·本德尔评论说："朝戈金教授既继承了由钟敬文、马学良等老一辈学者开创的民俗研究传统，又将其与帕里、洛德、杭柯、弗里等西方学者的著述、理论相结合，形成了兼收并蓄的学术视野……如此完备的资料呈现无疑为当今中国学界做出了表率和示范。总之，朝戈金教授在该著作中创造了一种综合性的理论，借此探究蒙古史诗传统中程式的本质与功能；同时为中国的口头传统研究提供了颇具启发意义的研究模式。这方面的研究在海内外还远未充分。"[1]

五、基于学术史的理论建构：国际视野中的文化多样性考量

大凡跟朝戈金有过接触的朋友，都会感叹朝戈金"气场强大"。这种气场，一方面固然跟他一米八五的魁梧身形有关，但更主要的，是他基于广博知识的杰出口才。朝戈金语言天赋极高，虽然母语是蒙古语，但是汉语口语和写作的分寸感极强，英语口语和写作也应付裕如，不仅用语典雅，而且幽默风趣，其充满学术自信的人格魅力和语言魅力，为他赢得了很好的国际学术声誉。

朝戈金早在 20 世纪 80 年代起，就开始投身国际学术活动，从 20 世纪末期的旁观者、学习者，到 21 世纪的参与者、领导者，一步步走向学术舞台的中央。在各种外事场合，或作为中国政府的专家代表，或作为独立学者，不断参与各种国际组织的各类文化事务和学术活动。在联合国教科文组织的大会场上，在著名学府的演讲台上，在重要国际学术机构的讨论席上，反复传递着来自中国学界的专业见解和文化立场，以专业知识服务于国际社会和国内相关领域的文化决策。他在接受记者采访时曾经笑言："前一天还在巴音布鲁克草原上做田野考察，睡毡房，挨蚊子咬；第二天又飞到巴黎，在联合国教科文组织总部发表见解，传递中国学者的声音。穿插于边远民族地区和国际学术场合，这也多少是我的工作常态。"[2]

---

[1] Mark Bender（马克·本德尔，美国俄亥俄州立大学），"Book Review of Oral Poetics: Formulaic Diction of Arimpil's Jangar Singing by Chao Gejin." *Asian Folklore Studies,* Vol. 60, No. 2 (2001), pp. 360-362. Nagoya: Nanzan University.
[2] 吕莎:《徜徉在国际人文学术的园地里——访国际哲学与人文科学理事会主席、中国社会科学院学部委员朝戈金》,《中国社会科学报》2016 年 5 月 11 日。

朝戈金的国际化道路大概经历了如下几个阶段：

（一）起步于译介工作的国际化学术道路

朝戈金的国际化学术之路，是从翻译小说起步的。大学期间，他发表的第一篇译作是意大利小说家皮兰德娄的《青草的抚慰》，当时得了 20 元稿费，朝戈金说："我用这笔稿费买了梁实秋主编的《远东英汉大辞典》。之后的许多年，我带着这部词典走了美洲、欧洲不少国家，光书脊就修补了不止一次。"[①] 硕士毕业后，他被推荐到中国社会科学院少数民族文学研究所工作，开始翻译西方神话学论著。1989 年秋，朝戈金陪同德国学者卡尔·赖歇尔（Karl Reichl）前往新疆进行田野调查，兼任翻译，两人从南疆到北疆走了将近一个月。朝戈金回忆说："我在短暂的履职期间，初步获得了田野工作的基本方法和调查研究路径。随后，我翻译了他的论文《南斯拉夫和突厥英雄史诗中的平行式：程式化句法的诗学探索》，这便成为我接触'口头程式理论'的开端。"[②]

1989 年 9 月，朝戈金和德国学者卡尔·赖歇尔在新疆伊犁州做史诗田野调查

---

① 朝戈金：《回眸问学路》，《民族艺术》2012 年第 1 期。
② 朝戈金：《回眸问学路》，《民族艺术》2012 年第 1 期。

1995 年在芬兰民俗学暑校（FFSS）的学习，促成了朝戈金向民俗学的彻底转向。随后在哈佛大学的学习中，朝戈金开始着手翻译弗里的《口头诗学：帕里－洛德理论》，同时开启了他的英文演讲模式，向哈佛同行介绍中国蒙古史诗的研究现状。朝戈金在回顾其口头诗学之路时说道："一次，在哈佛旁边的灯塔街的公寓，我和尹虎彬在那儿聊天喝酒，聊到有哪几个理论介绍到国内是最有用的，我们俩一致想到了口头程式理论，所以引介这套理论到中国来，我们是有策划的，不是随机生发的。当时我们觉得此事若能促成，将来定会是件很有意思的事情。"① 事实证明朝戈金的选择是成功的，如今，口头诗学已经成为民间文学学科最具学科特点和发展潜力的宏大理论，《口头诗学：帕里－洛德理论》则是中国学者进入口头诗学领域的必读教程。

（二）融通东西方史诗研究的学术史梳理

大概是受到弗里的影响，朝戈金特别注重国际史诗学学术史的梳理。他说："其实任何一个学者，假如想清楚地知道自己的学术突破、学术创建和学术特点是什么，都需要在整个学术阵营中找到自己的位置，这也是驱动我们梳理学术史的原因。……我们有些社会科学的学者不能很好地参考同行的成果，只是关起门来做自己的学问，如此一来，就出现了一些问题：一是大量重复前人的成果，缺少创新性问题意识，缺少对自己学术的精准定位，二是自己的研究长期处于停滞状态。"②

西方的史诗学，很大程度上是围绕着荷马史诗的反复讨论而渐次展开的。尤其是 19 世纪以来，围绕"荷马问题"的论争直接影响了史诗学的格局和走向，正是基于对荷马问题的学术推想，帕里和洛德走向了南斯拉夫的活态史诗场域。"他们通过与南斯拉夫的活形态的口头传统作对照和类比研究，确证了他们关于荷马史诗源于口头传统的推断，并进而印证了他们关于口头史诗创作规律的总

① 姚慧：《面向人类口头表达文化的跨学科思维与实践——朝戈金研究员专访》，《社会科学家》2018 年第 1 期。
② 姚慧：《面向人类口头表达文化的跨学科思维与实践——朝戈金研究员专访》，《社会科学家》2018 年第 1 期。

结。"① 只有在这些悠久而广阔的国际学术背景下理解口头诗学，才能够更好地理解其文化和学术上的意义。知己知彼，才能真正进入国际史诗学的对话平台，将先进文化引进来，将中国声音传出去。所以朝戈金说："今天回顾国际史诗学术史，我们在很大程度上也是为了反思中国史诗研究自身的问题，回应本土史诗传统所面临的现实遭遇，进而更好地参与国际学术对话。因此，在东西方学术传统的链环上，我们'追问'的落脚点必然是与我们多民族活形态的口头史诗息息相关的'21世纪中国史诗学术'及其将来的道路。"②

（三）基本史诗学理论的再思考、再出发

朝戈金认为，单纯建立在中国资料基础上的理论提炼，有可能被认为是基于地方经验，不具备普适性，所以，他一直兼用东西方材料从事国际化史诗研究。把国际史诗学的历史发展（纵）与当代格局（横）厘清之后，再把活态的中国史诗放置于这样一个大背景下，就可以清晰地知道，中国史诗学应该如何参与对话，可以从哪些方面进行突破，可以为国际史诗学贡献什么，从而弯道超车，让中国史诗学走进国际史诗学的第一方阵。

正是通过对于学术史的完整梳理，朝戈金发现，有必要对一些最基本的史诗问题进行重新阐释。通过不同民族、不同文化背景下的史诗比较，尤其是参照中国活态史诗的维度，找到一些更具包容性、能够涵盖多样性文化表现形式的阐释方案。他说："我们的追求是，一方面，不是给西方理论做中国的注脚；另一方面，也不沉溺于强调自己文化的特殊性而认为我们事事独特，跟你无法对话。有些问题是大家可以讨论的，学术界有通则，有基本的学理性概念术语和规则。虽然我们用的材料有所不同，你偏重印度，他注重中东，另外一个人可能侧重中国，但大家到最后都会回到基本理论问题的讨论上。"③

朝戈金在与弗里合作完成的《口头诗学五题：四大传统的比较研究》中，就

---

① 朝戈金、巴莫曲布嫫：《口头程式理论》，《民间文化论坛》2004年第6期。
② 朝戈金：《史诗学论集》，中国社会科学出版社，2016年，第4—5页。
③ 姚慧：《面向人类口头表达文化的跨学科思维与实践——朝戈金研究员专访》，《社会科学家》2018年第1期。

是在广泛的中外比较中，重新定位一些史诗学学科最基本的问题，比如何谓"一首诗"、何谓"典型场景"或"题旨"、何谓"诗行"、何谓"程式"、何谓"语域"，如果单纯从文本史诗出发，这些问题似乎都不是问题，但是从多样性口头诗学的角度出发，这些问题就成为一些基本性的，必须认真予以解答的难题。朝戈金说："在这篇文章中，我们将关注口头史诗的几个基本问题。我们的考察将跨越四个彼此在时间和空间上距离遥远的史诗传统。……我们相信这四个传统代表了相当的差异性，也便为我们提供了一个难得的机会，使我们有条件就口头史诗的可能模式给出切近事实的推断。"[1]

在《"多长算是长"：论史诗的长度问题》中，朝戈金用一万多字的篇幅，讨论了一个更基本的问题，既然既有的史诗定义"都点明史诗是长篇诗体叙事"，那么，到底多长算是长呢？朝戈金尽量使用不同国家、不同历史时期，甚至不同风格歌手对同一史诗的演述、同一歌手在不同时期对同一史诗的演述情况，条分缕析地来讨论这个看似简单实际上很难回答的基础问题。最后，朝戈金以典型形态的史诗和非典型形态的史诗来认识这一超级文类，进而认为，"形式上诗行的多寡，并非认定史诗的核心尺度，史诗内容诸要素才是鉴别的关键"[2]。

正是基于对这些基本问题的回答及其理论贡献，朝戈金的许多英文著述都已成为西方一些权威工具书的基础参考文献，如美国《格林伍德世界民俗与民间生活百科全书》《民俗学百科全书》，以及剑桥大学《剑桥荷马史诗导读》、布莱克威尔版《古典史诗导读》等，一些外文著述，也成为国外学者引证资料和评述观点的析出文献、参考文献等。

（四）倡导并践行国际合作和国际参与，传递中国声音

得益于中国社会科学院的学术平台，以及自身的语言能力和学术地位，朝戈金频繁地受邀出席各种国际学术会议。进入 21 世纪以来，朝戈金在哈佛大学、密苏里大学、国际民间叙事研究学会大会（希腊）、联合国会议中心（维也纳），以及一些在非洲国家举行的国际会议上发表学术报告超过五十次，参与外事部

---

[1] 朝戈金：《史诗学论集》，中国社会科学出版社，2016 年，第 270 页。
[2] 朝戈金：《"多长算是长"：论史诗的长度问题》，《中央民族大学学报》2015 年第 5 期。

门委派的国际会议更是难以计数。"他一边深入中国的乡野边地，寻访民间艺人，进行田野调查；一边积极走出国门，不遗余力地向国际人文学界介绍中国的学术观点和文化传统，获得了国际学术界的关注和肯定。"①

2010 年担任中国民俗学会会长以来，朝戈金率领中国民俗学会，深度参与了联合国教科文组织的非物质文化遗产评审活动。朝戈金曾经向记者介绍说："2014 年 11 月 28 日，在联合国教科文组织保护非物质文化遗产政府间委员会第九届常委会上，中国民俗学会竞选成功，跻身六个非政府组织'审查机构'之一，并从今年（2016 年）开始，将连续三年全面参与人类非物质文化遗产代表作名录、急需保护的非物质文化遗产名录、优秀实践名册及国际援助四类申报项目的国际评审工作。这个资格的获得非比寻常，是方方面面努力的结果。由于涉及联合国教科文组织评审工作的保密原则，在此不能详述，但有一点可以说明，在我就任中国民俗学会会长的这些年中，倡导并践行国际合作和国际参与的理念，始终是我所热心的一个重要工作方向。"②

（五）国际学术的组织管理

朝戈金从 2008 年起担任联合国教科文组织推动成立并长期支持的"国际哲学与人文科学理事会"副主席，开始参与国际人文学术的领导事务。这个理事会是国际哲学与人文科学最高级别的学术联合会，有近 70 年的历史，下辖 18 个大型的国际学术联盟。出色的语言能力、良好的学术训练、不计个人得失的合作精神，使朝戈金赢得了广泛的拥戴。2014 年，朝戈金在因伤缺席大会的情况下，全票当选该理事会主席。朝戈金解释其当选的原因："主要是因为中国日渐强大，中国社会科学院的国际影响日渐凸显，加上我和理事会各位执委，尤其是领导层在学术理念上有不少共通之处，能够共同做事。"③

① 吕莎:《徜徉在国际人文学术的园地里——访国际哲学与人文科学理事会主席、中国社会科学院学部委员朝戈金》,《中国社会科学报》2016 年 5 月 11 日。
② 吕莎:《徜徉在国际人文学术的园地里——访国际哲学与人文科学理事会主席、中国社会科学院学部委员朝戈金》,《中国社会科学报》2016 年 5 月 11 日。
③ 吕莎:《徜徉在国际人文学术的园地里——访国际哲学与人文科学理事会主席、中国社会科学院学部委员朝戈金》,《中国社会科学报》2016 年 5 月 11 日。

朝戈金深感中国学界尤其是人文学界的国际参与度比较低，于是萌生了在这方面多做一点事情的想法。2012年，朝戈金发起成立了"国际史诗研究学会"。2016年，他推动创立了"国际哲学与人文科学理事会亚太分部"。2017年，他代表中国民俗学会联合美国民俗学会和日本民俗学会，发起成立了"国际民俗学联合会"，并因此被国际同行称赞"中国民俗学已经从跟跑者变成领跑者"。

六、上下求索的口头诗学之路

作为学界领袖的钟敬文先生曾经在不同场合反复说过，培育一个学

朝戈金在青海察尔汗盐湖
图／施爱东，2013年8月20日

科，比我个人多发几篇文章重要多了。朝戈金接掌中国民俗学科之后，对这一观点深有体会，谈到自己在培育口头传统学科的贡献时说："这些工作对于提升和弘扬中国传统文化，特别是少数民族文化遗产的国际认知度和影响力，发挥了一定的作用。这些工作与我的个人著述比起来，显得更为重要和迫切。"[①]

对于朝戈金来说，2000年是其学术历程的分界点。20世纪的朝戈金，以精湛的精细研究奠定了他的良好学术声望；21世纪的朝戈金，撰写了大量英文论文，在口头诗学学术史和基本理论方面做了大量正本清源的工作，获得了良好的国际学术声望，成为国际哲学与人文科学界最重要的学术领导者。

受到弗里的感召，朝戈金一直把口头诗学（口头传统）当成一个学派甚至一个学科来经营，并因此付出了巨大的努力。

---

① 杨绍琛、孟庆：《朝戈金：创立中国史诗研究新范式》，《中国民族报》2017年10月18日。

2022 年，朝戈金接连发表五篇纲领性的重要论文，对口头诗学的过去三十多年做了一个全局性的回顾和反思，对口头诗学学派的未来发展做出前瞻性的思考，提出了"全观诗学"的新概念，试图将口头诗学连接到更多的语言文化领域，使之得到更广泛的应用。

朝戈金认为："在世纪之交前后的十几年中，中国史诗学术的范式转换大致完成——从偏重文学方法和聚焦文本解析，转向综合关注史诗生发语境、演述过程、流布规律、社会功能、接受情况等环节。"[①] 他想表达的意思是，在史诗领域，中西方已经站在了同一条起跑线上，中国史诗研究从此可以将自己的研究放在全球史诗研究的大格局中，以更开阔的视野、更自信的姿态从事史诗研究。

在《口头诗学的文本观》[②] 和《论口头文学的接受》[③] 两篇文章中，朝戈金试图对 21 世纪以来口头诗学的新发展、新认知做出理论性的归纳，两篇文章中均提出了一些新的、概括性的学术概念或学术命题。比如，口头文学传播过程中的"整序接受"、口头文本与书写文本"双通道双媒介"的特征、言文互缘的"文本聚簇"现象、演述人与受众共享的相关知识"传统池"、在演述过程中形成的"伴生文本"，以及口头文学的"共时性制作"与"历时性传承"等命题。

在学术梳理的基础之上，朝戈金多次在不同学术场合提到过"全观诗学"的倡议。2022 年发表的《"全观诗学"论纲》，以论文的形式，正式提出了"全观诗学"的概念、命题以及学术设想。朝戈金将全观诗学定位为立足口头诗学之本体，围绕口头文学诸问题，引入多学科视域而构建的文学阐释体系："在技术路线层面，全观诗学以洛德－弗里的'口头（程式）理论'为主线，部分吸收了'民族志诗学''演述理论'等学派的概念、工具和模型；在方法论层面，移用了斯穆茨的'整全观'概念，以整体性观点把握口头文学的全貌和特征，同时力求结合分析的方法与整体的方法。"[④] 全观诗学既强调共时研究方法，注重要素间的结

---

① 朝戈金：《国际史诗学术格局中的中国史诗研究进路和走势》，《广西民族大学学报》2022 年第 1 期。
② 朝戈金：《口头诗学的文本观》，《文学遗产》2022 年第 3 期。
③ 朝戈金：《论口头文学的接受》，《文学评论》2022 年第 4 期。
④ 朝戈金：《"全观诗学"论纲》，《中国社会科学》2022 年第 9 期。

构关系及其功能，同时适当引入历时性的阐释维度，力求多角度、全观性地把握民众口头文学的活动规律。

朝戈金在自己钟爱的诗学领域，有强烈的开疆拓土的意识，从他历年所使用的概念就可以看出，从口头诗学，到口头传统，再到口头文学，这些概念所涵盖的领域，一步步扩大，他所取法的"理论池"，也从早期的"帕里－洛德理论"一步步拓展到了"全观"的领域。

所谓学科建设，其实包括了软件建设（理论）和硬件建设（机构、人才、资料库）两个方面。为了更好地充实学术资源的"理论池"，拓宽学术视野，朝戈金分出了大量的精力投入不同层级"无形学院"的学术对话之中；为了夯牢口头诗学的人事基地，朝戈金又分出了大量的精力投入学术管理和行政工作当中。朝戈金为人正直，心胸开阔，不争私利，善于平衡各方关系，是学界公认的优秀学术行政管理工作者，他自己曾解释说："我负责研究所的行政工作……除了要思考自己的学术研究之外，更需要思考研究机构的建设、人才梯队的培养、大型标志性课题的推动、学科前沿问题的追踪等。这些会牵扯很多时间精力，而工作成果则往往难以彰显。这些年来，我没有编纂过自己的论文集，倒是做了不少对于学科基本建设很重要的事情，比如推动建设少数民族文学的影音图文档案库工作、文献资料数字化工作、大型工具书如中国大百科全书的编纂工作及重大课题的设计和主持等。这些工作不会给个人的著述目录增加什么内容，但对一个机构而言，对一个学科而言，却是头等大事。其中关于资料库和数据库的建设，就是顺应时代发展的体现，可利用先进科技为学术研究提供便利手段。"①

经过二十多年的苦心经营，"以中国社会科学院民族文学研究所为代表的我国一批中青年学者，从理论和方法上对中国史诗进行了深入研究，取得了突破性进展，实现了中国史诗研究由西方史诗理论的'消费者'到中国本土史诗理论的

---

① 吕莎：《徜徉在国际人文学术的园地里——访国际哲学与人文科学理事会主席、中国社会科学院学部委员朝戈金》，《中国社会科学报》2016 年 5 月 11 日。

'生产者'的重大转变"①。以朝戈金领导的"口头传统研究中心"为核心的口头传统研究队伍已经日渐成型，口头诗学理论在中国哲学社会科学界产生了深远的影响，改变了 21 世纪中国民俗学的学科格局和走势。

以朝戈金为代表的中国学者的口头诗学成果也获得了国际同行的广泛认可，被美国学者马克·本德尔称为口头诗学的"语用学学派"。事实上，当 2012 年 5 月 4 日朝戈金带着学生朱刚前往美国密苏里州向约翰·弗里祭奠和告别的时候，他就责无旁贷地接过了口头传统学科建设的领袖大旗。同年 11 月 18 日，朝戈金团结全世界的顶尖史诗学学者，联合发起成立了"国际史诗研究学会"，当选为首任会长。此后，朝戈金更是马不停蹄地加紧队伍建设、国际合作、课题申报、田野调查、论文写作，在全世界各大高校和研究机构宣传口头传统研究的重要性，提倡回到声音的口头诗学。开弓没有回头箭，路漫漫其修远兮。

---

① 江林昌:《诗的源起及其早期发展变化——兼论中国古代巫术与宗教有关问题》,《中国社会科学》2010 年第 4 期。

第七章
学术期刊促进学科共识的形成

专业性的学术期刊，在学术共同体的形成、研究范式的传播、学术梯队的培育、学科新概念的认受、学术热点的引导等方面，都起着不可替代的重要作用。相对于大学的专业教育自上而下、教学相长的知识传授，专业学术期刊则是平行的、相互促进的信息交流。钟敬文说："专门性的刊物是反映出学术水平的镜子，也是指引学术前进的方向牌。现代文化较高的许多国家学术的繁荣、进步，大都借专门刊物去表现，也要由它去推动前进。"①

一个学科的主流学术期刊的成败，不仅关系到学科整体学术水平的提升，以及专业学术方向的调整，在人才培养方面也起着至关重要的作用。"办好一家有学术品格的期刊，能开创和代表一个学术时代。民间文学理论研究期刊和丛刊的创办，是新时期民间文艺学的研究局面飞跃发展的重要标志之一。"②

一、《民间文艺集刊》与民间文艺理论建设的启动

1949 年 7 月，中华人民共和国成立前夕，第一次中华全国文学艺术界联合会在北京宣告成立，来自解放区、国统区的文艺工作者们欢聚一堂，展望着中国文艺的新纪元。文代会之后，各专业的文艺团体相继成立，中国民间文艺研究会的筹备工作也随即紧锣密鼓地运作起来，并于 1950 年 3 月 29 日召开成立大会。

中国民间文艺研究会主要由两方面的文艺工作者组成，一是解放区的文艺

---

① 钟敬文：《建立新民间文艺学的一些设想——四月十一日在中国民间文艺研究会第二届年会上的讲话》，《民间文学论坛》1983 年第 3 期。
② 刘锡诚：《20 世纪中国民间文学学术史》，河南大学出版社，2006 年，第 753 页。

工作者，二是国统区的民间文学工作者。前者以贾芝为代表，后者以钟敬文为代表，他们之间的合作与分歧，深刻地影响着 20 世纪下半叶的中国民间文艺学和民俗学的学术取向。

中国民间文艺研究会一经成立，很快就把"办刊"当成了一项重要工作来抓。由于中华人民共和国成立初期，百废待兴，但是文艺工作者们又急于建功立业，仓促之下，只能沿用 1949 年以前的办刊模式，先创办一份不定期的民间文艺研究刊物。就这样，新中国成立后的第一个全国性、综合性的民间文艺学刊物《民间文艺集刊》，于 1950 年 11 月在北京诞生。

《民间文艺集刊》总共只办了三期，刊期不多，影响却不小

集刊是中国民间文艺研究会的机关刊物，但以研究性的理论文章为主，也发表一些新征集的民间文学作品。第一册主要刊载了两篇讲话：郭沫若《研究民间文学的目的》、老舍《民众的创造力》；八篇论文：钟敬文《口头文学》、安波《民间音乐》、胡蛮《民间美术》、游国恩《民间的诗》、俞平伯《民间的词》、王亚平《民间艺术》、贾芝《苏区民歌》、李敷仁《民间谚语》；一篇译著：高骏千译《俄罗斯作家文学与民间文学》；还有一组传统民歌、一组革命歌谣，以及毛主席、朱总司令等一批革命家的传说，一幅剪纸，以及徐悲鸿对剪纸艺术家的介绍。此外，就是关于"中国民间文艺研究会"的一组动态信息，如《本会成立经过纪要》《本会理事会及各组负责人名单》《本会章程》《本会本年度预定出版丛

书目录》《本会收到的资料目录》等。

从用稿结构上看,"这一册中的文字,大体可分作三类:一是研究、谈论,二是材料的选录,三是本会情形的报告"①。从作者阵容来看,编辑者显然对此做了精心策划,几乎全是不同学科方向的名家写稿。从稿件选题方向来看,"民间文艺"不仅包括民间文学,也包括民间音乐、民间美术、民间工艺。再从《本会理事会及各组负责人名单》可知,民间文艺研究会包含了五个业务小组,其组长分别是民间文学组钟敬文和楼适夷、民间戏剧组欧阳予倩、民间音乐组吕骥和马可、民间美术组胡蛮、民间舞蹈组戴爱莲。从政治倾向来看,所有的稿件都不可避免地带有浓厚的时代气息,强调适应时势政治的需要。

从学术影响的角度看,钟敬文的《口头文学:一宗重大的民族文化遗产》是最值得关注的一篇学术纲领性论文。刘锡诚认为:"这是在苏联口头文学理论的影响下,第一次提出了'人民口头文学''人民口头创作'的概念,以此代替了一向通用的'民间文学'或'口头文学'的概念,并将其作者定位为'人民'或'劳动人民',从而赞美民间文学在思想上、艺术上的优越之处。也因为作者的立意旨在赞美,便缺乏对民间文学及其价值的全面的科学的评估。……钟敬文的'人民'或'劳动人民'显然过于狭窄化、过于意识形态化了。由他首倡的这种学术理念,几乎流行了整个20世纪五六十年代。"②

"口头创作"和"劳动人民创作"的学术理念深刻地影响了整个20世纪下半叶的中国民间文学研究,成为"案头文学""小市民文学""统治阶级的文学"等"非劳动人民创作"和"非口头创作"的文学形式被摒弃在民间文学范畴之外的主要理论依据。这也是导致戏曲、说唱等体裁的文学逐渐被剥离民间文学的学术范畴,在钟敬文主导的"中国民间文艺家协会""中国民俗学会"之外,另外成立"中国俗文学学会"的重要原因。

比如,俞平伯的《民间的词》一文,主要讨论了民间词与文人词作之间的关

---

① 编者:《编后记》,中国民间文艺研究会编《民间文艺集刊》第一册,新华书店发行,1950年11月,第110页。
② 刘锡诚:《20世纪中国民间文学学术史》,河南大学出版社,2006年,第593页。

系，编辑者大概对于"词"是否属于民间文学有不同意见，于是在俞文后面加了一段"编者附记"，其中说道："我们现在所读到的词，大都是统治阶级的'正统文艺'，或者商业都市的'游乐文艺'——露骨点说，就是供上层阶级消遣的'倡优文艺'，对于这些问题，我们希望能够由于俞先生这篇文章而引起进一步的研究。"很明显，编辑者是不同意俞平伯的观点的，对于"词"这一文学体裁是否能归入民间文学基本上是持否定态度的。事实上，在整个20世纪下半叶的民间文学研究中，"竹枝词"等"民间词"基本就被关在民间文艺学的大门之外了。

《民间文艺集刊》创刊之时，正值"抗美援朝"如火如荼之时，对于朝鲜民间文化的关注，自然也成为一种时势的需要。半年后出版的《民间文艺集刊》第二册，就特别策划了一个"朝鲜民间文学特辑"，内容包括朝鲜民间故事、朝鲜童谣、朝鲜谚语等，以民间文化的方式进行别样的"抗美援朝"。

《民间文艺集刊》第三册编辑之时，正值西藏和平解放，为了配合时势，编辑又策划了一个"藏族民间文艺特辑"，其目的是"藉以引起大家重视藏族人民在文学艺术上的宝贵贡献"，以此说明这样一个重要道理："我们的伟大祖国，是多民族的国家。各少数民族的文学艺术，是丰饶而多彩的，值得很好地搜集和学习。"[1]

第三册出版后，由于中国民间文艺研究会的隶属关系和经费来源等问题，集刊不得不停刊。但是，《民间文艺集刊》对于20世纪下半叶中国民间文学研究所造成的学术影响却是巨大的，总的来说，该刊"希望办成个以繁荣民间文艺理论研究为主的学术性集刊，在约稿、编稿方面，既容纳了来自解放区的和国统区的两支作者队伍以及不同学术倾向的文章，又表达了编者的思想倾向，即：①民间文艺是劳动人民的创作；②把作家文学的批评标准——以形象的塑造、内容的是否深刻作为判断作品的标准，亦即把作品的社会政治历史作用放在首位——移用

---

① 佚名:《编后记》，中国民间文艺研究会编《民间文艺集刊》第三册，人民文学出版社，1951年，第139页。

于民间文学，把民间作品等同于一般作家文学"。①

二、《民间文学》对全国民间文学的引领作用

《民间文学》（月刊）是以发表各民族民间文学作品为主，兼发学术评论的全国性民间文学期刊，由中国民间文艺研究会主办，1955 年 4 月创刊，刊名为郭沫若亲笔题写。该刊是中华人民共和国成立之后最早正式发行的民间文学连续出版物，1962 年起一度改为双月刊。至 1966 年停刊，共出版 107 期。1979 年 1 月恢复出刊，仍为月刊，先后由人民文学出版社、中国民间文艺出版社出版，一直延续到今天。该刊是有史以来坚持时间最长、出版期次最多的民间文学杂志。

早期《民间文学》杂志的封面风格

由钟敬文撰写的《发刊词》，在当时"左倾"思想比较严重的形势下，无疑具有借着"劳动人民""历史真实"这些革命话语为民间文学争取"学术合法性"的书写策略，这样的限定和观念，在今天的民间文学工作者看来，已经明显过时，但在当时，却为民间文学的研究奠定了基本的方向和基调。比如下面这些表述，整整影响了两代民间文学工作者：

（一）民间文学的教育作用："人民创作，是人民思想、感情和艺术

---

① 刘锡诚：《20 世纪中国民间文学学术史》，河南大学出版社，2006 年，第 593 页。

才能的表现。""人民不仅有美好的精神和性格，他们同时还是艺术上的能手……一般的民间作者都是非职业的，但是他们却往往创造出非常美丽动人的作品。这种作品是封建地主阶级或资产阶级的许多文人墨客的诗文所不能比拟的。"

（二）民间文学的认识作用："过去人民所创造和传承的许多口头创作，是我们今天了解以往的社会历史，特别是人民自己的历史的最真实、最丰饶的文件。""作为古代社会的信史，特别是人民生活和思想的信史，人民自己创作和保留的无数文学作品，正是最珍贵的文献。""我们今天要比较确切地知道我国远古时代的制度、文化和人民生活，就不能不重视那些被保存在古代记录上或残留在现在口头上的神话、传说和歌谣等。"

（三）口头文学是一切文学的源头："原始社会的文学，是全民的口头文学。它是一切文学的总源头……它还是那些伟大作家的文学的奶娘或亲眷。"①

《发刊词》对于 20 世纪下半叶民间文学观念的影响是巨大的，正如毛巧晖注意到的："这一时期'文学民间源头论'成为文艺领域的主流思想，新编纂的文学史都以它为方向指导，民间文学在中国文学史中的作用被夸大，这引发了文学领域民间文学与作家文学重要性之争论，一度流行'文学民间正统论''文学民间主流论'等论调。"②

《发刊词》中还提到了《民间文学》杂志的办刊宗旨和用稿原则："这个刊物的主要任务，是推动对全国人民口头创作的收集、整理，同时并促进这方面的理论研究，和帮助群众创作、通俗文艺的发展。因此，我们要用较多的篇幅来刊载整理过的各种人民口头创作。我们要发表那些应用马克思主义理论写作的研究论

---

① 钟敬文（未署名）:《发刊词》,《民间文学》1955 年创刊号。
② 毛巧晖:《民间文学批评体系的构拟与消解——1949—1966 年"搜集与整理"问题的再思考》,《西北民族研究》2018 年第 2 期。

文和批判资产阶级错误观点的文字。关于各地区、各民族间人民创作的流布和活动情况，及收集、整理的经验的记述文字，我们也要给以一定的地位。此外，还要刊载一些较好的用口头文学的形式写作的作品。"①

早期的《民间文学》很好地执行了《发刊词》提出的办刊宗旨，不仅发表民间文学作品，也发表了大量的理论文章。比如恩格斯的《德国的民间故事书》《爱尔兰歌谣集序言札记》，以及高尔基的《论民间文学》《论故事——〈一千零一夜〉俄译本序言》，还有其他许多苏联学者关于民间文学的理论文章。另据日本"中国民话会"所编《〈民间文学〉分类目录》的统计，这一时期《民间文学》发表的理论文字如下：①民间文学理论 14 篇；②研究史（学术史）15 篇；③故事（包括评论）29 篇；④神话 6 篇；⑤历代革命传说 27 篇；⑥少数民族故事 18 篇；⑦歌谣 95 篇。②

发生在《民间文学》杂志最著名的学术讨论是关于"搜集整理"问题的论

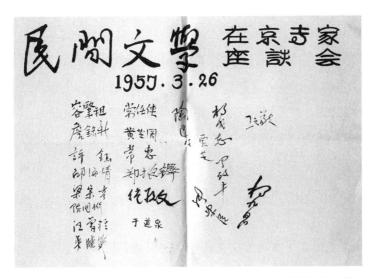

1957 年 3 月，《民间文学》杂志组织的在京专家座谈会签名簿
图 /《中国民间文艺家协会 70 年图像志》

---

① 钟敬文（未署名）:《发刊词》,《民间文学》1955 年创刊号。
② 刘锡诚:《20 世纪中国民间文学学术史》，河南大学出版社，2006 年，第 598 页。

争。"最早出现的争论是围绕着当时中学课本中选用的《牛郎织女》一文展开的，李岳南肯定和赞赏整理编写的成功，刘守华则批评故事中对人物心理的细致入微的刻画，不符合民间作品的艺术风格。继而刘魁立在《民间文学》1957 年 6 月号发表《谈民间文学的搜集工作》，除阐述自己的见解外，还对董均伦、江源的做法有所非议，于是引出了董、江二人的答辩。一场讨论从此展开。许多从事搜集和研究工作的同志都参加了讨论。"① 这些讨论文章最后还被结集为《民间文学搜集整理问题》，1962 年由上海文艺出版社正式出版，对当时的民间文学搜集整理工作产生了难以估量的巨大影响。

刘守华后来回忆起当年的论争时说："我投身于民间文学研究的开端之作，是发表于 1956 年第 11 期《民间文学》杂志上的《慎重地对待民间故事的整理编写工作》，那时我还是华中师大中文系三年级学生，在全国'向科学进军'热的推动下，以初生牛犊不怕虎的勇气，写出这篇评论投寄《民间文学》，刊物不但以显要位置发表，那位编辑（我至今不知是谁）还用工笔小楷给我写了一封长信，鼓励和指导我进一步严谨治学，对有关问题'作深入、反复地考察分析，对有关的各个问题都考虑周到，方能得到比较科学的概括的结论，否则很容易流于空泛。'所表现出来的完全是学术导师的品格。此文刊出后引起热烈反响，此后我便一发不可收拾，在《民间文学》和后来创刊的《民间文化论坛》上先后刊出四十多篇文章，成为这个学术的一名老园丁。"② 《民间文学》虽然以刊载民间文学作品为主，但也发表过许多在民间文学界有影响的理论文章，如刘守华的《谈动物故事的艺术特点》、贾芝的《民间故事的魅力》、许钰的《民间文学中巧匠的典型》等。

1962 年是毛泽东《在延安文艺座谈上的讲话》发表二十周年，中国民间文艺研究会举办了纪念活动，《民间文学》发表了贾芝和姜彬的两篇长文，高度评价了"讲话"对民间文艺工作的指导意义和解放区民间文学的工作成就。同年也是《歌谣》周刊创刊四十周年，《民间文学》组织了一批回顾文章。魏建功、顾

---

① 刘锡诚：《20 世纪中国民间文学学术史》，河南大学出版社，2006 年，第 624 页。
② 刘守华：《〈论坛〉育人千秋业》，《民间文化论坛》2012 年第 5 期。

颉刚、常惠、容肇祖、周启明、杨成志等老一辈知名学者都应邀撰文。

1966 年之前的《民间文学》发表了大量的新搜集民间文学作品，包括歌谣、神话、故事、谚语和叙事长诗等，在提供读物、推动民间文学搜集整理和研究、为民间文学研究积累资料、为学术研究培养后备人才等几个方面，都起到良好的作用。

《民间文学》编辑部的实际主持者，由于民研会领导干部的变动，前后也有过一些变动。从创刊到 1957 年春天，主要由贾芝负责；从 1957 到 1962 年年底，主要由林山负责；从 1963 年起，先后由刘超和由贾芝负责，直到 1966 年 6 月停刊。

改革开放之后，《民间文学》于 1979 年 1 月复刊，仍为月刊，先后由人民文学出版社、中国民间文艺出版社、中国民间文艺家协会主办。《复刊词》基本沿袭了《发刊词》的观点和思路，同时申明复刊后的首要任务是为实现"四个现代化"服务，"在深揭狠批'四人帮'和他们的反革命修正主义路线，肃清其流毒和影响的基础上，拨乱反正，正本清源，坚持毛主席的革命文艺路线"。《复刊词》着重强调的几项工作，除了政治上的拨乱反正，业务上还是搜集整理、加强研究、引进经验老三套：① "及时抢救各民族民间文学遗产，必须坚持全面搜集的方针"；② "从某种意义上说，研究工作是做好民间文学工作的中心环节"；③ "注意学习世界各国的先进经验"。①

1979 年 9 月《民间文学》杂志发表刘守华《一组民间童话的比较研究》，较早地在民间文学界打出了"比较研究"的旗帜，此后，他又相继发表了一系列比较故事学论文，起到了一个很好的示范作用，在当时的民间文学界掀起了一股比较研究的小高潮。但是，类似的学术高潮并没有持续发生在《民间文学》。20 世纪 80 年代以降，复刊后的《民间文学》日渐脱离传统民间文学，逐渐向《故事会》等通俗读物趋同，以刊载充满时代气息、贴近百姓生活的新故事为主，其常设栏目包括故事名家、精品故事、人间万象、情节地带、月下讲古、成语新说

---

① 佚名：《复刊词》，《民间文学》1979 年第 1 期。

等，几乎不再发表学术性的理论文章。传统的民间文学、民俗学研究对于这些新故事、新对象并没有建立起新的、适用的研究范式，多数学者选择了视线转移，逐渐远离了《民间文学》。

三、上海民间文化三刊在学科建设中的意义

上海拥有赵景深、罗永麟、姜彬等一批杰出的民间文艺学家，20 世纪 80 年代初，上海是民间文艺研究最活跃的地区之一，仅次于作为全国中心的北京。

早在中华人民共和国成立之初，上海就有两所大学开设了民间文学课程，据罗永麟回忆："当时钟敬文先生在北京师范大学，赵景深先生在复旦大学，震旦大学就是我教，当时开民间文学课最早的就是我们三个人，那是 1951 年。"[①] 因为没有全国统编教材，三人各有一套民间文学理论体系和概念体系。如果说上海的赵景深和罗永麟相当于北京的钟敬文，那么，上海的姜彬则相当于北京的贾芝。姜彬 1942 年参加革命工作，也是来自解放区的文艺干部，历任上海文艺出版社总编辑、中国作家协会上海分会党组专职副书记、上海市委宣传部文艺处处长、上海社科院文学研究所所长、上海文联副主席、上海市民间文艺家协会主席、中

上海《民间文艺集刊》共出版八期，第九期起改名《民间文艺季刊》

---

① 郑土有：《问道民间世纪行·罗永麟》，上海世纪出版股份有限公司，2011 年，第 5 页。

国民间文艺家协会副主席等职。1981 年至 1997 年间出版的《民间文艺集刊》《民间文艺季刊》《中国民间文化》，均与姜彬的组织和推动密切相关。

《民间文艺集刊》对自己的定位是"民间文学理论刊物"，由中国民间文艺研究会上海分会主编、上海文艺出版社出版，系以书代刊性质的半年刊，1981 年 11 月出版第一集。卷首《编者的话》声明出版目的："为民间文艺研究者提供一个园地，为促进民间文艺理论学术研究工作的开展尽一点力量。"用稿范围也写得非常朴实："（一）民间文艺和民俗的理论学术研究著作与实际调查材料；（二）外国民间文艺、民俗的理论学术文章和学术研究情况的介绍；（三）供理论研究用的民间文艺资料和作品。"①

改革开放初期的上海在政治、经济、文化各方面，都居于全国领先地位，《民间文艺集刊》一问世，就显示出它的宏阔视野和全国影响力。从第一集的作者组成来看，除了钟敬文、马学良等一大批北京知名学者，南至云南的朱宜初，北至吉林的汪玢玲、辽宁的乌丙安，悉数登场亮相。全部八集集刊，每一集都有若干国外民间文学动态或著作的译介，与京派民间文艺学界专注学习苏联"老大哥"不同的是，海派民间文艺学界不仅学苏联，对英国、美国等欧美国家，以及日本学者的相关研究也进行了尽可能的译介，其中第三、四两集还专门开设了"外国民间文艺学及其他诸学派介绍"栏目，显示出编辑者的精心策划和用心组稿。该刊持续出刊四年，在全国民间文艺学界形成了很大的影响。

随着影响加大，来稿增多，姜彬决定扩充篇幅，自 1986 年第 1 期（总第 9 期）起改为季刊，刊名也随之改为《民间文艺季刊》。其改刊启事再次强调了"本刊面向全国"的办刊方针，其办刊主张中有一段话，充分说明了上海民间文艺家开放、包容的学术胸襟："凡是持之有故、言之成理的文章，纵使我们认为不科学，也同样发表。学术上的是非，彼此处于平等地位，应该通过争鸣来解决。我们相信读者有这样的辨别能力。我们也尊重民间文艺学术研究上的各个流派，

---

① 中国民间文艺研究会上海分会编：《民间文艺集刊》第一集"编者的话"，上海文艺出版社，1981 年。

为运用各种方法研究的文章提供园地。"①

《民间文艺季刊》的主要栏目有民间文学与民俗学基本理论研究、民间文学各体裁研究、民歌手和故事家研究、民间文学与其他文化现象关系研究、巫术研究、吴越文化和民间文艺研究、社区民俗信仰调查、都市民俗学、文艺民俗学、民间美术研究、新故事研究等，此外还有诸如争鸣与探索、读书札记、学术动态等。季刊最大的特色是加强了专题研究的组稿力度，如改刊第1期就有三组引人瞩目的专题，分别是《魏二郎》研究、冯梦龙研究、《刘二姐》资料，第4期更是整本全为"孟姜女传说研究专辑"，继承并发扬了《民俗》周刊的"研究专集"传统。为了加强国际交流，改刊后还增加了英文目录，开设了"国际学术往来"栏目。

该刊不仅作为一个民间文艺学学术平台为学界所重视，它生产的一些学术概念，也逐渐成为学界通用，如："自1988年上海民协主办的《民间文艺季刊》开辟'仙话研究'以来，已经取得了令人瞩目的成绩，（截至1993年）出版了学术专著三部，发表学术论文百余篇，'仙话'作为一类独立的民间文学作品已得到了学术界的普遍肯定。"②

海派学者思路比较开阔，关注问题也比较细致，《民间文艺季刊》很早就开始了对故事家的研究。如1987年发表的《陆瑞英的故事师傅》："陆瑞英讲故事，常常谈及她的故事师傅。从她片片断断的叙述中，我们仿佛看到几位故事传授人的大略面貌，也可以看到一些故事流传、演变的轨迹。"③

随着民俗学在学科格局中地位的提升，姜彬意识到"民间文艺"的刊名已经无法涵盖杂志的用稿范围，于是，《民间文艺季刊》走了一条与1928年中山大学《民间文艺》周刊改名《民俗》周刊完全一样的改名道路，出于同样的目的，从1991年第1集起改名为《中国民间文化》，另行编号，仍为季刊。

---

① 佚名：《改刊致读者、作者》，《民间文艺季刊》1986年第1期，上海文艺出版社，1986年，封二。
② 郑土有：《"道家思想、仙话与民间文化"研讨会综述》，《世界宗教研究》1994年第1期。
③ 周正良：《陆瑞英的故事师傅》，中国民间文艺研究会上海分会主办《民间文艺季刊》（1987年第1期），上海文艺出版社，1987年，第295页。

改刊后《编者献辞》中说:"正像一切文化一样,民间文化本身也有优劣之别。民间文化中的优秀部分,促进社会的进步,加快人类文明进程;其劣陋部分,则阻碍社会的发展。我们的目的是辨别良莠、批判和改造民间文化中的劣陋的成分,弘扬和光大民间文化中的优秀部分,促进社会主义精神文明的建设。"①这一指导思想跟今天我们所奉行的"非物质文化遗产"和"文化多样性"的理念还是有一定差距的。今天的我们一般不会对不同社区的民间文化进行优劣评判,更不会轻易地对它们进行批判和改造。这也折射出近二十年来知识精英对于民间文化的观念转换。

《中国民间文化》最初几期,每期卷首都有一篇《编者的话》,编者希望借此传达自己的学术理想,如1991年第二集就评述了"本集所收17篇文章有三个显著的特点":一是重视田野调查;二是强调理论研究与实践相结合,突出理论研究为现实生活服务;三是敢于突破传统观点,提出自己的一家之说。这三个特点,与其说是对个别论文的评述,不如说是编者的用稿标准,所以编者在文末感叹说:"(我们)欣喜地看到我国的民俗文化研究正在朝纵深发展,田野调查趋于系统化、深入化,理论研究趋于理性化、实用性。这是我国民俗文化研究的可喜现象。"②

《中国民间文化》之所以在民俗学界影响巨大,更重要的还在于编者的策划意识,几乎每一集都会有一个专题,比如,第一集是民间信仰研究,第三集是上海民俗研究,此后相继推出的,还有人生礼俗研究、都市民俗学研究、民间礼俗文化研究、民间稻作文化研究、民间口承文化研究、民间神秘文化研究、吴越地区民间艺术、地方神信仰、丧葬文化研究、改编再创作研究,等等。

"海派三刊"是较早在中国提出"都市民俗学"的集刊,在1991年的"上海民俗研究专题"中,编者即说:"城市(或称都市)民俗学是民俗学的一个重要分

---

① 《中国民间文化》编辑室:《编者献辞》,上海民间文艺家协会编《中国民间文化》第一集,学林出版社,1991年。
② 《中国民间文化》编辑室:《编者的话》,上海民间文艺家协会编《中国民间文化》第二集,学林出版社,1991年。

支，是目前世界民俗学研究中的一个热点。由于种种原因，我国对城市民俗学的研究起步迟、进展缓慢。尽管在 1986 年就已有学者撰文呼吁加强都市民俗研究，但至今尚未有一本研究专著，就连研究论文也不多。这与我们国家民俗学研究整体发展水平是不相称的，应该引起民俗学家们的足够重视。"[①]上海是中国最大、最现代化、最有代表性的大都市之一，以上海民俗研究为代表，发起都市民俗研究，对于带动全国的都市民俗研究无疑会起到一个龙头作用。在此基础上，1992年，《中国民间文化》再次推出一期"都市民俗学发凡"的专集，正式将城市化的民俗现象定名为"都市民俗"，这一期的都市民俗已经不再局限于上海，分别有甄亮《西安民俗的历史发展及其特征》、萧放的《转型期的汉口民俗》、彭德的《从热都武汉看自然气候对民俗的影响》、刘黎明的《论成都茶馆的特点及功能》、叶春生的《广州茶楼文化研究》、段友文的《论明清山西商业民俗对我国城市兴起的作用》、金宝忱的《长春市广场秧歌调查》、高丙中的《英美城市民俗学的兴起及其对民俗学的理论意义》等，编辑者的策划和用心，仅从论文标题即可见一斑。

尽管上海民间文艺家协会一直在助力坚持，但由于丛刊系自筹经费主办，受到整个 20 世纪 90 年代"全民经商"社会浪潮的裹挟，民间文化不受重视，杂志发行量难以取得突破，出版经费日见困难。从 1995 年第 1 集（总第 17 集）起，丛刊再次改为半年刊，至 1997 年年底出至第 22 集后，不得不接受停刊的命运。"该刊物是上海民间文艺家协会自筹经费创办的专业学术性理论季刊，每集 20 余万字，由姜彬主编，王文华、陈勤建任副主编，本着'适当多发表一些吴语地区民间文学研究文章'，同时又'面向全国'的办刊宗旨，前后出版了 48 集，一千余万字，是中国 20 世纪八九十年代民间文学、民俗学研究的权威刊物。为当时民间文学吴语协作区和全国民间文学专业研究人才培养做出了特殊贡献。"[②]

---

① 佚名：《编者的话》，上海民间文艺家协会编《中国民间文化》第三集，学林出版社，1991年。
② 王铁仙、王文英主编：《二十世纪中国社会科学·文学学卷》，上海人民出版社，2005 年，第 247 页。

四、《民间文学论坛》对民间文学研究的指导意义

从 1966 年 7 月《民间文学》杂志停刊以后，中国民间文艺研究会的日常工作基本处于停顿状态。1978 年 4 月，"钟敬文、贾芝、毛星、马学良、吉星、杨亮才组成筹备组，筹备恢复中国民研会的工作"[①]，中国民间文化研究事业进入一个全新的时期。在新的政治、文化条件下，中国民间文学和民俗学的出版事业、理论建设迅速被提上了议事日程。

1980 年，在贾芝等老一辈民间文化工作者的呼吁和努力下，中国民间文艺出版社成立，贾芝担任第一任社长，随后，贾芝马上紧锣密鼓地筹备了一份民间

《民间文学论坛》创刊号

①毛巧晖：《20 世纪下半叶中国民间文艺学思想史论》，学苑出版社，2018 年，第 242 页。

文学的研究专刊。1982 年，贾芝打破年度周期，匆忙于 5 月份发行《民间文学论坛》"创刊号"，该年只出版了三期杂志。贾芝担任了杂志的首任主编，他在《发刊词》中说道："今天在搜集工作广泛开展、学术空气异常深厚的情况下，创办《论坛》，无疑是很适时的。民间文学专业队伍，也正在成长壮大。有不少颇有见地的论述，是出于年轻人的手笔，这使我们看到这一新学术领域的希望所在。作品的记录和积累，历史与民俗学的调查，必然不断生成新的研究成果。那么，积极使《论坛》早日创刊就显得很有必要了……《论坛》既然是民间文学工作战线的一个学术理论刊物，它和《民间文学》今后的分工是:《民间文学》主要是发表作品，作为群众性的民间文学读物;《论坛》主要是发表民间文学的评论和理论研究文章，也发表有科学价值的调查报告、重要的文献资料以及民族风土介绍等。"[1]

《民间文化论坛》原主编刘德伟将 1982—1998 年的 16 年《民间文学论坛》时期归纳为"品牌确立时期"，这也是《民间文化论坛》迄今为止的历史中最为辉煌的一个时期。这一时期的历史沿革为:"创刊时的《民间文学论坛》，出至 1984 年第 4 期，为季刊。自 1985 年第 1 期（总第 12 期）起，为适应民间文学工作发展的新阶段新形势，加强理论研究工作，开创新局面，进行了创刊以来第一次改版，改为双月刊。继而在 1986 年第 1 期（总第 18 期），又进行了第二次改版，意在提倡创新思维，拓展研究领域，提倡整体研究，增强面向世界的意识。在这样的指导思想下，出至 1998 年第 4 期（总第 83 期）。"[2]

《民间文学论坛》创刊初期没有固定栏目，每期凑齐一组论文就设一个栏目，但总体上说，民间文艺学总论、神话研究、民间故事研究、歌谣研究、史诗研究是其中最重要，也是所占篇幅最多的栏目，此外，国内外学术动态和方法论介绍、作家文学与民间文学关系、古代民间文学方面的论文也占据不少篇幅。

京派《民间文学论坛》与海派《民间文艺集刊》风格很不一样。其最大差

---

① 贾芝:《发刊词》，《民间文学论坛》1982 年创刊号。
② 刘德伟:《使命双肩气自华——〈民间文化论坛〉创刊 30 周年回顾与展望》，《民间文化论坛》2012 年第 5 期。

别，在于《民间文学论坛》是中国民间文艺研究会的官办学术刊物，先天拥有全国影响力和学术权威性，所以，来稿量大，需要照顾的学术关系也更复杂。它不像上海的杂志，编辑有更多的自主策划，更大的约稿自由。《民间文学论坛》早期的作者大多是从北京的主流学术圈中产生的，正如杂志早期执行副主编陶阳所说："第一流的学者，就是'五四'时代留下的老学者们，再就是解放后培养起来的中青骨干力量，北京以及各省市都有许多，一想到这些，心中有数了。再就是留学生中的翻译力量，可以弥补我们对外国民间文学及民俗学的缺失。这方面我们首先选中了刘魁立同志来执笔，他写的介绍西方民俗学、神话学方面的文章，很受大家的欢迎。"①

《民间文学论坛》作为中国民间文艺研究会的官方学刊，从一开始就自觉地担负起了为中国民间文学事业培养人才的使命，并且努力地从两个方面来完成这一使命：一是挖掘有学术潜力的中青年作者，使之成为民间文艺研究事业的中坚力量；二是广泛培养民间文学爱好者，为民间文艺研究培养后备力量。

在培育中坚力量方面，《民间文学论坛》编辑部认为："人才，是最宝贵的。我们的刊物也要为造就人才做出贡献。广泛团结老中青民间文学研究者，努力发现新秀，积极培育新人，既出人才，又出成果。"②编辑部主要采取了三种发现和鼓励人才的措施，一是评奖，二是开会，三是组织专题讨论。

1985 年开始，《民间文学论坛》就开始发布《优秀理论文章评奖办法》，采取群众推荐与专家评议相结合的方式进行，1986 年初公布了首届"银河奖"（1982—1985）评审结果。"评选中切实以文章的学术水平为主要依据，在同等标准下，注意发现新秀、奖掖青年。"③三年之后的 1989 年，又举行了第二届"银河奖"（1986—1989）评选，在大连举办的第一届中国民间艺术节上揭晓并颁奖。

《民间文学论坛》还多次召开以青年学者为主体的学术研讨会。1985 年 5 月

---

① 陶阳：《〈民间文学论坛〉的创刊及其成长》，《民间文化论坛》2012 年第 5 期。
② 本刊编辑部：《改刊告读者》，《民间文学论坛》1985 年第 1 期。
③ 本刊记者：《群星灿灿集银河——〈民间文学论坛〉首届"银河奖"揭晓》，《民间文学论坛》1986 年第 2 期。

14 日，编辑部在上海市文联召开"上海青年民间文学理论工作者座谈会"，姜彬在座谈会上致辞："抓学术研究队伍，重点放在年轻人身上就更有现实意义，我们老一辈人，现在都年事很高了，这是客观规律所决定的。但我们的事业要发展，这就需要青年同志跟上来，把担子接过来。我们老一辈的人对事业追求的希望就寄托在青年人的身上。"①1986 年 5 月 7—8 日，编辑部在北京召开"全国部分青年民间文学理论家座谈会"，主编陶阳在致辞中说道："青年理论家才思敏捷，善于开拓。近几年来在《论坛》上所发的文章大部分是中青年同志的，首届'银河奖'的获奖者也大部分是青年理论家，所以青年是民间文学事业的中坚和希望。"②刘守华就曾称赞这次会议："（会议）参加者有叶舒宪、吕微、苑利、阎云翔、程蔷、陈勤建、陈建宪、陶思炎、李扬、郭崇林等，《论坛》所团结、扶持的这些小人物，如今大都成了民俗学和民间文艺学卓有成就的大教授，可见办好刊物有着培育新人的巨大影响。"③

《民间文学论坛》并不是一份单纯的学术刊物，编辑部也不是单纯的编辑机构，"而是一个国家级的民间文学和民间文化方面的学术刊物，是这一学术领域的一个标志"。④《民间文学论坛》实际上自觉地承担起了民间文学学科的学术组织者的作用，全面推动着中国民间文学的理论建设和人才培养，通过召开学术会议的方式，推介方法、介绍经验、制造热点，引领民间文学研究。比如，1985年 5 月召开的"田野作业与研究方法座谈会"，可谓在学界正式推出"田野作业"的概念，以全面取代"搜集整理""采风""采录"等传统民间文学概念，正如编辑部主任吴超在发言中所说："我们讲的田野作业，不是一般意义的搜集整理，而是广义的，是要求具有很强科学性的；不是平面的、单一的，而是立体的、多方面的；不是以发表几篇作品为终点的，而是为了探讨规律性的东西，以求得科学

---

① 姜彬：《希望寄予青年》，《民间文学论坛》1985 年第 5 期。
② 徐纪民：《反思与展望——全国部分青年民间文学理论家座谈会纪要》，《民间文学论坛》1986 年第 4 期。
③ 刘守华：《〈论坛〉育人千秋业》，《民间文化论坛》2012 年第 5 期。
④ 刘锡诚：《坚守学术品格，创新学术理念》，《民间文化论坛》2012 年第 5 期。

的结论为目的的。"①《民间文学论坛》特别注重学术新人的培育，刘晔原回忆说："《民间文学论坛》以编辑部的名义走遍了上海、江苏、深圳、西北，如果哪个省出了好文章、好学者，我们就会去研讨宣传，把地方学者都发动起来。编辑部在那里召开当地学者的座谈会，尊重当地的学者，使他们感受到民间文化研究的温度，也能获得当地的重视，给他们实际的支持。"②

后备力量的培养主要表现在1985年创办的"中国民间文学刊授大学"。"刊大"招生词说："为了提高基层文化馆民间文学专职干部的业务水平，满足广大农村青年和各条战线民间文学爱好者学习民间文学知识的迫切要求，造就民间文学人才，推动民间文学搜集、研究工作，努力完成中央文化部、国家民族事务委员会、中国民间文艺研究会编辑三套'集成'的宏伟计划，为建设社会主义精神文明做出贡献，中国民间文艺研究会决定创建'中国民间文学刊授大学'，由《民间文学论坛》编辑部主持。……十二门课程包括：民间文学原理、神话学、民间故事学、中国歌谣、中国俗文学、民俗学与民俗调查、中国民间文学史略、西方民间文艺学史、民族学概论、文化人类学、原始艺术、美学概论等。"③刊授大学每月都给学员寄发教材。但是，刊授大学的结局与1928年中山大学"民俗学传习班"的虎头蛇尾如出一辙，这种"速成"教学是很难培养出真正的学术人才的，最终也只能草草了结，只有少部分学员能够在地方文化事业中继续从事民俗学的调查研究工作，很难做出有影响的成绩。

20世纪80年代后期，《民间文学论坛》多次在各地召开学术研究或专题讨论、座谈会，就当代民间文学研究中出现的各种问题展开讨论，培养了一大批卓有成绩的民间文学研究人才，"不仅推动了民间文学工作重心向理论研究的转移，也拓展了民间文艺学的视野与研究深度"④，对于新时期的民间文学和民俗学发展

---

① 徐纪民：《本刊编辑部在南通召开田野作业与研究方法座谈会》，《民间文学论坛》1985年第5期。
② 刘晔原：《纪念〈民间文化论坛〉创刊35周年暨陶阳先生逝世五周年》，《民间文化论坛》2017年第6期。
③ 佚名：《中国民间文学刊授大学招收第一期学员》，《民间文学论坛》1985年第1期封底。
④ 胡敬署等主编：《文学百科大辞典》，华龄出版社，1991年，第567页。

起到了巨大的推进作用。正如陶立璠所说:"《民间文学论坛》的创刊,承担了重建民间文学学科的重要责任,检阅了当时的研究成果。翻开《民间文学论坛》总目录,我们不难发现,它所发表的论文和选题视野是非常广阔的。不仅包含了民间文学,也包含了民间文化的其他领域,特别是作为民间文学载体的民俗学研究得到了足够的重视。当然,它的重点刊布方向还是民间文学研究的理论成果。其中尤以神话研究、传说故事研究、史诗研究的成绩最为突出。就神话研究而言,发表在《论坛》上的论文就有 180 多篇;其次是史诗研究,包括三大史诗《格萨尔》《江格尔》《玛纳斯》在内的众多少数民族史诗。更为重要的是《民间文学论坛》还起到了将中国民间文学研究与世界民间文学研究、民俗学研究对接的作用,使中国的民间文学研究走向世界。比如民间故事类型研究,就与国外研究者进行了有益的对话。"[①]

由于办刊经费紧张,为适应市场需求,此刊从 1999 年第 1 期(总第 84 期)起更名为《民间文化》(季刊)。从 2000 年第 1 期(总第 88 期)起改为月刊,刊物主编虽由"中国民协"领导挂名,实际由赖亚生编辑发行,办刊方针上也有所改变,以"走进民间世界,感受生活本色"为宗旨,主要面向普通民众刊发通俗性、普及性的民俗知识,不再以学术研究为宗旨。不过,为平衡学术需求,2001 年头尾的第 1 期和第 12 期曾经以"学术专号"的面目出现。2002 年第 1 期(总第 113 期)开始尝试民俗和旅游综合版。但是,这种在通俗读物与学术期刊之间摇摆不定的杂志,发行量并不高,连年亏损,坚持了三四年,最终在 2003 年第 6 期(总第 136 期)后休刊。

赖亚生主持《民间文化》期间,许多学者对于学术杂志"市场化"颇有微词。2001 年,刚刚就任中国民间文艺家协会主席的冯骥才去北京医院看望钟敬文先生的时候,钟敬文"谈到了关于《民间文化》恢复学术性内容一事时,他说这刊物是'我们的命根子',一再表示希望这刊物早日恢复"。[②]2004 年,学苑出版社承办杂志,将其改名为《民间文化论坛》(双月刊),复刊号为总第 137 期。

---

① 陶立璠:《民间文化学科理论建设的重要阵地》,《民间文化论坛》2012 年第 5 期。
② 冯骥才:《田野呼唤理论》,《民间文化论坛》2004 年第 3 期。

学苑出版社孟白社长是个有学术理想和学术情怀的编辑家，他从接手《民间文化论坛》开始，就坚决地认定杂志应该重新回到学术研究的轨道上，可惜的是，学苑出版社也只坚持了三年多，坚持到 2007 年第 3 期（总第 156 期）后再度休刊。休刊的原因之一是，学苑出版社不满于在他们承办《民间文化论坛》期间，同一刊号的《民间文化》通俗版并未停刊（该刊出至总第 193 期），导致《民间文化论坛》在发行中出现许多麻烦，据说有些订阅者订阅此刊却收到彼刊。

2008 年 12 月，《民间文化论坛》第二次复刊。"它重归双月刊，重回论坛队伍，但所涉猎的学术视野与领域将更广阔，民间文艺学、民间文化学、民俗学仍然是我们的三大学术支柱，非物质文化遗产学、文化遗产学、民间文艺的抢救与保护研究、民间文艺继承与弘扬的实践与理论、民间文艺知识产权著作权保护研究等等，也将是本刊特别关注的学术对象。"[1]

《民间文化论坛》2014 年以来最大的变化，是依托于杂志主持者安德明、冯莉的海外学术资源，大大加强和改进了对于海外民俗研究的介绍。其特点，一是不再局限于对海外民俗研究方法论、经典研究的介绍，加大了前沿学术、当代学术的介绍，努力与欧美日等发达国家民俗学保持同步；二是不再局限于面上的介绍、第二手介绍、概述式介绍，而是对前沿学术的原汁原味的、整体的而非局部的直接译介。比如，以美国民俗学为主的"多样化的文本书写形式与女性民俗研究"，以日本民俗学为主的"福田亚细男系列民俗学讲座""关于日本民俗学何去何从的两代人之间的对话"等，都在中国民俗学界产生了较大的影响。2021 年安德明辞去主编职务，改由黄涛主编、冯莉执行主编，杂志在专题策划和青年学者培养方面进一步加大了力度。

《民间文化论坛》几经波折，折射着民间文学与民俗学在学科定位及学科关系上的摇摆和尴尬。纵观其办刊历史，最辉煌的时期还是创刊时期，正如刘锡诚所说："《民间文学论坛》出刊 16 年的历史证明了，它的创办，以及编者和作者的支持，使它成为 20 世纪 80 年代中期到 90 年代中期中国民间文学学术思潮和学

---

[1] 本刊编辑部：《编者短语》，《民间文化论坛》2008 年第 6 期。

术成就的标志，在它的周围，团结和培养了一大批中青年民间文学学者，铸造了一个民间文学研究初步繁荣的时代。"①

五、《民俗研究》对学科建设的贡献

《民俗研究》由山东大学主办，初为季刊，从 2012 年第 1 期（总第 101 期）开始改为双月刊，同时加大开本，由原来的大 32 开改为 16 开。《民俗研究》是目前中国唯一以民俗学为主的专业核心期刊。与《民间文化论坛》不同的是，《民俗研究》从 1985 年试刊一期，1986 年 6 月正式创刊至今，从未间断出刊，也从未更改刊名。作为中国民俗学的重要学术平台，《民俗研究》一直在为全国广大民俗学者默默服务，终于从《民间文化论坛》的捧眼角色，走到了民俗学舞台的最中央，这主要得益于叶涛、张士闪两位主编前后相继的坚守和不懈努力。

《民俗研究》在 20 世纪 80 年代的创刊既有历史的必然性，也有偶然性。乌丙安说："那时候，介绍各地民俗、风俗类的刊物，北京、上海等地都有了。但是

1989 年，《民俗研究》杂志首届编委会在徐经泽书房合影。前排左起祝明、徐经泽、刘敦愿、李万鹏，后排左起叶涛、赵申、李树军、姜文华

---

① 刘锡诚：《20 世纪中国民间文学学术史》，河南大学出版社，2006 年，第 753—754 页。

真正开始做民俗研究的，《民俗研究》是新中国成立以来的第一本。"① 其创刊之必然，正如徐经泽所说："那时关于社会学研究的刊物已经有了，但关于民俗事象研究的刊物却没有。由于社会学的主要内容源于民俗事象，民俗事象是社会学研究的载体，社会研究脱离不了民俗，社会学与民俗学是紧密不可分割的，没有了民俗也就没有了社会学研究。再者，人类文化不可能离开风俗习惯，婚丧嫁娶都有一定的风俗，离开特定风俗，人类很多活动都无法开展，所以当时就将刊物定为《民俗研究》。"②

《民俗研究》创刊的偶然性方面主要表现在具体承办者的个人志趣和决心，据叶涛回忆，山东大学社会学系成立之初，就筹备了民俗学专业，1985 年春节，叶涛和简涛一起在招远做了一次田野调查，回来后整理出三四万字的调查资料，可是，"当我们想把这些文字发表出来时，举目四望，才发现根本没有可以发表的地方：没有任何刊物可以刊发这类民俗调查资料。进而，又发现根本没有专门的杂志可以刊登民俗学方面的专业研究成果。这就促使我和简涛兄萌生了办一个杂志的念头。很快，在学校和老先生们的支持下，自 1985 年 6 月起，我们俩就投入了创办杂志的工作中，也就有了现在这本《民俗研究》杂志"。③

无论杂志的创办者叶涛、简涛，还是幕后的主要支持者徐经泽，都不是民俗学专业出身，为了让杂志接上民俗学的地脉，叶涛专程到了北京，先后拜访钟敬文、启功、杨堃、杨成志、容肇祖、罗致平等，并请他们为创刊号题词。同时邀请张紫晨、乌丙安、段宝林、叶大兵、陈之安、关德栋、王青山撰写文章。

早期的《民俗研究》人手极度缺乏，约稿、编辑、校对、印刷、发行主要靠叶涛和简涛两人亲力亲为。据叶涛回忆，因为作者资源少，"第 1 期的作者实际上有多篇是笔名，因为有几个人都写了不止一篇文章。其中，简涛在这一期中有四篇署名文章：两篇署名是简涛，两篇署名是路远。另外，发刊词虽然署名是徐经泽先生，实际上也是以简涛为主撰写的。我有两篇，一篇署的本名，一篇署名

---

① 乌丙安：《〈民俗研究〉百期感言》，《民俗研究》2011 年第 4 期。
② 徐经泽口述，赵洪娟、王红霞整理：《草创时期的〈民俗研究〉》，《民俗研究》2016 年第 1 期。
③ 叶涛：《漫忆当年创刊时》，《民俗研究》2011 年第 4 期。

陶冶。现任中国海洋大学教授的李扬先生，当时正跟随乌丙安先生读研究生，这一期他也有两篇文章，一篇署名李扬，另一篇署名鲁男。"① 由于稿源不充足，最初自然也就没什么特别栏目和特别策划，只能笼统地以"本刊专访""民俗学讲座""民俗学史""书评"来划分。由于人手、稿源、经费等问题，1986 年《民俗研究》印刷了两期，1987 年只印了一期，直到 1988 年，杂志才按照季刊的要求，一年四期逐渐走上正轨。"到了 1998、1999 年，更多高校设立了民俗学、民间文学的硕士点，反映在《民俗研究》发文方面，对学科基本分类和基本理论的关注越来越多，如'民俗志''民俗史''民俗学史'开始作为常设的重要栏目出现。"②

地方大学创办全国性学术期刊，道路曲折艰难。为了获得刊号，叶涛和赵申等人几经周折。1987 年底，《民俗研究》杂志获得了山东省内部期刊的刊号，从 1988 年第 4 期开始，《民俗研究》上面就印上了国内统一刊号。"当时做这个事真是难，徐经泽老师为了还账，最后不得不动用系里的钱，结果惹得大家意见特多。"③ "我们靠募捐来的钱，在印刷厂的帮助下将刊物一期一期地支撑下来。"④ "杂志从策划办刊到出版面世，从无证经营到取得国家统一刊号，杂志从草创到逐步走向正规，经历了大约四年的时间……从 1989 年到 1998 年的 10 年，杂志的生存虽然经历了许多波折，甚至曾经面临着无钱支付印刷费、无力继续维持出版，以至接近停刊的危险，但是，最后终于坚持下来了，并且使杂志在稳步发展中逐步走向成熟。"⑤

《民俗研究》创办时期由山东大学社会学系创系主任徐经泽任主编，从一开始就为杂志提出了较高的办刊方针："一、面向全国，放眼世界，团结全国民俗学界、社会学界及其他有志于民俗学研究的社会科学工作者，齐心协力，同心同德，发展我国的民俗科学，使我国的民俗学研究走在国际学术界的前列。二、贯

---

① 叶涛：《漫忆当年创刊时》，《民俗研究》2011 年第 4 期。
② 刁统菊：《〈民俗研究〉30 年发展及存在问题分析》，《民俗研究》2016 年第 1 期。
③ 李万鹏：《忆往昔峥嵘岁月稠》，《民俗研究》2011 年第 4 期。
④ 徐经泽口述，赵洪娟、王红霞整理：《草创时期的〈民俗研究〉》，《民俗研究》2016 年第 1 期。
⑤ 叶涛：《漫忆当年创刊时》，《民俗研究》2011 年第 4 期。

彻执行'百家争鸣'的方针,提倡学术民主,鼓励学术争鸣,注意扶持中青年民俗学工作者,注意发现人才,为建设一支我国强大的民俗学教学和科研队伍贡献力量。三、提倡运用新的科研手段,汲取新的科研方法,注重边缘学科和交叉学科的科研成果,鼓励创新,鼓励探索,努力把民俗学研究引向深入。四、提倡理论联系实际的学风,提倡民俗研究为现代化服务,为两个文明建设服务,提倡应用民俗学的研究,既注重刊物的理论性,又注重资料性和实用性。"[1]简涛也在回忆中说:"我们都赞同走民俗学和社会学相结合的道路,从社会研究和文化研究的视野出发,运用社会学、文化人类学的方法来研究民俗,着重研究当代民俗,研究民俗在当代社会中的传承与变迁,寻找、发现和利用其内在规律,理论联系实际,为社会发展服务。不要就民俗论民俗,而是把民俗放在社会大环境中进行考察,把整个社会作为一个系统,而民俗作为社会系统的一部分来看待和研究,进而致力于改进和改善这个系统。这就是当时有关民俗工程和民俗社会学的初步设想。"[2]

由于民俗学的交叉学科性质,《民俗研究》的学科归属也呈现出摇摆不定的特征:"比如在 CSSCI 期刊类别中,属于社会学;在社科院评价体系中属于民族学与文化学;在中国知网属于历史类;在万方数据库中属于文物考古。"[3]

进入 21 世纪以来的《民俗研究》总体上来说有几大特征:

一是始终坚守民俗学学科基础,在学术发展中保持传统学术的稳定性。民俗史、民俗学史、田野报告、民间文学、民间信仰、民间艺术一直是《民俗研究》占比最大的学术版块。

二是积极引导学术讨论,关注前沿话题,推动学术潮流,但又"不将过度追求引用率和创造热闹话题来引人注目作为目的",在这一方面,《民俗研究》一直紧紧围绕当代中国民俗学研究中的重大实践问题和理论问题组织稿件,引导学界对社会和文化建设进程中重要问题的研究。最近十几年来,民俗学与非物质文

① 徐经泽:《重视民俗研究,发扬民族文化——代发刊词》,《民俗研究》1985 年试刊号。
② 简涛:《天时、地利、人和——〈民俗研究〉创刊琐忆》,《民俗研究》2016 年第 1 期。
③ 刁统菊:《〈民俗研究〉30 年发展及存在问题分析》,《民俗研究》2016 年第 1 期。

化遗产的关系越来越紧密，民俗学者对非遗的关注也越来越多，'非遗论坛'也逐渐成为一个常设栏目，其中刊发的文章也多次被《新华文摘》杂志转载。另外，近年来受到学术界和社会较大关注的城镇化问题，也以'乡土传统与城镇化'为栏目组稿"。①

三是在团结全国民俗学者的基础上，重点挖掘和研究山东民俗文化。由于《民俗研究》依托于山东大学，地方特色也是该刊一大特点："当时我们有个想法，就是要立足山东，面向全国，再面向世界，所以对山东的民俗材料可能介绍得较多一些。在这之前，我们曾经在山东各地聘了一些风俗调查员，将他们调查来的东西每期都给予一定的版面发表，篇幅都不长，但是很有特色。"②

《民俗研究》四十年的历史，清晰地反映了中国民俗学从20世纪80年代以来的人才结构和学术发展。比如，从各研究机构在《民俗研究》的发文量来看："排在前面的是山东大学、北京师范大学、中山大学、北京大学、中国社会科学院、华中师范大学、上海大学、中央民族大学、华东师范大学、南开大学、浙江师范大学等。可以发现，这些都是有民俗学或民间文学博士点以及其他相关学科如人类学、社会学、历史学、文学等学科的机构，可以说都是民俗学的重镇。……2007—2014年发文数量前100位的作者，其中90多位是活跃在民俗学和民间文学领域的专业学者，多数都有本学科博士学位，其中有几位是外籍学者。这表明《民俗研究》具有很强的专业性，团结学界同人建立了相对稳定又开放的作者群，成为当代中国人文社科领域培养人才和引领学术的重要基地。"③

从论文篇幅来看："（1986—2015）30年间124期刊物共载文3410篇，以此计算，平均每期刊物载文27.5篇，平均每篇文章8000字。……该刊在30年的办刊过程中，单期刊物载文极多或极少的情况共有26期，约占出刊总数的21%，绝大多数刊物均在21至39篇之间浮动，保持相对稳定状态。如果以学术论文稿约和评价的一般文字标准（3000字以上）来看，《民俗研究》期刊载文的'研

---

① 刁统菊：《〈民俗研究〉30年发展及存在问题分析》，《民俗研究》2016年第1期。
② 李万鹏：《忆往昔峥嵘岁月稠》，《民俗研究》2011年第4期。
③ 刁统菊：《〈民俗研究〉30年发展及存在问题分析》，《民俗研究》2016年第1期。

究性'处于中上等水平；从整体趋势看，该刊的'研究性'水平处于不断强化之中。……2012年改为双月刊后，年平均载文量125篇，最低的一年为119篇，每篇文字量有增加的发展态势，刊物的'研究性'含量呈强劲的增长之势。"①

从中国知网提供的数据看《民俗研究》对海外学界的影响力："海外读者约占本刊全部读者的17.1%。相比而言，海外读者所占比例远超海外作者。海外作者一般集中在日本、韩国、新加坡、芬兰、德国、美国，而以日本与德国最多，而这两个国家也是民俗学研究较为发达的地区。被海外访问下载和浏览50次以上的文章，仅占文献总量的1.4%，且主要集中在史料与田野资料方面，而有36%的文章甚至没有被海外访问过。"② 由此可见，促进民俗学理论研究的发展，增进海外民俗学的理论交流，依然有很长的道路要走。我们既要建立具有中国特色的理论话语，也要让这些理论话语对接国际学术潮流，一是避免理论研究自说自话，二是避免中国民俗学成为单纯的田野资料供应者。

六、《民族文学研究》等学术期刊在学科建设中的贡献

（一）《民族文学研究》

在民俗学领域，还有四份值得特别关注的杂志：《民族文学研究》《民族艺术》《西北民族研究》《文化遗产》。这四份杂志虽不是民俗学的专业期刊，但是每期都会刊载多篇民俗学、民间文学的论文，有时是以单篇论文的形式，有时是以专题或栏目的形式出现。

《民族文学研究》创刊于1983年11月15日，由中国社会科学院民族文学研究所主办，始为季刊，第一任主编是贾芝，自1986年第1期（总第10期）改为双月刊。由于许多少数民族都没有文字，他们的文化生活多依赖于口口相传，口传文学相对比较发达，所以，民族文学中有很大一部分是可以归入民间文学范畴的。相应的研究论述，早期是以"民间文学论坛"形式出现的，多为民族民间文学的研究，有时也打破民族界限，发表无族群特征的民间文学、民俗学理论

---

① 丛培兵：《〈民俗研究〉"山东民间艺术"载文状况的统计分析》，《民俗研究》2016年第1期。
② 刁统菊：《〈民俗研究〉30年发展及存在问题分析》，《民俗研究》2016年第1期。

文章。

民族民间文学中，最重要也是最容易做出学术突破的，就是活形态的民族史诗，尤其是《格萨尔》《江格尔》《玛纳斯》三大英雄史诗。比如在"创刊号"的《编后记》中提到："史诗在少数民族民间文学中占有重要地位。本期刊载了三篇讨论史诗问题的文章。今后我们准备继续刊登有关史诗的研究文章。"[1]紧接着的总第二期："这一期设立的'全国少数民族史诗学术讨论会'专栏，发表了十一篇会议学术论文。这些论文，以藏族《格萨尔》和蒙古族《江格尔》研究为主，兼顾维、哈和南方少数民族的史诗或叙事长诗研究。同时，本刊编辑部还决定编辑《民族文学研究丛刊》，1984年第一期为史诗研究专辑，继续发表一批这次史诗学术讨论会的论文。"[2]

早期的《民族文学研究》对民间文学的学术关注主要聚焦在民族民间文学，尤其是少数民族的史诗、神话、叙事诗、民间故事四大领域。《民族文学研究》依托中国社会科学院民族文学研究所的学术资源，在组稿用稿的同时，也起到了全国少数民族文学和民间文学方面的学术组织者、引领者的作用，一方面组织专题学术会议，一方面遴选优秀论文发表。比如1984年的一篇《编后记》中说："中国少数民族文学学会于今年七月在贵州召开了中国少数民族神话专题讨论会。它不仅对中国神话研究将起促进作用，对增进各民族相互了解和团结，对建设社会主义精神文明也具有重要意义。"[3]

进入21世纪之后，《民族文学研究》也会突破"民族文学"的藩篱，组织一些纯理论问题的探讨，比如关于"口头诗学"理论的持续探讨，关于"民俗学研究伦理""保护非物质文化遗产伦理原则"的讨论，以及"非物质文化遗产公约"的文件解读等。

从1983年到2018年的35年间，《民族文学研究》共计发表民俗学、民间文学类的论文1000余篇。按主题划分的话，其中占比最大的几个主题有："民间文

---

① 佚名:《编后记》,《民族文学研究》1983年创刊号。
② 佚名:《编后记》,《民族文学研究》1984年第1期。
③ 佚名:《编后记》,《民族文学研究》1984年第4期。

学"主题 541 篇，"叙事诗"主题 236 篇，"口头文学"主题 195 篇，"民间故事"主题 152 篇，"史诗"主题 106 篇（其中仅《江格尔》主题即达 58 篇），"民俗学"主题 42 篇。

（二）《民族艺术》

《民族艺术》创刊于 1985 年 6 月，由广西壮族自治区文化和旅游厅主管，广西民族文化艺术研究院主办。初为季刊，2013 年始改为双月刊。《民族艺术》在近四十年的发展过程中，逐渐形成"大艺术、多民族、跨学科"的办刊宗旨。倡导在跨学科背景下用人类学、民俗学的理论与方法在民族民间文化艺术领域进行实证性研究与经验性考察。

民间文艺与民族艺术两个范畴有着大面积的交叉，该刊 1985 年创刊号共发表 22 篇文章（不含动态消息），其中至少有一半是与民俗学或民间文学相关的，如《瑶族达努节》《壮姑的春娱》《鸡斗西长街》《论歌圩》《土家族傩堂戏面具简述》《精湛的羌族建筑和挑花刺绣》《侗族"匏颈龙"与"匏颈龙舞"》等，由此说明，民族艺术先天就与民俗学有着不可分割的密切联系。

《民族艺术》第一任主编周民震 1984 年担任广西壮族自治区文化厅厅长，1985 年就创办了《民族艺术》杂志。出于主编的艺术学倾向，《民族艺术》早期曾发表了大量国内高水平的傩戏、地方戏相关的论文。创刊号的《编后小记》中说："各民族只有不断深入开掘本民族的艺术宝藏，用研究'土特产'的优异成果，来丰富中华民族的艺术理论宝库，促进各民族艺术理论研究的交流、提高和发展。《民族艺术》愿热诚服务，竭尽薄棉。"[1] 有的老作者在创刊十周年的纪念专刊上回顾说："从它诞生之日起，就受到学术界的格外注目，许多研究民族学、民俗学、文化学，以及音乐、舞蹈、戏剧、美术的学者，都把它看作自己的刊物，而加以支持、关心、爱护。"[2]

按《民族艺术》现任主编许晓明的分析，《民族艺术》与民间文学的深度结

---

① 本刊编辑部：《编后小记》，《民族艺术》1985 年创刊号。
② 顾朴光：《不要人夸好颜色，只流清气满乾坤——祝〈民族艺术〉创刊十周年》，《民族艺术》1995 年第 3 期。

合与文化部领衔的《中国民族民间文艺集成志书》（俗称"十套集成"）密切相关，当时广西艺术研究所承担了其中七套集成的编撰工作，在 1985 至 1995 年期间，可以看到大量和七套集成相关的论文。这些论文以民族民间艺术为研究对象，同时关注到艺术背后的文化，作者构成也不止于广西，还有大量国内外民间文化界的作者，由此形成了《民族艺术》的开放性特质。

1995 年廖明君担任《民族艺术》杂志社社长兼总编辑，在其 20 年（1995—2014）的主编时间里，正值中国人类学、民俗学勃兴时期，他紧紧抓住以费孝通为首的人类学学者群，以及以钟敬文为首的民俗学学者群，借助这两个学术部落，将《民族艺术》推向了新的高锋，使《民族艺术》"跨民族、大艺术、多学科"的办刊宗旨得到突显。

2014 年许晓明接手《民族艺术》之后，进一步开设了"非物质文化遗产研究""艺术遗产纲目""图说传统艺术""工匠和手工艺研究""工匠精神""传统戏曲保护""中华传统艺术的海外传播""中国学者的海外艺术田野"等栏目和专题，持续关注社会热点和引领学术前沿，强化了"新时代故事学研究""谣言研究""玉石之路""视觉人类学""艺术与乡建""艺术与美好生活建设""跨境民族音乐""中国民间文学前沿""艺术人类学前沿话题系列"等前瞻性学术专题的发文篇幅。

（三）《西北民族研究》

《西北民族研究》由国家民族事务委员会主管、西北民族大学主办，1984 年试刊，1986 年正式公开发行。初为半年刊，2001 年变更为季刊。它以民族学 / 人类学、社会学、民俗学三大学科为主，多学科共建，立足西北、面向全国，与国际学界对话。目前设有民族学 / 人类学、宗教天地、民俗研究、民族问题与政策、田野调查报告、民族历史探幽、社会学、学术综述与动态等多个栏目。

《西北民族研究》是以郝苏民教授为首的西北民族大学学人创办的专业学术期刊，带有明显的郝苏民学术思想的烙印。郝苏民主要从事民俗学、民族学、蒙古文字研究，系中国民俗学会顾问、甘肃省民俗学会主席。20 世纪末，郝苏民在西北民族学院参与创办"西北民族研究所"，2001 年又创办"社会人类学·民俗学所"，继而扩大为系（院），成为中国高校中第一个民俗学系。如今的西北民族大学社会人类学·民俗学学院，已经基本建成了社会学、人类学（民族学）、民俗学三位一体的学科体系，形成了有本科、硕士和博士研究生教学的多层次的办学模式，通过教学带动科研，在培养学生和科研实践等方面获取了大丰收。郝苏民在《西北民族研究》创刊号上的第一篇论文《卫拉特蒙古及其民间文学的研究——关于开拓蒙古民间文艺学一个分支的设想》即一篇民族民间文学方向的学科构想，同期的民间文学类论文还有王兴先《〈格萨尔王传〉中岭国历代王室之辨析》、郗慧民《关于对西北民歌"花儿"的认识》等，可见《西北民族研究》从一开始就奠定了融汇民间文学、民俗学的办刊思路。

对于民族类学术期刊与民俗学的关系，朝戈金在《〈西北民族研究〉与民俗学学科建设》中有一段精当的论述："民族学是对民族共同体和民族文化进行比较研究的学问（《麦克米兰人类学词典》），民俗学是研究民众文化 [形式] 的学问（《民俗：信仰、习俗、故事、音乐、艺术之百科全书》），一看便知这两者之间有诸多交叉重合的地方。在东西方的学术传统中，两个学科之间常有互相借鉴之处。随手举一个例子，民俗学的研究经常涉及'认同'问题，传统文化往往被认为不仅是民间智慧的结晶，也是特定人群文化认同的源泉。一个典型的例子是《卡勒瓦拉》，其叙事传统就长期被认为是芬兰民族文化认同的最重要资源。站在民族学立场上看，'认同'又是民族学的核心话题之一。在中外民族学文献中，查询关键词'认同'或 identity，会出来数量惊人的成果。所以说，在一本民族学刊物上，出现相当数量的民俗学论文，也可以说是理有固然吧……民俗学问题和民族学问题有时畛域难分，传统文化和民间信仰彼此缠绕，都是比较敏感的问题。恪守民族理论政策的立场，恪守宗教政策的立场，拿捏好文稿中的相应内容，学术上锐意进取，又能稳健周全，这需要很高的智慧。"另据朝戈金统计："从 2009 年至 2018 年这十年间，《西北民族研究》一共刊载了 1223 篇论文，其中民俗学论文 295 篇，占发稿总量的四分之一。"①

---

① 朝戈金：《〈西北民族研究〉与民俗学学科建设》，《西北民族研究》2019 年第 2 期。

朝戈金认为《西北民族研究》大约是最没有门户之见的刊物之一："在过去的二三十年间，民俗学产生了诸多对学科基本理论问题和研究范式的反思成果，一些新的研究方向得以推进，国外学派的诸多理论方法论被渐次介绍进来，于是不同取向和姿态之间颉颃时有闪现，但看《西北民族研究》却是以学科繁荣为己任，并没有特意区别对待不同的学术圈子和不同的门派。总之，简单说就是年龄上老中青，族属上各民族一视同仁，门派上包容并蓄、五湖四海。所以从一定意义上说，以《西北民族研究》所见民俗学论文为观察对象，可以大致勾勒出过去二三十年间民俗学学科发展的轮廓。"① 因此我们可以认为，正是在杂志主编郝苏民办刊思想的指导下，刊发在《西北民族研究》的民俗研究类论文，在历年编发的论文中占据了较大的篇幅，甚至可以说得到了有意的栽培和拔擢。

费孝通先生也曾称赞《西北民族研究》"专家办刊，水平很高"，主编郝苏民先生自己的总结则是"板凳坐稳，目标向上，眼睛朝下，一干十年"。《西北民族研究》三十多年如一日地呼应民族文化建设、注重学术服务社会。比如"一带一路"专栏、非物质文化遗产保护专栏、少数民族史诗传统专栏的建设，都可以看作是参与国家建设重大话题，推动理论与实际相结合的努力。2018年11月，《西北民族研究》编辑部等单位还曾联合主办"丝路民族（民俗）志：跨文化的理解与阐释"研习班，立足田野调查，从不同主题和视角对以民族志（民俗志）为特征的跨文化研究进行了解读。

（四）《文化遗产》

《文化遗产》前身是创刊于2001年的《民俗学刊》。《民俗学刊》系以书代刊的半年刊，由"中山大学民俗文化研究中心"主办，澳门出版社出版，学刊创办人是中山大学民俗学科负责人叶春生教授，从2001年创刊到2005年改刊，共出版八辑。前五辑的组稿、编辑、设计等具体工作主要由施爱东负责，第六、七两辑主要由王晓葵负责，第八辑交由古代戏曲专业负责。第八辑的编委会成员做了一些调整，调整的意义在于找些知名学者担纲，希望能借助他们的影响力为杂志

---

① 朝戈金：《〈西北民族研究〉与民俗学学科建设》，《西北民族研究》2019年第2期。

做点宣传，扩大一下知名度。

2004 年，中山大学中文系整合民俗学与古代戏曲两个学科的力量，共同申报教育部人文社会科学重点研究基地"中山大学中国非物质文化遗产研究中心"成功获批，遂于 2005 年改刊名为《中国非物质文化遗产》（季刊），延续《民俗学刊》的期号，从第九辑始编，仍由叶春生担任主编，改由中山大学出版社出版，共出版 4 辑，至 2006 年第十二辑止。

《民俗学刊》系半年刊，从 2001 年 11 月创刊至 2004 年，共出版八辑

由于《民俗学刊》在中国民俗学界影响日益扩大，此前的 2003 年年底，中山大学中文系计划将已有国内统一刊号的期刊《中文刊授指导》变更为《民俗学刊》正式刊行，并由施爱东陪同中文系系主任欧阳光一起进京向主管部门申办此事。在漫长的申办过程中，中文系最终将正式刊名锁定《文化遗产》。2007 年 8 月经国家新闻出版总署批准，注销《中文刊授指导》旧刊名，启用《文化遗产》新刊名。

《文化遗产》（季刊）2007 年 11 月正式发刊，新刊主编仍为叶春生，实际由古代戏曲学科带头人康保成负责。其《发刊词》中特别提到："1927 年，著名史学家顾颉刚与何思敬、钟敬文等在中大创办《民间文艺》（后改名《民俗》周刊），成为中国民俗学史上一件划时代的大事。21 世纪以来，我们踵继前贤事业，编辑出版了 8 期《民俗学刊》。三年前，以戏曲和民俗为主要研究方向的中山大学中国非物质文化遗产研究中心成为教育部人文社会科学重点研究基地，于是《中国非物质文化遗产》应运而生。今天的《文化遗产》，可以说是上述学术杂志的继承与总结。"①《文化遗产》自 2013 年始改为双月刊，每年 6 期。

由于《文化遗产》主要依托"中国非物质文化遗产研究中心"，该中心设有传统戏曲、口头文艺与民俗、非物质遗产保护对策三个研究方向，所以，创刊号21 篇稿件中，戏曲类计有 6 篇，民间文学及民俗学类计有 10 篇，"非物质文化遗产保护"类文章计有 5 篇。这个比例大致成为一种定式，后来的《文化遗产》虽然大力刊载戏曲类论文，但是毕竟民俗学学科领域广大，从业人数众多，总体用稿量还是稍大一些。

目前《文化遗产》主要栏目及涉及内容有文化遗产与文化发展战略、传统戏剧学、民间文艺和民俗学、口传文艺学、古近代文学中的口传诗学、语言学中的濒危方言、非物质文化遗产保护的理论与实践等。其中"文化遗产与文化发展"为固定栏目，每期推出两篇研究文章和四个版面的彩图，对广东的非物质文化遗产代表作的保护和发展、宣传和推广有重要意义。

该刊延续国际性专业学术期刊的办刊路线，坚持每期刊登一到三篇国外学者的论文，美国汉学家奚如谷、德国波恩大学教授白瑞斯、德国莱比锡大学教授柯若朴等国外知名学者的文章曾在该刊发表。此外，还适当刊出黄芝冈、出石诚彦等已故知名学者的遗作，既扩宽了读者的国际视野，也增强了刊物在国内外学界的整体影响力。

（五）其他民俗学及民间文学刊物

在上述知名民俗学期刊之外，全国各地还曾先后有过大量短暂存在的民俗学和民间文学期刊，为培养基层民俗文化工作者做出了贡献。可惜的是，多数刊物在坚持数年之后就因经费问题而停刊，另外一些为了市场化生存，选择了转型，往往变身为"新传奇故事"之类的通俗读物。兹举数例以说明。

---

① 本刊编辑部:《发刊词》,《文化遗产》2007 年创刊号。

《说说唱唱》，曲艺月刊，是中华人民共和国成立之后最早发行的曲艺期刊。1950 年 1 月 20 日创刊，北京市大众文艺创作研究会主办，先由李伯钊（挂名）、赵树理主编，后由老舍主编。至 1955 年 3 月停刊，共出版 63 期。该刊以开创民族的、大众的、科学的说唱文艺为主旨，力图促进通俗文艺形式的繁荣与发展。共发表曲艺作品 200 余篇，刊载有鼓词、快板、山东快书、评书、西河大鼓、相声等曲艺作品，以及部分通俗小说、民歌等，其中多为新创曲艺作品，部分为加工整理后的传统曲艺作品。

《故事会》，月刊，主要发表新故事，1963 年 7 月创刊，上海文艺出版社编辑出版。原为不定期故事丛刊，至 1966 年 5 月共出 24 辑后休刊。1974 年 3 月起继续出版，改名《革命故事会》，至 1977 年 11 月共出 33 期。1978 年起定期为双月刊。1979 年恢复旧名《故事会》，1986 年起再度改为月刊。《故事会》是最早发表新故事的通俗读物，多为故事家个人创作的具有传统民间故事特征的新故事，故事通俗传奇，是最具全国影响力的故事月刊。

《山茶》，云南民间文学刊物。云南省社会科学院民族文学研究所主办。1980 年 4 月创刊。初为季刊，1982 年改双月刊。主要发表各民族民间文学，以及国外民间文学作品。

《山西民间文学》（《民间传奇故事》），民间文学读物，中国民间文艺家协会山西分会主办，1980 年 12 月创刊，本着收集、整理、挖掘、抢救、改编民间文学作品，推进山西民间文艺事业的宗旨，除发表山西民间文学之外，还发表部分民间文学理论文章及调查报告。1995 年杂志改名《民间传奇故事》，改由山西省文学艺术界联合会主办，变成了一份纯通俗故事的大众读物。

《山海经》，浙江民间文学季刊，由中国民间文艺研究会浙江分会创办，1981 年 3 月创刊，曾经创下 170 万份发行量的辉煌业绩。2009 年全新改版，在原有的纯文学杂志基础上，办成以展现大学生风采，教师教学交流为主题的，文化文艺研究类综合性期刊。

《民族文化》，双月刊，云南民族出版社出版。1981 年创刊。至 1988 年停刊，共出版 48 期。设有民族文学、历史人物、文化天地、民族艺术、民族风情、神话传说、风物小志等栏目。以发表云南少数民族文化资料为主，兼及发表全国各地少数民族文化资料。

《黑龙江民间文学》，民间文学内部资料，中国民间文艺研究会黑龙江分会编印。1981年至1986年共编印18集。主要刊登黑龙江省各民族民间文学作品资料、理论研究、作品研究、民间歌手和民间故事家研究资料。

《新疆民间文学》，不定期丛刊，新疆人民出版社出版。创刊于1981年。专刊新疆各民族民间文学作品，也发表部分民间文学理论文章，以及与之相关的民俗、民族、历史、语言等方面的文章和资料。

《三月三》，综合性民族文化月刊。广西壮族自治区民族事务委员会、语文委员会主办。1983年4月创刊。初为季刊，1984年改为双月刊，关注少数民族文化的展示、传承和研究，传承和弘扬少数民族文化。1998年起，拓展其中的"民间文学"部分，改版为故事类月刊。自2018年起，由月刊变更为双月刊，主要发表各少数民族民间文学和反映当代少数民族现实生活的文学作品，发表展示各少数民族文化、民俗风情等方面作品。

《民间故事选刊》，民间故事双月刊，中国民间文艺研究会河北分会主办，1984年9月创刊，精选古今中外故事佳作，兼发历史知识、生活百科等。

《故事林》，民间故事双月刊，中国民间文艺研究会福建分公主办，1984年9月创刊。主要刊登民间故事和传说，最高发行量曾经突破20万。

《民间文学研究》，内部刊物，双月刊。1984年创刊。中国民间文艺研究会河北分会与河北大学民间文艺研究室主办。仅印行4期，1989年停刊。

这些刊物虽非纯学术刊物，但在培养地方民间文化工作者，以及培育民间文化爱好者方面，起到了很好的作用，也为全国的民间文学工作者提供了源源不断的资料来源，为学院派的民俗学者提供了来自基层民间文化工作者的调查线索和感性知识。

对于前面的那些纯学术期刊，我们可以借用刘锡诚的这段话来做一小结："这些学术期刊的编辑发行，有力地促进了民间文学学术思潮与学术探讨的发展，推动了学术成果的产生与理论人才的成长，学术期刊的兴办与学术思潮的关系极为密切，而且二者互为促进、相得益彰，期刊办得好、质量高，仰于它的编者能在学术思潮的涌动中得风气之先，以刊发高水平的文章而推波助澜；反过来，学术思潮十分活跃，就能促使期刊编者勇于创新、敢于探索，从而推动学科健康地发展。"①

---

① 刘锡诚：《20 世纪中国民间文学学术史》，河南大学出版社，2006 年，第 755 页。

第八章

《民间文学论坛》创办时期的使命意识①

　　《民间文化论坛》的办刊史，始终与民间文学、民俗学的学科兴衰历程紧密相关。刊名从《民间文学论坛》（1982 年）改为《民间文化》（1999 年），再改为《民间文化论坛》（2004 年），折射着民间文化研究从相对单纯的民间文学研究，向猎奇性的奇风异俗报道，再向泛民间文化的非物质文化遗产研究的过渡与波折。

　　1982 年到 1997 年的《民间文学论坛》时期，是该杂志的开创时期，也是该杂志声望最高、影响最大、业绩最辉煌的时期。用刘锡诚的话说："《论坛》不是工作刊物，不是通俗文艺刊物，而是一个国家级的民间文学和民间文化方面的学术刊物，是这一学术领域的一个标志。……刊物的任务，是要参与建设和发展中国特色的民间文艺学，努力将其办成学界的'龙门'。"②

　　钟敬文说："专门性的刊物是反映出学术水平的镜子，也是指引学术前进的方向牌。现代文化较高的许多国家学术的繁荣。进步，大都借专门刊物去表现，也要由它去推动前进。"③《民间文学论坛》就是这样一本"专门性的民间文学理论研究杂志"，它清晰地记录了新中国的民间文化研究在改革开放新时期的学术重启和历史转型，正如刘魁立所说："如果问中国民俗学界、中国民间文学界、中国民间文化界这些年都干了些什么事情，出现了哪些人，研究了哪些问题，有哪些贡

---

① 本章曾以《〈民间文学论坛〉创办时期的编辑工作及其特点》为题，刊发于《民俗研究》2021 年第 3 期，第一作者冯莉，第二作者施爱东。
② 刘锡诚：《坚守学术品格，创新学术理念》，《民间文化论坛》2012 年 05 期。
③ 钟敬文：《建立新民间文艺学的一些设想——四月十一日在中国民间文艺研究会第二届年会上的讲话》，《民间文学论坛》1983 年第 3 期。

献，也许你可以到图书馆去查书，但是最最要紧的是要找到杂志，尤其要找到其中核心性的杂志《民间文学论坛》和后来改称的《民间文化论坛》。这一界的人和他们所做的事情在这里都有记录。"①

2005 年，中国民间文艺家协会抢救工程办公室冯莉在整理资料时意外发现一本由"中国民间文艺研究会研究部"同人手写的《研究部纪事》（以下简称《纪事》），详细地记录了 1981—1987 年间《民间文学论坛》（以下简称《论坛》）的筹备、创办、编辑、发行等内部运作。本章将结合该杂志的实际面貌与《纪事》，以及当事编辑的回忆，讨论《论坛》初创时期的办刊思想及工作方法。

2017 年 11 月 9 日，《民间文化论坛》举行创刊三十五周年纪念座谈会。前排右起吕微、王善民、贺嘉、陶立璠、郎樱、邱运华、刘魁立、向云驹、刘晔原，后排右起杨利慧、施爱东、王锦强、叶涛、巴莫曲布嫫、安德明、冯莉、谢桂华、毛巧晖、刘晓路、王素珍、杨惠惠、丁红美、李航

一、《民间文学论坛》落户民研会研究部

1978 年 4 月，"钟敬文、贾芝、毛星、马学良、吉星、杨亮才组成筹备组，筹备恢复中国民研会的工作"②，中国民间文化研究事业进入一个全新的历史时期。在新的政治、文化条件下，中国民间文学和民俗学的出版事业、理论建设迅速被提上了议事日程。

---

① 刘魁立：《祝贺民间文化论坛创刊 35 周年感言》，《民间文化论坛》2017 年第 6 期。
② 毛巧晖：《20 世纪下半叶中国民间文艺学思想史论》，学苑出版社，2018 年，第 242 页。

1980年，在贾芝等老一辈民间文化工作者的呼吁和努力下，中国民间文艺出版社成立，贾芝担任第一任社长，随后开始筹备《论坛》。《论坛》由民间文艺出版社出版，但具体的编辑工作则是由"中国民间文艺研究会研究部"负责。

创办《论坛》的消息早在1981年就已传出，"创刊之初，贾（芝）老、毛（星）老、王（平凡）老，他们到处去申请，跑中宣部，跑文联，找周扬同志。这三位老人为杂志创刊做出了巨大贡献"①。全国民间文学工作者对于这份即将创办的刊物是寄予很高期望的，正如陶立璠说的："上个世纪80年代初，民间文艺研究会的恢复，带有重整旗鼓，组织队伍，恢复民间文艺研究的意义。而恰在此时《民间文学论坛》创刊，使众多的研究者和民间文学爱好者通过《论坛》找到了'组织'，找到了家，重新获得民间文学的话语权。"②

期刊登记证号申请下来，还只是第一步，接下来的落实工作还很繁重。从《纪事》中我们可以看到，至迟到1981年9月，将《论坛》编辑部附设于哪个部门尚未完全敲定。民研会研究部对于创办学术刊物尚有畏难情绪，还在跟协会提条件："《论坛》的编辑问题，研究部办刊物，现在人力太紧张。如研究部办，必须来人，三个人，实在不行，来两个顶事的。"③直到1981年11月，《论坛》才正式落户研究部。11日研究部内部开会讨论《论坛》的运作，初定为季刊、6个印张、15万字，"拟搞个纪要定合同"④。

虽然1981年11月还在讨论《论坛》的具体运作，但是早在10月，就已经有刘守华、朱宜初、段宝林、张紫晨、叶春生等学者将稿件寄到了研究部，其中乌丙安一人寄来了两篇论文；到11月，已经有几名读者来信要求订阅《论坛》，其中有"杨荫深来信，询问论丛、论坛事"⑤。可见《论坛》刚刚敲定落户中国民研会研究部，消息就在全国民间文学工作者之间传开了，他们欢欣鼓舞，早早出手，投稿的投稿、订刊的订刊，翘首祈盼新刊出炉。

---

① 刘魁立：《祝贺民间文化论坛创刊35周年感言》，《民间文化论坛》2017年第6期。
② 陶立璠：《民间文化学科理论建设的重要阵地》，《民间文化论坛》2012年第5期。
③ 中国民间文艺家协会研究部：《研究部纪事》，1981年9月23日。
④ 中国民间文艺家协会研究部：《研究部纪事》，1981年11月11日。
⑤ 中国民间文艺家协会研究部：《研究部纪事》，1981年11月3日。

从《纪事》的工作记录看，贾芝虽是主编，但很少参与前期的编辑工作，据陶阳回忆："当时刘魁立和我是副主编，但领导上却把编辑部的组织及编辑的具体工作的担子放在我的肩上。"① 其他当事人的回忆中也说到，陶阳是当时《论坛》编辑部的实际负责人。

《论坛》创办之初，责权利的区分并不明确，一些简单的工作也会耗散大量工作精力。比如1982年2月11日，陶阳为《论坛》发稿一事，计划前往卢沟桥印刷厂，分别向协会领导程远和贾芝申请用车，结果程远说："卢沟桥的工厂太远，可由袁宝魁找近处的工厂。"拒绝了陶阳的申请。可是，印刷厂是由民间文艺出版社定的，编辑部无权更换，陶阳只能让徐纪民将领导意见反馈给出版社。第二天，徐纪民找到出版社负责人杨亮才，可是杨亮才表示对袁宝魁找印刷厂一事完全不知情。徐纪民只好直接找到袁宝魁，结果袁宝魁说他根本就不知道这事，也无权过问此事，他只是在程远找他联系用车时，随口说了一句"怎么找那么远的厂，附近的厂不好找吗"，并没有说过自己可以帮助找印刷厂。徐纪民只好再次找回杨亮才，提出如果民研会派不出车，还有两个方案，一是乘公共汽车，二是租车，但租车费应该由出版社出，算在《论坛》的成本费上。杨亮才马上拒绝了第二方案，认为这种费用出版社不能出，不能计入《论坛》的成本费。②

编辑部的为难不仅体现在事务工作中，也体现在业务工作中，编辑部并不掌握最终发稿权。1983年6月的《纪事》中记录了一份"《民间文学论坛》1983年第四期稿件分配情况"，但这只是编辑部的意见，并不是终审定稿，因为"稿件分配情况"罗列的8篇稿件中，后来真正发表在第四期的只有4篇。陶阳虽是编辑部负责人，但是，《论坛》作为中国民研会的官方权威期刊，实际发稿权并没有掌握在陶阳手上。另外4篇稿件中，刘守华的《佛本生故事与傣族阿銮故事》改发在1984年第1期，张紫晨的《苗族长诗中的舅表婚及其在文化史上的意义》改发在1984年第4期，余下2篇始终未刊用。虽然《论坛》一再声称"来稿一视同仁"，但对权威学者的论文还是会优先刊发的，比如该期重点推出的钟敬文、

---

① 陶阳：《〈民间文学论坛〉的创刊及其成长》，《民间文化论坛》2012年第5期。
② 中国民间文艺家协会研究部：《研究部纪事》，1982年2月10—12日。

姜彬、贾芝等人的文章，原本都没有出现在 6 月的"稿件分配情况"中，不仅是临时加塞的，而且全都作为各栏目首篇推出。

二、解放思想，提倡学术争鸣

1983 年第 2 期《论坛》是"钟敬文同志从事民间文学工作六十周年"专刊，头条发表了钟敬文先生在中国民间文艺研究会第二届年会上的讲话《建立新民间文艺学的一些设想》[①]。讲话只有两个部分：一、建设怎样的民间文艺学？ 二、为建设新民间文艺学应有的努力。讲话发表之后，《论坛》编辑部曾有过一次意味深长的内部讨论，颇可用以观察非"钟门弟子"的民间文学工作者对于钟敬文学术思想的态度。讨论大概缘起于祁连休的一篇与学术史相关的论文，文中一些观点与钟敬文的观点不大一致。

据徐纪民介绍说："祁连休等写了一篇文章[②]，在给民研会的同时，给了许觉民[③]，许看后说，文章符合中央文件精神，如民研会不发，《文学评论》上发。这弄得我们不好表态。这个问题比较复杂，涉及对'五四'以来的文学的评价，如果《文学评论》发表，造成很大影响，如果我们发了不同意钟先生观点的文章，怎么办？ 能不能发？"[④] 很可能徐纪民本人对钟敬文的观点也不大赞成，所以他说："我们对民间文学史的研究不多，这方面的来稿也不多。现在有人对钟先生的文章提出意见，我们很为难。人们对今年第三期的反应较大，从钟先生的学术思想的总倾向看，没有离开 1958 年时的观点。'建立新民间文学'，这个'新'是什么意思？ 他是从'新局面'上移过来'新'的含义。再一个是把民间文学归入民俗学的范畴，认为是民俗学的一部分，并且是不太重要的一部分，这个问题一

[①] 钟敬文：《建立新民间文艺学的一些设想——四月十一日在中国民间文艺研究会第二届年会上的讲话》，《民间文学论坛》1983 年第 3 期。
[②] 我们曾特地就此向祁连休先生请教这段话具体是指哪篇文章，祁先生回复说："非常抱歉，我回忆了一下，竟然记不起来了。如果曾经写过这方面的文章的话，很可能是谈论研究民间文学的问题，认为虽然从民俗学的视角、从民间文艺学的视角都可以研究民间文学，但两者显然是有区别的，不能混为一谈，更不能以前者取代后者。因为当时存在这种倾向。当时我们的学界，的确缺乏自由讨论的学术空气，过分敏感。"（2019 年 12 月 25 日）
[③] 许觉民，时任中国社会科学院文学研究所所长。
[④] 中国民间文艺家协会研究部：《研究部纪事》，1983 年 11 月 3 日。以下讨论发言出处同此。

直有争论。"

另外徐纪民还提到:"再就是《侧记》,有人说这是钟先生文的注解,说出了钟不便说出的东西。"所谓《侧记》,即肖旭所写的会议综述,其中着重提到:钟敬文同志"根据国内外这门科学发展的趋势和祖国社会主义科学文化建设的需要"提出,我们现在面临的任务是建立"以马列主义为指导的、从实际出发的、具有中国特色的、系统的民间文艺学",并且对建立新民间文艺学应该进行哪些努力做了精辟的论述。他特别指出:"不管从整个思想行动的提高说,或者从我们这门人文科学的前进说,重新学习马列主义,都是不容忽视的紧迫任务。"同时,他把加强专业的学习、提高业务水平、端正学风等问题,作为一个"严峻的要求",向每个人提出。[①]

中国民间文艺研究会第二届年会有多个主题,其中最引人瞩目的两个主题,一是"加强民间文学的学科建设,开创民间文学工作的新局面",二是"庆祝钟敬文同志从事民间文学工作六十周年"。两个主题捏在一起,就是全面奠定钟敬文中国民间文学研究界领袖地位的一次大会。学界对于钟敬文的新定位必然会有一个适应过程。

钟敬文在讲话中说:"过去一段时间里,我们虽然一直说是用马列主义指导我们的学术活动,但由于对马列主义的理解和运用,存在着这样那样的偏差,因而始终没有完全走上正轨。"并因此提出"重新学习马列主义"的主张。[②]这些话可以说一竿子打翻了一船人,包括杂志社编辑都很难接受。徐纪民说:"我们不能说没有建立马克思主义民间文学,只能说不完善。"王一奇也说:"我们可以说,还没有建立系统的、完整的马克思主义民间文学体系,刊物应该贯彻'双百'方针。"总之,他们很难认同钟敬文"我们始终没有完全走上正轨"的表述。

所以王一奇说:"第一,对钟先生的学术观点,其中有无资产阶级的,我认为

---

① 肖旭:《把民间文艺学的建设推向一个新阶段——第二届年会关于"学科建设"讨论侧记》,《民间文化论坛》1983 年第 3 期。

② 钟敬文:《建立新民间文艺学的一些设想——四月十一日在中国民间文艺研究会第二届年会上的讲话》,《民间文学论坛》1983 年第 3 期。

是有的，几十年搞民间文学嘛。另外，解放后是比较严肃地学习马克思主义的。五七年对他的评批，现在回头看，有过火之处。第二，在《论坛》上发表的一些文章，表明了他的学术观点，有的观点是不太恰当的。"但他同时又提醒说："（我们）不能随便点一个国内外有影响的人物，这在中央有明确规定。"

对于到底能不能发表与钟敬文意见相左的观点，在这次讨论中也有分歧。徐纪民倾向于发表，他说："毛星同志文章①的观点，实际上是与钟先生相反的②。我认为，这都属于学术问题，不是为整人，因此，我认为应该发表与钟先生相反观点的文章，不然，我们会很被动。"吴超也认为："如果别人的刊物上先发表了批评钟先生的文章，我们再来表态，这也很被动。"而王一奇则倾向于暂时不发表批评文章，他说："写文章，虽不点名，但文章出来，也成了批评。我们不宜发表批评文章。关于建立'新'的民间文学体系问题，什么叫'新'？我们可以发表不同意钟先生文章的观点的东西，但与《文学评论》上的东西不一样，这还要经书记处同意。"

王一奇虽然不赞成发表不同意见的文章，但同时提出"是否可以开座谈会，最好作为学术思想来讨论"。徐纪民问："这次开会必须找上海的，如果来了，发一通，怎么控制？"所谓"上海的"，主要是指罗永麟和姜彬，他们都主张民间文学应该作为一门独立的学科而存在，不认同民间文学是民俗学的一部分，罗永麟在许多场合公开表达过这一观点。这么一说，吴超也拿不定主意："座谈会开不开，这的确是个问题。"于是徐纪民又出一个"馊主意"："我们可以另外请些人，换过地方，以研究部的名义开个会，如开得好，就报道。如不好，就不报道。如果以论坛的名义开会，就必须报道，否则不合适。以研究部的名义，可以有个缓冲余地，并且可以在《动态》上发。我们干吗非把自己逼到绝境了。"

---

① 毛星的文章指的是发表在《民间文学论坛》1984 年第 1 期的《民间文学及其发展谫论》。
② 毛星强调"民间文学，作为一种独具特色的文学学术，或者作为一种独立的学科，都需要加强理论的研究"。而钟敬文则更强调民间文学的民俗学属性，他说："民间口头创作，从作者身份、思想、感情、艺术特点、社会功用到传播方法、艺术传统等，跟古今专业作家的文学，有着极大的差异性，要研究、阐明这种文学的性质、特点、功用、影响等，是绝不能只运用作家文学的文艺学所能办到的。"

王一奇的态度明显更加谨慎："对钟先生的观点，本来是可以进行心平气和的讨论的，但长期以来的风气不正，有的人很容易往政治问题上滑，所以，这个问题必须慎重对待。"退而求其次，王一奇又建议说："以后纯民俗学的东西，我们不发，只发从民俗学的角度出发，研究民间文学的文章。……《论坛》以建立中国的马克思主义民间文学体系为中心，围绕这个问题，从各个方面开展研究。文章应以质量第一，名人文章必须一视同仁，编辑部要有自己的自主权。"以此作为对钟敬文"大民俗学观"的隐性反对。

作为《论坛》的实际负责人，陶阳始终没有发表意见。但从《论坛》的实际执行情况来看，《论坛》民俗学论文的占比还是不断加大的，由此可见，编辑部同人是无法左右办刊方向的。钟敬文的学术话语已经成为民间文学界的强势话语，钟敬文的主流学术地位一经奠立，在稳定的政治气氛下，就很难被撼动。只有在大方向一致的前提下，才是编辑同人发挥学术引领作用的挥洒空间，比如，如何对待青年学者培养，如何对待海外学术潮流等。

三、大力扶植和培育青年学者

与当今许多学术期刊轻视和苛求"非著名学者""非教授"的文章不一样，《论坛》从创刊以来，就一直注重对青年学者的扶持和培养。贾芝在《发刊词》中说道："民间文学专业队伍，也正在成长壮大。有不少颇有见地的论述，是出于年轻人的手笔，这使我们看到这一新学术领域的希望所在。"[1]

1984年第一期封底的订阅广告中特别强调了"广泛团结全国老、中、青民间文学研究者，大力培育新人，为建设社会主义精神文明，建设和发展中国的马克思主义的民间文艺学而贡献力量"。广告语的原稿，是陶阳于1983年7月20日手书的"广告底稿"，原文为："《论坛》撰稿人，多系国内知名的民间文学、民俗学、民族学、语言学等方面的专家和民间文学工作者，也注意发表中青专家们的学术论文，并注意培养新生力量。"创刊时期的《论坛》，有着非常强烈的使命

---

[1] 贾芝：《发刊词》，《民间文学论坛》1982年创刊号。

感，十分注重培育新生力量，关注学科的可持续发展。这一方面，编辑部同人做了大量的工作。

首先是通过评奖，对青年学者加以特别的鼓励和扶植。

评奖的提议始于吴超。在1984年的《论坛》内部"整改讨论会"上，在提到如何培养学界理论队伍时，吴超提议："可以搞中青年作者论文评奖。可以让读者来评，看《论坛》上的文章哪篇好。"陶阳附和说："可以搞征文，老中青都参加，进行征文评奖。"①通过不断的方案完善，从1985年第一期开始，《民间文学论坛》就开始发布《优秀理论文章评奖办法》，采取群众推荐与专家评议相结合的方式进行，自1982年创刊号至1985年底的所有论文都在参评之列，评奖标准中特别强调了"评奖中注意发现新秀"②。

1986年第二期公布了首届"银河奖"（1982—1985）评审结果。"评选中切实以文章的学术水平为主要依据，在同等标准下，注意发现新秀、奖掖青年。"③其中陈建宪、谢选骏、陶思炎、阎云翔、程蔷、刘晔原等，都是初出茅庐的青年学者，后来也都成为民间文学研究界的知名学者。

三年之后的1989年，又举行了第二届"银河奖"（1986—1989）评选，在大连举办的第一届中国民间艺术节上揭晓并颁奖。《论坛》编辑刘晔原回忆说："'银河奖'隔两年评一次，没有巨额奖金和红地毯的光耀④，主要是给大家一个鼓励，一个认同！树立一个标杆！获奖者的激动感动也是今天难以想象的。前些时候有人见到我还提到当时获奖，回去以后什么感觉，他跟领导汇报，领导说，还有这样一个刊物？民间文学有什么研究的，不就是老太太坐炕头上哄孙子嘛，那也算学问？从他汇报以后才知道这也是上国家台面的重要领域，一个有专业特色的文

---

① 中国民间文艺家协会研究部：《研究部纪事》，1984年4月23日。
② 《〈民间文学论坛〉举办优秀理论文章评奖启事》，《民间文学论坛》1985年第1期封底。
③ 本刊记者：《群星灿灿集银河——〈民间文学论坛〉首届"银河奖"揭晓》，《民间文学论坛》1986年第2期。
④ 据1985年底（具体日期该页不详）《研究部纪事》记载："评奖：总计三千元（会内支援二千五）"。

化阵地。"① 向云驹也说："当年论坛开展的学术评奖聚集了一大批的人才，而且也让一批老专家、老学者焕发了学术青春，整合了一个很大的平台，这个影响到现在依然在发挥作用。我们就是从论坛开始聚集整个学术力量，集群式地发声，由此形成的学术队伍对整个民间文化后来的发展都做了全面的铺垫。"②

其次是举办专门的青年学者座谈会。

无论是中国民研会，还是1983年刚刚成立的中国民俗学会，都把学科的未来寄托在青年学者身上，时任中国民研会书记处常务书记的刘锡诚说："一批中青年研究者在民间文学理论战线上崭露头角。他们由于较少受到庸俗社会学理论和方法的影响，学术思想上较少因袭的负担，他们率先对过去我们很少或不敢问津的各种民间文学研究方法，从理论和实践两个方面进行大胆的探索与尝试。"③为了加强编辑部与青年学者、青年学者与青年学者之间的密切联系，培养青年学者的学术自信，为青年学者鼓劲、加油，编辑部专为青年学者召开了多次学术会议。

1985年5月14日，编辑部在上海市文联召开"上海青年民间文学理论工作者座谈会"，座谈会由编辑部主任吴超主持。姜彬在座谈会上致词说："抓学术研究队伍，重点放在年轻人身上就更有现实意义，我们老一辈人，现在都年事很高了，这是客观规律所决定的。但我们的事业要发展，这就需要青年同志跟上来，把担子接过来。我们老一辈的人对事业追求的希望就寄托在青年人的身上。"④ 当时参加会议的青年学者毕尔刚、郑土有、徐华龙、刘巽达、刘晔原等，后来都成为民间文艺研究界的知名学者。

时隔一年，《论坛》编辑部再次邀请全国部分青年民间文学理论家在北京召开座谈会。陶阳在致词中说："青年理论家才思敏捷，善于开拓。近几年来在《论

① 刘晔原：《纪念〈民间文化论坛〉创刊35周年暨陶阳先生逝世五周年》，《民间文化论坛》2017年第6期。
② 向云驹：《考虑大的思想问题、理论问题、学术问题》，《民间文化论坛》2017年第6期。
③ 徐纪民：《本刊编辑部在南通市召开田野作业与研究方法座谈会》，《民间文学论坛》1985年第5期。
④ 姜彬：《希望寄予青年》，《民间文学论坛》1985年第5期。

坛》上所发的文章大部分是中青年同志的，首届'银河奖'的获奖者也大部分是青年理论家，所以青年是民间文学事业的中坚和希望。"① 刘守华就曾称赞这次会议说："（会议）参加者有叶舒宪、吕微、苑利、阎云翔、程蔷、陈勤建、陈建宪、陶思炎、李扬、郭崇林等，《论坛》所团结、扶持的这些小人物，如今大都成为了民俗学和民间文艺学卓有成就的大教授，可见办好刊物有着培育新人的巨大影响。"②

1986 年 5 月，《民间文学论坛》编辑部邀请全国部分青年民间文学理论家在北京召开座谈会。参加会议的有：北京王强、杜萌、蔡大成、程蔷、阎云翔、罗汉田、苑利、谢选骏，上海陈勤建、彭小明、邹国平，陕西叶舒宪、吕微，湖南杜平、袁铁坚，湖北陈建宪，四川周明，云南兰克，浙江王晓华，江苏陶思炎，河南任骋，河北孟繁静，山西姚宝瑄，辽宁李扬，黑龙江郭崇林等。前排主要为《民间文学论坛》编辑部成员：左五刘锡诚、右四陶阳、右三吴超、左一刘晔原、右二赖亚生、右一金辉

《论坛》并不是一份单纯的学术刊物，编辑部也不是单纯的编辑机构，"而是一个国家级的民间文学和民间文化方面的学术刊物，是这一学术领域的一个标

---

① 徐纪民：《反思与展望——全国部分青年民间文学理论家座谈会纪要》，《民间文学论坛》1986 年第 4 期。
② 刘守华：《〈论坛〉育人千秋业》，《民间文化论坛》2012 年第 5 期。

志"①。《论坛》实际上自觉地承担起了民间文学学科的学术组织者的作用，全面推动着中国民间文学的理论建设和人才培养。正如徐纪民在编辑部会议中说的："对理论队伍的培养，许多人给我们写文章，都是我们不知道的，他们生活在基层，理论水平当然还不高，但资料丰富，需要扶持，人一多水平就能提高起来，如浙江，我们发表了吕洪年、顾希佳的文章，下面的积极性一下子高了起来，觉得他们还是有人的，不那么自卑了，我们不能把眼光只盯在名家身上。我们以后收到稿件，可以先发一封信给作者，表示已收到稿子，这是作者很关心的。另外不用的稿，也应回信，将审稿意见综合一下，告诉作者，许多写文章的人都是年轻人，初出茅庐，希望得到宝贵的意见。"②

再次是加强编辑部青年学者自身的学习和提高。

在 1985 年之前，《论坛》编辑主要是按地区划片的，比如，徐纪民负责跑东北、华北、华东片；李路阳负责西北、西南、中南、北京片。编辑们为了约稿和发现新人，全国各地到处跑。

但是，时任民研会书记处常务书记的刘锡诚对编辑提出了更高的要求，他要求《论坛》编辑部的同志具备研究素质，积极参与学术活动，自身也应成为学者，"他甚至说，你们如果不研究问题就不要在这里坐着了，既然是学术会，如果编辑部的人都不敢说话，都不能说话，参加不到学术研究里边，那么我们的编辑水平如何提高"③。在这种高要求之下，李路阳、徐继民、谢选骏、蔡大成、刘晔原，以及后来的靳伟、彭文欣等人，全都明确规划了自己的研究方向，加强了对某一领域的专门学习。

为了促进和检验编辑的业务素质，编辑部内部实行了三学习制度，一是政治学习，二是业务学习，三是学术学术。每位编辑必须认定一个学术选题，定期汇报学习进展，借此提高自身的学术水平。如：陶阳负责古代神话、吴超负责牛郎

---

① 刘锡诚：《坚守学术品格，创新学术理念》，《民间文化论坛》2012 年第 5 期。
② 中国民间文艺家协会研究部：《研究部纪事》，1984 年 4 月 23 日。
③ 刘晔原：《纪念〈民间文化论坛〉创刊 35 周年暨陶阳先生逝世五周年》，《民间文化论坛》2017 年第 6 期。

织女和歌谣、金辉负责原始艺术、徐纪民负责故事研究、刘晔原负责中国古代神话与传说，同时，编辑还要负责对作者的理论研究现状进行普查，在全国学界建立理论队伍。①

四是开办刊授大学。

中国民间文学和民俗学创办培训班，是从 1928 年开始就已形成的老传统，钟敬文是当年"中山大学民俗学传习班"的主要负责人。1949 年之后，只要一有机会，钟敬文就会再次提议兴办类似的培训班。

1985 年创办的"中国民间文学刊授大学"是依托于"民间文学三套集成"而创办起来的。"刊大"招生词说："为了提高基层文化馆民间文学专职干部的业务水平，满足广大农村青年和各条战线民间文学爱好者学习民间文学知识的迫切要求，造就民间文学人才，推动民间文学搜集、研究工作，努力完成中央文化部、国家民族事务委员会、中国民间文艺研究会编辑三套'集成'的宏伟计划，为建设社会主义精神文明做出贡献，中国民间文艺研究会决定创建'中国民间文学刊授大学'，由《民间文学论坛》编辑部主持。"②

"刊大"于 1985 年 3 月 15 日开学，校长刘锡诚。邀请各领域专家共开设了 13 门课程：民间文学原理（编辑部）、神话学（陶阳、谢选骏）、故事学（刘守华）、歌谣学（吴超）、传说学（张紫晨）、俗文学（段宝林）、民俗学与民俗调查（乌丙安）、民间文学史（屈育德）、西方民间文艺学史（刘魁立）、民族学基础（陶立璠）、文化人类学（蒋炳钊）、原始艺术（刘锡诚）、美学（杨辛、甘霖）。"刊大"采取函授与面授相结合的教学方式，要求学员全年完成 5 篇作业（搜集整理 4 篇，论文 1 篇）。《论坛》和《民间文学》两刊联手，开辟"刊大学员园地"专栏，陆续发表了一些学员搜集的民间文学作品。

刊授大学，顾名思义，就是在刊物上授课，学员订阅杂志，也订阅教材，通过自学以成材，因此，《论坛》编辑部每月都要给所有学员寄发教材，答疑解惑，这对于人数有限的编辑部来说，工作量是很重的。刘晔原回忆说："编辑部在提

---

① 中国民间文艺家协会研究部：《研究部纪事》，1985 年 11 月 6 日。
② 佚名：《中国民间文学刊授大学招收第一期学员》，《民间文学论坛》1985 年第 1 期封底。

高自己的同时也非常注重学术传播。编辑部在两位主编、刘锡诚和陶阳的具体指导下，在 20 世纪 80 年代大家迫切求知的文化氛围下，办起了'民间文化刊授大学'，聘请当时的著名学者、高校教授写出教材，并和学员沟通互动，定期定点面授，把民间文学和民间文化做了最大的普及，也培养了一批民协的骨干、领导，当时相当一批地方协会的领导当年都是民间文化论坛刊授大学的学员。这是当年一个传播的手段，现在大学满天飞了，我们可能不会有当年那样的环境，但是我们要把传播意识继承下来，走进各个地方，把我们的声音叫响，让大家都知道这个平台，保持提升学者的关注度。比如，对于田野作业报告给予一定的版面，让一线的调查研究成果都能得到发表，虽然短一点，少一点。"①

不过，当事人的回忆是很容易对当年的工作成绩做过高估计的。事实上，"刊大"的结局与 1928 年中山大学"民俗学传习班"的虎头蛇尾如出一辙，这种"速成"教学是很难培养出真正的学术人才的②，最终也只能草草了结，只有极少部分学员能够在地方文化事业中继续从事民俗学的调查研究工作，很难做出有实质影响的成绩。常常被他们用做成功典范的广西过竹（过伟之子），因其家学渊源和后期在北京大学的进修，从而进入研究队伍，其他几乎全军覆没，至多在基层民间文化工作中活跃过一段时间。

四、编辑部内部的反省和"整改"制度

20 世纪 80 年代下半叶，《论坛》多次在各地召开学术研究或专题讨论、座谈会，就当代民间文学研究中出现的各种问题展开讨论，培养了一大批卓有成绩的民间文学研究人才，"不仅推动了民间文学工作重心向理论研究的转移，也拓展了民间文艺学的视野与研究深度"③，对于新时期的民间文学和民俗学发展起到了巨大的推进作用。

---

① 刘晔原：《纪念〈民间文化论坛〉创刊 35 周年暨陶阳先生逝世五周年》，《民间文化论坛》2017 年第 6 期。
② 施爱东：《学术队伍无法速成：1928 年的中山大学民俗学传习班》，《文化遗产》2009 年第 4 期。
③ 胡敬署等主编：《文学百科大辞典》，华龄出版社，1991 年，第 567 页。

以编辑部 1983 年年底的一则备忘录可以看出，仅规划中 1984 年需要由编辑部组织或参与的学术会议就多达 11 个：杭州、镇江（白蛇传），廊坊（张士杰作品），北京（少数民族文学史）、昆明（三套集成训练班），成都（理论著作选题会），贵州（神话），武汉（机智人物），辽宁（第三届年会），拉萨（格萨尔演唱），辽宁（满族文学），黑龙江（伊玛堪）。① 据笔者对 1984 年的学术信息进行检索、查核，这些会议几乎都得以成功举办，可见当时编辑部的工作强度是很大的。

编辑部内部的"整改"会议，更是随时都会召开，在这些会议中，主编、副主编以及编辑是以平等身份进行讨论的，大家各抒己见，以谈不足、说缺点为主，旨在不断提高《论坛》的编辑水平。以 1984 年 4 月 23 日的编辑部会议为例。陶阳在开场白中说："这几期《论坛》搞得很好，大家辛苦了，现在全国水平有了提高，如神话这个空白，有了突破，逐渐深入。这是我们发表了袁珂的文章后引起来的，我们当时就应抓住时机搞下去，现在可借神话讨论会，把讨论深入下去。我想，《论坛》应适当提高质量，搞些概述。论坛如何实行改革，有必要讨论。"徐纪民马上说：《论坛》有自己的特点，一是要促进全国水平的提高。有些文章发表后，在地方上影响很大，如孙文采的文章②，当地很重视，对当地工作能起作用。《江格尔》方面，我们发了贾木查的文章③，新疆马上引起了重视。外界反应，《论坛》的质量不错，能在《论坛》上发表文章很了不起。有的文章我们退了，但在其他刊物上发表后反响很大，比如龙海清的关于屈原楚辞的文章④，引起了日本人的注意，这些问题的产生有两个原因，一是以自己的观点来衡量，不同意就不发，二是我们的信息太慢，如袁珂的神话观点，在外界早已引起讨论，可我们还不知道，我们完全可以很早就抓这个问题的。我们应发现对某个问题的发展趋势，善于发现苗头。"他还建议："每次搞两个重点，一个大的，一个

---

① 中国民间文艺家协会研究部：《研究部纪事》，1985 年年底（具体日期记录不详）。
② 孙文采：《试论长白山挖参人的道德观——长白山人参故事初探》，《民间文学论坛》1984 年第 1 期。
③ 特·贾木查：《论英雄史诗〈江格尔〉》，《民间文学论坛》1983 年第 4 期。
④ 龙海清：《屈原族别再探——并答夏剑钦同志》，《江海论坛》1983 年第 3 期。

小的，然后再配搭别的文章，不要单打一……要有一个稍长一点的规划，近期搞什么，心中要有数，神话史诗的问题，我们以前抓过，但没抓起来。"①

又如1984年的一次编辑部会议上，吴超说："今年计划完成得比较好，如神话、《白蛇传》专题，但对史诗研究不够，没有主动去约稿，其他也上了一些，史诗只上了一篇，量太少。明年应上《格萨尔》，现在长文多，短的少，现稿不多，但退的也多。我们要善于发现人才，明年的专题，神话的讨论不能丢，特征问题搞得很久……"谢选骏同意鼓励多发短文，建议"短文稿费从优"。陶阳则认为，好稿子不多，编辑部应该主动出击，多向行家约稿，他提议说："史诗方面，请季羡林同志写一个文章；钟敬文搞了一箱子资料，可以写关于女娲考方面的文章；假面的研究，从神话角度进行研究，谢选骏去找张光直约稿；请刘尧汉写关于图腾的文章；八仙的问题，可以找车锡伦。"②

中国民协领导一直非常关注《论坛》的发展，经常提出意见，也在一定程度上左右着《论坛》编辑工作。比如1986年7月15日，民研会书记处常务书记廖东凡参加编辑部会议，列举了一些基层分会的意见："一、部分文章行文深奥；二、希望有短、通俗，中等知识分子能看懂；三、开辟争鸣栏目，对当前文坛敏感的问题、动态要进行争论。"③

由于《论坛》隶属于中国民研会，人员和经费随时都在调整中，加上不断有新的事务性工作，比如评奖、临时会议，以及刊授大学的创办等，这些都是非常态的额外工作，所以，编辑部的工作分工和安排也在随时调整之中。

1987年5月，经中共中央宣传部批准，"中国民间文艺研究会"改称"中国民间文艺家协会"。14日，《论坛》主编、副主编在参加中国民协党组会议的时候，从编辑部向党组提出的几点意见中，也可看出编辑部的尴尬处境："一、希望党组指定专人负责论坛的工作，加强党的领导；二、希望党组和书记处对《论坛》的办刊方针给予具体指示；三、对《论坛》的组织建设予以关心，并尽快解

① 中国民间文艺家协会研究部：《研究部纪事》，1984年4月23日。
② 中国民间文艺家协会研究部：《研究部纪事》，1984年9月6日。
③ 中国民间文艺家协会研究部：《研究部纪事》，1986年7月15日。

决，补充编辑人员，并尽快解决主编副主编的定职问题；四、现在《论坛》主要依靠自然来稿，约稿和改稿极端成问题，现在稿源不足，三家争稿，希望在出差费方面给予照顾。"①6 月 25 日，刘锡诚代表民协党组对《论坛》回复了几点意见："应改变守株待兔的编辑方法，改成分内容、地区的组稿，提倡竞争。编辑程度应弄好：一、审稿问题，编辑对每期、每个时期的稿子要有计划、重点；二、版面问题，民俗、民间信仰的版面较多，现实的、民间文学的少，古籍的多，真正活态民间文学很少，图腾制多了，民间故事方面的少了，在方向上有些偏，编辑部可以讨论；三、学习问题，要提高质量、素质，要将自己的研究方向与工作结合起来，关注各地理论刊物的动向，做好信息交流，参加各种会议，在理论界活跃点，文笔要好，要有魅力；四、制定一些规章制度，要法治，不要人治；五、做好核算。"② 可是，在 7 月 11 日的民协党组扩大会议上，时任民协主席的钟敬文却又提出了不太一样的意见和要求："赞同季刊，双月刊稿源不足。刊物很少讨论实际问题，应用民俗学、应用民间文学搞得太少。有一个马克思主义的把关问题，要有高层次的指导思想，丰富马克思主义。有些文章可请外面专家审，有些质量不高，因人事而定。神话定义、对象讨论没必要，不是从实际出发，而是从教条出发。评奖方面，群众投票不对。主席的看法，书记处另一个做法，决定后不执行。"③

五、强烈的使命感和学术领导意识

民协党组对《论坛》的期望越高，《论坛》的压力就越大。在《论坛》创办初期，尽管遇到这样那样的困难和波折，但是，从《研究部纪事》中我们可以非常明确地感受到《论坛》编辑部同人强烈的学科使命感，他们不辞劳苦，努力挖掘和培育优秀的民间文学工作者，帮助他们，引导他们，为他们提供发言的机会。

---

① 中国民间文艺家协会研究部：《研究部纪事》，1987 年 5 月 14 日。
② 中国民间文艺家协会研究部：《研究部纪事》，1987 年 6 月 25 日。
③ 中国民间文艺家协会研究部：《研究部纪事》，1987 年 7 月 11 日。

　　《论坛》编辑部始终把"培育新人"当成自己最重要的职责之一，认为"人才，是最宝贵的。我们的刊物也要为造就人才做出贡献。广泛团结老中青民间文学研究者，努力发现新秀，积极培育新人，既出人才，又出成果"①。刘晔原也在回忆文章中说："当年，《民间文学论坛》编辑部十分重视作者和编辑部自身的提高。为了让编辑部的同人能够了解各地情况，迅速走进研究的领域，同时也为了支持那些积极为本刊投稿、而在地方少有机会发言的学者，《民间文学论坛》以编辑部的名义走遍了上海、江苏、深圳、西北，如果哪个省出了好文章好学者，我们就会去研讨宣传，把地方学者都发动起来。编辑部在那里召开当地学者的座谈会，尊重当地的学者，使他们感受到民间文化研究的温度，也能获得当地的重视，给他们实际的支持。"②

　　《论坛》通过对学术话语权的掌控，事实上成为中国民协领导全国民间文学学术事业的一个抓手，因此，《论坛》始终在围绕民协的各项中心工作和学术旨趣，调整内容、设置栏目、制造热点。民协党组一再要求《论坛》"掌握全国研究动态""多发争鸣文章""拓展应用研究"，力争"办成一流理论刊物，加强理论性"③。"刘锡诚、刘魁立、陶阳三位先生，作为一线的领导亲自指导我们：刊物是怎么样设立各个栏目，这个栏目主要向哪些人组稿，对于民间文学各方面有创见的来稿和青年学者的稿件如何破格刊用。"④

　　当时《论坛》的发行主要以邮购为主，订阅量不大⑤，但是对王蒙、贺敬之、费孝通、王朝闻、黄永玉、吴祖光、蓝翎、李希凡、李泽厚、庞朴、周谷城、鲍昌等文化名家是免费寄赠的，而且经常性地向他们征求意见。比如鲍晶就曾提意

---

① 本刊编辑部：《改刊告读者》，《民间文学论坛》1985 年第 1 期。
② 刘晔原：《纪念〈民间文化论坛〉创刊 35 周年暨陶阳先生逝世五周年》，《民间文化论坛》2017 年第 6 期。
③ 中国民间文艺家协会研究部：《研究部纪事》，1986 年 10 月 7 日。
④ 刘晔原：《纪念〈民间文化论坛〉创刊 35 周年暨陶阳先生逝世五周年》，《民间文化论坛》2017 年第 6 期。
⑤ 从《论坛》创刊号的具体分配数量上看，创刊号的总印数在 800—1000 本之间，除了民协各处室各分配 50—70 本，大部分都用于作者样书、座谈会和寄赠人民日报社等相关单位，个人购书最多的是马学良，买了 10 本。

见说："栏目扣题不准，偏离'民间文学'的刊名，建议改刊'民间文化'好。"①
或许这还是最早提出将《民间文学论坛》改名《民间文化论坛》的。

《论坛》还经常召开"编委会"，"钟敬文、贾芝、马学良等三位大家都是精
神抖擞地参会，给我们提了很多的指导性意见"②。除此之外，还有"评刊座谈
会"，广泛邀请民间文学研究界的知名学者为《论坛》把脉、提意见，比如，许
多学者都曾提出应该多发一些短文章的建议。杨堃、王浩、张紫晨都说："《论坛》
应多发一些短文，使版面丰富而活泼，如能有一些文笔犀利、短兵相接的争鸣短
文，更能促进学术气氛的活跃……或者摘发一些有独特见解的争鸣文章。应着眼
于学术新观点。"③

杂志主编的学术倾向对于杂志的引导作用更是不容小觑。"陶阳先生任主编
的时候，抓的是民间文学基础理论的研究。在那几年里，我们看到《民间文学论
坛》上发表的论文基本是围绕着民间歌谣、民间故事、民间谚语、神话传说等民
间文学的基础理论研究展开的。在刘锡诚任主编的几年内，随着西方各学派鼻
祖、权威的专著引入中国出版市场，中国的民间文学研究从狭义向广义延伸，从
单一学科向多学科融合发展，各种学派兼收并蓄，奠定了建设理论体系的基础。
《民间文学论坛》也因此成为构建广义民间文化理论体系研究的发布平台。"④
此外，《论坛》在把握学术热点、引领学术潮流方面，也有不俗的表现，比如，
1985 年 5 月召开的"田野作业与研究方法座谈会"，可谓在学界正式推出"田野
作业"的概念，以全面取代"搜集整理""采风""采录"等传统民间文学概念。

《论坛》创刊于改革开放初期的关键时期，与时代同步，就当代民间文学研
究中出现的各种问题及时展开讨论，培养了一大批卓有成绩的民间文学研究人
才，"不仅推动了民间文学工作重心向理论研究的转移，也拓展了民间文艺学的

---

① 中国民间文艺家协会研究部：《研究部纪事》，1986 年 7 月 1 日。
② 刘晔原：《纪念〈民间文化论坛〉创刊 35 周年暨陶阳先生逝世五周年》，《民间文化论坛》
2017 年第 6 期。
③ 林涌：《〈民间文化论坛〉召开评刊座谈会》，《民间文化论坛》1982 年第 2 期。
④ 李路阳：《打开几近尘封的时光记忆》，中国民间文艺家协会编《中国民间文艺家协会 70
年学术史》，学苑出版社，2020 年，第 458 页。

视野与研究深度"①，对于新时期的民间文学和民俗学发展起到了巨大的推进作用。刘魁立在谈及《论坛》的影响力时说道："每一个学派、每一批有成就的专家、每一个比较大的高潮在科学方面的出现，几乎都是和一定出版物相联系的，从这方面看，《论坛》的社会价值是很重要的。把民间文学理论工作者、读者、青年学者团结起来，组织起来，成为一个集体力量，建设我们中国作风、中国气派、有自己民族特点的、真正建立在马克思列宁主义基础上的这一新兴的学科，《论坛》承担着重要的使命。"②

综上所述，《民间文学论坛》从办刊之初起，就呼应着全国新老民间文艺工作者的热切期望。编辑部深感责任重大，在努力办刊编刊的同时，还主动地担负起了引导中国民间文学研究方向、推动中国民间文学研究进程的重要使命，其创刊初期的组织成就主要表现在：

（一）解放思想，提倡学术争鸣。

（二）大力扶植和培育青年学者。

（三）设立全国性的学术奖项，促进学术规范。

（四）创办刊授大学，为"三套集成"的全国性调查研究培养人才。

在创刊时期，编辑部同人克服种种困难，始终围绕民研会的中心工作和中国民间文化事业的发展脉搏，不断调整内容、设置栏目、制造热点，把民间文学理论工作者，尤其是青年学者组织起来，培育成一个坚实的民间文化研究学术共同体。

---

① 胡敬署等主编：《文学百科大辞典》，华龄出版社，1991 年，第 567 页。
② 林涌：《〈民间文化论坛〉召开评刊座谈会》，《民间文化论坛》1982 年第 2 期。

第九章
民俗学的未来与出路

21世纪初期，中、日、美三国民俗学界都不约而同地爆发了对于学科危机的深刻反思。日本方面，菅丰教授策划了一起他与福田亚细男之间的"世纪论辩"。论辩不仅对20世纪的日本民俗学进行了反复的学理辩难，也对21世纪的学科未来进行了艰苦的讨论。美国方面，邓迪斯《21世纪的民俗学》对于美国民俗学的衰落发表了令人震惊的言论，引起了美国民俗学界的强烈反响。

从中、日、美三国民俗学学科发展的起伏历程可以看出，虽然三国国情和体制不同，但都受到了社会需求的巨大制约，都曾针对时势需求和"学院化"大幅调整过学科的生存策略和发展方向。

从中国民俗学的历史与现状来看，社会需求与政策影响依然是民俗学发展最强大的外部因子，内部建设的关键既不是方向选择，也不是宏大理论，而是健全的结构，以及自由学术生态下的自然生长。

在遵守科学规则的前提下，尊重和理解学术多样性，应该成为中国现代民俗学乃至整个哲学社会科学的一项基本理念。

一、东瀛论剑：日本民俗学的巅峰对决

2010年7月31日，这是一个注定会被未来的日本民俗学史记载的时刻，东京大学东洋文化研究所召开了一次题为《超越福田亚细男：我们能够从"20世纪民俗学"实现飞跃吗？》的学术论辩会。论辩双方分别是"日本民俗学会"前会长福田亚细男（国立历史民俗博物馆名誉教授），和日本"现代民俗学会"新锐代表菅丰（东京大学东洋文化研究所教授）。

论辩是由菅丰策划的，以"现代民俗学会"和"女性民俗学研究会"的名义联合举办。论辩会出乎意料地达到了105位与会人（未计迟到者），菅丰大概没料到会有这么多听众，研究所三楼的会议室坐不下，部分学生只能坐到隔壁房间"听会议"，这在日本学界是非常罕见的。外国学者以中国、韩国学者居多①，还有一些我不认识的欧美学者。一个本属日本民俗学内部的论辩会，最后变成了"联合国"的观战大会。

主席台中央用来放映PPT，论辩双方相向坐于两侧。菅丰身穿短袖方格衬衫，坐在听众右前侧，福田穿着浅色横条T恤衫，坐在听众左前侧。会议持续了六个多小时，从中午一点半持续到晚上近八点，中途几乎无人退场。菅丰准备工作做得非常充分，一共做了157张PPT，语速极快，场面咄咄逼人；福田一直笑眯眯地看着菅丰，看起来非常沉着镇定，偶尔还会向听众抱怨说："他说话速度太快，我有点跟不上。"但他防守极其缜密，几乎寸步不让，回答问题时最常用的开头语是："这是一个相当难答的问题。"而最沉重的撒手锏是："日本民俗学如果已经不为时代所需要，无法适应时代，那么'理应消失'。如果要舍弃历史而向新的民俗学转变，也就是说如果要发起革命，那就不必拘泥于'民俗学'，你们完全可以独立创造另一门学问。"

论辩全程休息时间很少，但观众也并非个个紧绷大脑全神贯注听会，许多听众是专程来给福田先生助威的。坐在我前方的一位女性民俗学会会员，虽然也偶尔做做笔记，但主要是给福田画素描小像，一幅接一幅地画。会后聚餐时，我曾通过彭伟文问她为何一直在绘画，她的回答是："我喜欢福田先生的样子。"我好奇地转而请教福田先生，想知道女性民俗学会主要开展哪些学术活动，从事哪方面的研究，福田先生告诉我，她们中的多数人只是爱好民俗学，并不从事研究工作，也很少发表论文。

第二天（8月1日），我在巴莫曲布嫫主持的"民俗学论坛"网站上以《东瀛论剑：日本民俗学的巅峰对决》为题，发表系列网帖，报道这次论辩，并且评

---

① 与会中国学者有余志清、毕雪飞、彭伟文、施爱东等。

东京大学的学术论辩会现场照

图 / 施爱东，2010 年 7 月 31 日

论道："当菅丰觉得福田先生主导的'学院派民俗学''历史民俗学派'已经阻碍了日本民俗学的进一步发展时，他为了要给民俗学寻找一条新的出路，就必须起而推翻福田时代的民俗学范式。而福田先生的民俗学范式是与他的理论、方法结成一个整体的，这是一个互为理论的有机整体。那么，菅丰要想推翻福田的民俗学王国，就要首先推翻福田时代所奉行的一系列学术话语和学术标准。所以，菅丰要想取得胜利，他必须有更彻底的理论准备。"8 月 4 日，菅丰在"民俗学论坛"发表长篇回复《关于本次论辩的目的以及理论、思想》，这篇回复大致可以视作对于该论辩的总结性回顾，以及对于中日民俗学者在"理论""思想"观念上的差异阐释，兹将其翻译、整理，节录于后，作为本章第二节。

二、菅丰：关于本次论辩的目的以及理论、思想

本次论辩的目的，并不在于批评并战胜福田亚细男，而是希望能让日本民俗学者对以下问题产生自觉：对于以福田先生为代表的 20 世纪民俗学，到底是继承，还是扬弃？

所谓"20 世纪民俗学"，是指 20 世纪由柳田国男等先驱者推动的日本本土文化的理解与复兴，以及使之学问化的运动。这是当时因应时代要求而产生的，

最初作为一种"在野之学"，经过近一百年的发展而逐步体系化、组织化和制度化。在其最终阶段，福田先生的影响力是巨大的。

福田先生虽然不会放弃"20世纪民俗学"，但也并不认为它能够有一个光明的未来。他似乎已经下定决心要接受迟早必将来临的"民俗学的失败"，准备与"20世纪民俗学"同归于尽。而这一决心却是作为其后继者的菅丰等学者所不敢苟同的。福田先生也许会激烈地反对舍弃或改变民俗学一直以来的目的、方法和对象，哪怕它们已经脱离现实、失去作用。

议论正是以此为起点而展开的。

简单点儿说，超越第一代（柳田国男为代表）的第二代（福田亚细男为代表）民俗学人，其"历史主义"倾向十分浓厚。特别是福田先生，一直坚持"民俗学＝历史学"这一图式。在各国民俗学正以多样的定义与方法面对着自己的研究对象之时，日本民俗学却因其历史主义枷锁的束缚，无法产生新的变化。福田先生自己也承认，这种状况正说明日本民俗学已经无法适应时代，不为时代所需要，但他反对以重构学术体系的方式来苟延残喘。他认为倘若真到了那一天，民俗学就应该凛然而高洁地离开。他甚至建议与其发起学术革命，重新定义民俗学，还不如放弃民俗学，独立去另创一门新学问。

对此，菅丰的反论是：美国或是德国的民俗学，都通过改变定义与研究方法，使得民俗学焕发出新的生机。只有日本民俗学还被束缚在狭隘的历史主义之中不可自拔，这难道不显得奇怪吗？为日本民俗学寻找新出路，是21世纪民俗学者的责任所在。

此外，针对中国学者提出的"思想"与"理论"问题，菅丰想做点说明。

首先，本次论辩并非"革命"，而是希望为惰性继承20世纪民俗学的人们敲响警钟。在这一点上，福田先生也持同样的意见。福田先生对于自己一手打造的20世纪民俗学的未来发展也不抱希望，但是大多数日本民俗学者却没有这样的危机意识。论辩是为了凸显危机意识的重要性。

其次，自有20世纪民俗学以来，日本民俗学并不存在一种能够简单称之为"思想"的东西。即使福田先生自己，也并不具有历史主义之外的所谓"思想"。

而历史主义，在日本学者眼中，算不得"思想"。

大多数中国民俗学者都对日本民俗学有一些误解，其实日本民俗学本来就没有能够称得上"理论"的理论。如果当下的日本民俗学者中，有哪位能够列举出所谓民俗学独特的理论，那他一定是对理论知之甚少，或者对日本民俗学史缺乏了解。即使福田先生所谓历史主义的思考方式，中国民俗学者如果仔细鉴别的话，大概也不会觉得其中有太多理论成分吧。正如日本学界不称其为"思想"一样，一般的也不称其为"理论"。

菅丰与中国民俗学者打交道时常听到的对日本民俗学的不满是"调查仔细但理论不足"。他以为这是两国民俗学之间一个较大的差别，对于多数日本民俗学者而言，中国民俗学所谓理论性的论文，大都会觉得难以接受。这也是因为两国学问的历史过程大有不同。

日本在 20 世纪 60 至 70 年代民俗学学院化的发展中，也有意见说"民俗学要想成为独立科学，必须拥有自己的理论"。但除了柳田国男的资料操作论（重出立证法、周圈论等）以外，并没有得出像样的理论。而柳田的那一套，在今天看来根本算不上理论。福田先生的"地域民俗论""传承母体论"等，正是在反对以上资料论的基础上提出的。但这些，在今天也称不上理论。在村落社会解体，社会流动性增大的今天，这样的理论早已失去有效性，现在已经没有哪个民俗学者会天真到以之为全面指导而展开研究了。这些讨论在 70 年代也许有其意义，但在之后的数十年中早已变得迂腐。到了 90 年代，这样的理论研究在整个学界都很难再看到了，没有人还会一头埋在理论的追求当中。所谓理论研究，更多是在反思过去的学说史，也即在"学术史研究"中展开，这便是日本民俗学的现状。

日本民俗学第二代活跃的 20 世纪 70 年代，在某种意义上是民俗学的幸福时光。那是一个既可以从本质主义来看待民俗，又可以相信村落具有所谓独立发展性，还可以轻松地讨论所谓理论的时代。但在随后到来的后现代时代，这些幻想都被击得粉碎，真正的学者已经不会再重复那样的讨论了。总之，中国学者认为经福田先生"理论化"的研究内容，在日本已经失去了作为"理论"而去研究的现实意义。也许正因为在理论开拓方面的缺失，日本才有许多学者直到今天还不自觉地、惰性地依赖着看上去仿佛理论般的历史主义吧。

菅丰在90年代开辟了一般被称为环境民俗学的新领域。但这并非新的"理论"，只是新的"视角"而已。使用的是与历史主义相同的历史方法。而菅丰理论上的核心，是为政治学、社会学、经济学等多学科领域的"共有资源管理论（Commons）"。美国政治学家埃莉诺·奥斯特罗姆（Elinor Ostrom）正是凭借这一理论获得诺贝尔经济学奖。这一理论，虽然就日本民俗学而言只有菅丰在响应，但就全社会而言却是一个宏大理论。另外，对菅丰产生了重大影响的还有建构主义。这也并非民俗学独有的理论。20世纪90年代以后，学问的边际日益模糊，几乎所有有志于深化研究的前沿学者，都在向其他学科领域寻求养分，运用于自己的研究。

作为民俗学独自的理论，90年代从德国引入"民俗学主义"。但这也是建构主义的方法之一。作为理论，它在超越20世纪民俗学的"本质主义"方面有着重要意义，但也因为其研究往往陷入结论先行的同一模式而颇遭诟病。为了超越民俗学主义，菅丰正在"公共民俗学"这一方向摸索前行。与美国的"公共民俗学"有所不同，菅丰主张进一步发展日本民俗学本来就有的"在野之学"的"野"的特征，并在现代的公共性论中重新定位。

如上所述，在日本，90年代以后没有展开任何关于所谓理论的讨论。这是因为日本的社会状况，以及民俗所处的地位变化之剧，使得日本民俗学者无法天真地展示什么理论。不仅日本，美国民俗学也是一样。2004年10月美国民俗学会年会上，著名民俗学家阿兰·邓迪斯做了题为《21世纪的民俗学》的大会演讲，指出了民俗学在世界范围内不断恶化的、令人忧虑的衰退，特别就美国民俗学深陷其中的严重状况及其原因，略显激动地做出了指摘。他认为一个重要的原因是美国民俗学缺乏"宏大理论"（Grand Theory）。第二年即2005年年会上，该学会甚至举办了一个"为何民俗学没有宏大理论？"的专题论坛。现代社会中民俗学想要提出独自的理论，非常困难，这一状况并非日本所独有。在日本和美国，这已经成为与民俗学学科独立性、学科存在意义等密切相关的话题。

也许理论问题因各国民俗学的把握方式差异而各不相同。但认真思考后就不难发现，各国民俗学间的把握方式存在着根本性的乖离。如果缺乏对各国民俗学所处的历史、社会背景和现状的了解，就无法理解各自在理论追求上的积极姿态，或者心灰意懒。美国民俗学家芭芭拉·基尔森布拉特－基姆布拉特（Kirshen-blatt–Gimblett）认为美国民俗学与德国民俗学在价值观、方向性及学问的归结方式上，具有共同标准无法相互理解的根本性不同，并将之表述为"不可通约性"。也许日中民俗学之间，围绕着所谓理论追求，也存在着这种不可通约性。

现在，日本民俗学处于没有统一理论和方法的扩散期。这一状况在福田先生看来，是"民俗学的颓废"，但菅丰正好相反，认为这不是颓废，而正是为了创造新的民俗学而蛰伏、伺机而动的孕育期。今后，在日本民俗学的内部，也许会出现多种民俗学，相互竞争其正统性吧。但现状是，像本次论辩会这样持有相左意见的学者们开诚布公地一起讨论的机会实在太少，更多的情况恐怕是大家自说自话。这次论辩，有意渲染了全面对抗，这在日本也是极为特殊的。就这一点而言，可以说本次论辩是有意义，而且是充满野心的。①

咄咄逼人的菅丰教授
图 / 施爱东，2010 年 7 月 31 日

①［日］菅丰:《今回のシンポジウムの目的と「理论」「思想」について》，民俗学论坛，http://www.chinesefolklore.org.cn，2010 年 8 月 4 日。王京译，施爱东节录。

沉着冷静的福田教授

图 / 施爱东，2010 年 7 月 31 日

三、在野之学、学院派民俗学与新在野之学

论辩以菅丰、塚原伸治"质疑"，以及福田亚细男"答疑"的形式，实际上对 20 世纪日本民俗学进行了一次宏观的梳理和学理省思，双方论辩的焦点集中在"学院派民俗学"对民俗学发展的负面影响。

在菅丰看来，所谓学院派民俗学，是指在大学等专门研究机构，因为研究工作而获得职位的专业人士所从事的民俗学，民俗学被装进"学院"的象牙塔之后，日渐脱离社会实践，日渐远离了柳田开创的经世致用的民俗学传统。不过，福田并不认同菅丰的批评。福田认为："所谓学院派民俗学，是包含了这些多种多样的参与者的，简单地说就是在大学里进行民俗学再生产，并且对其加以系统化的，这样的就是学院派民俗学，而不是从职业，或者说是在某个位置上的人去划分的民俗学。"① 也就是说，"学院派"指的是在大学所接受了正规的、必要的学术训练，跟从业者毕业后在什么机构任职没有关系。福田借助概念的重新界定，暗

---

① ［日］福田亚细男、菅丰、塚原伸治：《民俗学的实践问题》，彭伟文译，《民间文化论坛》2018 年第 3 期。

示学院派也可能在地方机构从事民俗实践，从而避开了菅丰对学院派民俗学脱离社会实践的批评。

回顾日本民俗学史，20世纪上半叶，以柳田国男为代表的民俗学者们普遍参与社会实践，柳田国男甚至将民俗学视作解决社会矛盾的良方妙药，比如，柳田将民俗变迁划分为三个阶段："过去曾经存在的没有矛盾的阶段；由于变化而使矛盾发生和积累的阶段；通过以民俗学的成果为基础的实践解决这些矛盾达到理想状态的阶段，也就是面向未来的阶段。"[①]对于柳田设想的第三个阶段，我们转换一下主宾关系，可以表述为："民俗学是以解决社会矛盾为目标，可以推动社会达到理想状态，进入第三个民俗阶段的一门学问。"经世致用的意图非常明显。

福田先生曾经使用一个专有名词"在野之学"来指称柳田时代的日本民俗学。所谓"在野"包含了两方面的意思：一是"野"的研究对象，也即非精英的、乡村民俗生活；二是"野"的学术地位，也即未纳入正规大学教育系统的、尚未体系化的学科门类。在野之学"是相对于官学而出现的民间学，是有别于中央的地方学，是由非专业人士结集而成的杂家之学，是脱离了学术机构的草根式的学术探索"[②]。

进入20世纪50年代以后，民俗学者们开始推动民俗学的专业化教育。1958年，东京教育大学（后改为筑波大学）民俗学专业第一届学生正式入学，宣告了学院派民俗学在日本的登场。此后，学科系统的规范化、完善化建设也开始了，"福田先生在这种民俗学的体系化过程中，以对民俗学的目的和方法、对象、研究史等进行定义、解说、批判的方式，做出了巨大贡献"[③]。在福田的主导下，经过专业训练的历史民俗学派逐渐成为学院派民俗学的主流。但是，菅丰认为，在历史民俗学逐渐正统化和主流化的同时，也日渐固化和自我封闭，原本支撑着

---

① [日]福田亚细男、菅丰：《为民俗学的衰颓而悲哀的福田亚细男》，彭伟文译，《民间文化论坛》2017年第4期。
② 陆薇薇：《日本民俗学"在野之学"的新定义——菅丰"新在野之学"的倡导与实践》，《民俗研究》2017年第3期。
③ [日]福田亚细男、菅丰：《为民俗学的衰颓而悲哀的福田亚细男》，彭伟文译，《民间文化论坛》2017年第4期。

日本民俗学多样发展的非职业民俗学者被边缘化。"学院派民俗学由于被从'野'割裂开来，虽然实现了制度化的建构，但是与社会产生了乖离。"①丧失了实践性、社会性的民俗学，也就丧失了它的批判精神和学术活力。

在菅丰看来，"学院派民俗学"是"历史民俗学"一家独大，它在促进民俗学体制化的同时，其强大的主流话语也压制了其他研究范式产生的可能性，桎梏了民俗学的发展，因而有必要进行一场代际协商的学术革命。因此，"现代民俗学会"带着一种使命感，作为第三代民俗学者集体登场。

在福田看来，柳田国男无疑是第一代民俗学人（在野之学），他自己可以算作第二代民俗学人（学院派），至于菅丰这一代民俗学者，虽然他们提出了学术革命的理想，但他们尚未形成自己稳定的学术范式，因而不能称作第三代，只能称第二点五代。

虽然福田和菅丰都同意应该将民俗学建设成一门与其他学问相同的"普通的学问"。但是，普通的学问应该是一门什么样的学问呢？菅丰认为，在去学科化，各门学科共享宏大理论的今天，与其追求学科的独特性，还不如与其他学科共享那些普遍性的理论、方法、概念、术语和对象；普通的学问应该是国际化、理论化、尖锐化、跨学科的，能够兼容并包，实现将不同领域的视角、方法等吸收进来的。但是福田坚持认为，要在普通的学问中体现综合科学的性质是不可能的，民俗学毕竟不是哲学，不能把整个世界作为研究对象，而应该是与其他学科并列的，既普通又个别的独立学科，理应拥有自己独特的对象、方法，以及一定的学术使命。民俗学不是先验存在，而是因为有了民俗学者，才有了民俗学："说到底，是因为研究者认识到是民俗才有民俗的。民俗事像这个术语只不过是民俗学者作为一定认识的结果提出来的。"②

虽然福田和菅丰都同意已经过去的"20世纪民俗学"有诸多的不足和缺憾，

① ［日］福田亚细男、菅丰、塚原伸治：《民俗学的实践问题》，彭伟文译，《民间文化论坛》2018年第3期。
② ［日］福田亚细男、菅丰、塚原伸治：《民俗学的定义问题》，陈志勤译，《民间文化论坛》2017年第5期。

描述性、历史性的民俗志书写多于分析性的学术研究，进入 20 世纪 90 年代以来，民俗学更是进入一个"不作分析的现象理解"的时代，目前看不到民俗学在此基础上会有一个光明的未来。但是，两人的执行态度却大相径庭。

福田的态度是固执而坚定的，坚决反对放弃既有的民俗学范式，因为那才是真正的民俗学，与其放弃继承，转觅他途而苟活，不如拥抱迟早会到来的失败命运，悲壮地为之殉葬。但新一代民俗学者并不甘心陪着旧民俗学殉葬，他们于 2008 年发起成立了"现代民俗学会"，试图以超越求新生。本次论辩，就是一次求生的演练。

菅丰求生演练的第一招是"破"，他说："历史民俗学的方法原本应该仅是民俗学的一部分。福田先生规定过'历史的手法是民俗学的全部'。但是，我认为这仅是一部分。我认为，从跨学科的观点来说，应该积极地引入多样的研究视角、方法和手法。"① 菅丰坚决驳斥了那些认为民俗学"不受其他领域的术语、方法论及流行因素的影响，立足于民俗学史，梳理其问题意识，以再确认民俗学的本质、原创性为目的"的陈腐论调，认为这种观点是倒退的、本质主义的思考方式。

菅丰的第二招是"立"，他说："我认为，改变这种状况，应该是 21 世纪民俗学的课题之一。作为其中一个方向，最近我提出了公共民俗学。我认为，必须实现公共部门的研究者、学者，此外还有非职业性的人们，成为一个整体共同参与的民俗学。"为此，菅丰还提出一个多元共建、多样共存的"大民俗学"概念，认为"正是凭着这种将多样的参与者结为一体形成的民俗学的特殊性，民俗学才能与其他学问相对抗。正因为这一点，民俗学具有很大的力量"②。

菅丰并没有在论辩中详细阐释他的"公共民俗学"理念，三年之后，代表其未来民俗学理论主张的《走向"新在野之学"的时代——为了知识生产与社会

---

① ［日］福田亚细男、菅丰、塚原伸治：《民俗学的方法问题》，赵彦民译，《民间文化论坛》2017 年第 6 期。
② ［日］福田亚细男、菅丰、塚原伸治：《民俗学的实践问题》，彭伟文译，《民间文化论坛》2018 年第 3 期。

实践的紧密联接》[①]正式出版。陆薇薇认为菅丰"新在野之学"的内核就是"新公共民俗学"，包括四重内涵：（一）协同合作与正当性：新在野之学第一重含义即在于多样化行为体的协同合作，提倡打破学院派一统天下的局面，向包含非学院派的诸多民俗学实践者共同参与的大民俗学这一目标前进。民俗学者在与普通民众对话过程中，应当将自己放在比民众略低的位置，如此才有利于实现真正的平等。（二）介入式的日常实践：民俗学者不能仅仅作为一个观察者，只有融入地域内部，与当地人共同感受共同创造，才能拥有对文化加以表现和应用的正当性，成为当事人，并在其过程中发现和思考诸多问题，实现知识生产和社会实践过程中的协同合作。菅丰将这种实践活动称作"参与共感"。（三）当地民众的幸福：实践的目的在于当地民众的幸福，这是最核心的内容。实践不是为学者自己，而是为社区民众而进行的，是需要依据社区民众的需求而不断调整的、动态的社会实践。（四）自反性、适应性地把握：民俗学者应该在实践过程中不断自省与修正，达到更好的效果。学者应不断检视自身的研究姿态和行为，民众也可以反过来注视研究者的姿态和行为。二者不再扮演固定的注视与被注视的角色，而是互换身份，相互协作。[②]

从纵向的历史层面上，菅丰继承了柳田开创的民俗学传统；从横向的国际层面上，菅丰受到了美国公共民俗学的影响。所以菅丰声称："在日本能够让具有'在野之学'特征的民俗学重生，形成与美国公共民俗学不同的'新公共民俗学'也即'新在野之学'，这应该成为今后日本民俗学前进的方向之一。"[③]

四、经世济民的民俗学理想

菅丰的"新在野之学"对民俗学者的社会实践提出了很高的要求，对于普

---

①［日］菅丰：《「新しい野の学问」の时代へ——知识生产と社会实践をつなぐために》，（东京）岩波书店，2013 年。
②陆薇薇：《日本民俗学"在野之学"的新定义——菅丰"新在野之学"的倡导与实践》，《民俗研究》2017 年第 3 期。
③［日］菅丰：《民俗学の喜剧——"新しい野の学问"世界に向けて—》，东京大学东洋文化研究所《东洋文化》2012 年第 93 号，第 224 页。中文由陆薇薇译出。

通民俗学者来说，甚至可以用"太高了"来形容这种要求。虽然菅丰本人在新潟县小千谷市东山地区斗牛习俗的恢复和再造过程中扮演了极重要的角色，亲身践行了他的公共民俗学实验，深受东山地区的民众欢迎，但这种实践活动是很难复制的。能像菅丰一样具有充足的财力、充沛的精力、打鸡血般热情的民俗学者毕竟凤毛麟角。所以说，菅丰的提倡，更多的是表达一种理想，指出一个努力的方向，实际上很难大面积推广。

不过，菅丰的新在野之学得到了中国学者吕微的激烈赞同。吕微是 2002 年开始的学术革命"民间文化青年论坛"的主要发起人之一，也是这场学术革命的精神领袖。可能在许多同行看来，菅丰的"新公共民俗学"和吕微 2014 年以来大力倡导的"实践民俗学"八竿子打不到一块儿，但细细一想，两人之间至少有三点共通之处：

（一）两人都有经世济民的崇高理想

吕微在与我和陈泳超的通信中说："如果学术规范是冷的一面，那么人文关怀就是其热的一面。"[1] 用吕微的"冷热观"来观照福田与菅丰，那么，福田维护的是科学精神、学术规范的冷的一面，菅丰倡导的是人文关怀、社会实践的热的一面。吕微把我视作典型的科学主义者，那自然是冷的代表（正如吕微所言，如果需要在福田和菅丰之间站队的话，我可能是站在福田一边的）；他和户晓辉这些提倡爱与自由的"实践民俗学"者，力求通过"新启蒙"而"有用"于其社会理想，自然是热的代表。吕微说："在年轻一代学人当中，重塑'五四'以来中国现代启蒙主义和人文主义民间文学研究那富于批判精神的优良传统正在成为越来越多的年轻学者之间的共识。在经历了新时期纯学术的形式主义研究的纯洁梦想之后，他们再次醒悟了自己的社会责任，他们希望自己的学术研究最终成为对社会'有用'的学问。"[2] 这与其说是对年轻一代的评述，不如说是吕微的夫子自道。很明显，吕微将菅丰视作"实践民俗学"的同道中人。而像陈泳超这种既用科学精神约束自己，又有适度人文情怀的研究者，则被吕微归在冷热之间。

---

[1] 吕微致陈泳超、施爱东书信，2018 年 11 月 19 日。
[2] 吕微：《"内在的"和"外在的"民间文学》，《文学评论》2003 年第 3 期。

从另一角度说，虽然菅丰是理论与实践相结合，亲力亲为实践着自己的理念与倡导，而吕微只是在理论上进行艰苦的论证，但两者的立意是一致的。我曾经评论吕微的论文是"虽为民众而写，却不是写给民众看的"，吕微认为"这句话说得真好"，他进一步解释说："科学的理论例如电学，不是每一个普通人都能够懂得的；但电学的成果，今天的每一个普通人都在享用，我们不是每天都在开、关电器吗？我们不是非懂了电学才会用电器。所以，学术不一定非要通俗地深入民间，特别是人文学科，最需要的是转化为制度设计，让每一个普通人都能够享用其成果。"[1]吕微是试图从制度层面、宏观层面来影响社会，着眼于长期的渐进效应，而菅丰则倾向于从效用层面、地方层面来改造社会，着眼于当下的实际效果。吕微侧重形而上，菅丰侧重形而下；吕微侧重经世，菅丰侧重济民。

（二）两人都对民俗学的政治化倾向保持高度的警惕

菅丰以在野的姿态，明确表达了学问的民间性、利民的实践性，以及民俗学在权力、权威、官学诱惑下的不妥协态度。菅丰以德国民俗学与日本民俗学的对照为例进行了说明。部分民俗学者在纳粹德国时代成为服务于国家社会主义的御用学者，加入纳粹党并进行了有助于纳粹国策的研究，战后，德国民俗学者进行了深刻的反省，对民俗学的政治性进行彻底的自我批判，并着手于新的民俗学再建构。而日本民俗学虽然没有直接服务于军国主义，但是柳田民俗学具有创造帝国日本之"国民"的意图，可说与当时的政治状态不无关系。按理说，日本民俗学也应该对此有所反省，但事实上，"日本民俗学并没有以德国民俗学展开的强烈反省以及全面的学术重建为经验，对民俗学的政治性问题仍然延续着迟钝的状态。现在，这种状况在积极地不断地推进教科文组织的非物质文化遗产保护的运动之中，可以说更进一步地趋向于恶化"，因此菅丰认为："一直以来民俗学者轻率地毫无清醒认识地参与文化保护政策的行为是应该被否定的。在文化保护的名义背后隐藏着的观光主义和民族主义，致使民俗从当地居民拥有的事物转变成为

---

[1]吕微致陈泳超、施爱东书信，2018 年 11 月 15 日。

外来相关力量的事物。"① 不过菅丰也指出，完全脱离官方的民俗实践是不现实的，因而主张"一方面与当地进行互动，另一方面与政府进行沟通"②，为了当地民众的幸福，官民是可以有限合作的。

吕微对于官民合作的警惕性似乎更高一些，他说："我对目前中国民俗学的现状就持这样的看法：走的是一条官学、经学之路。从立场上看是权力认同的官学；从方法上说是单纯使用分析方法的经学。所以，我才会不断地提到'反对社区主义'的命题。民俗学的原罪，过去是服务于国家意识形态，现在是服务于联合国意识形态。这说明，原罪仍在我们的内心但我们却仍不自知。"③

（三）两人都对民俗学的未来发展有强烈的责任感和使命感

我清楚地记得在菅丰与福田论辩的提问阶段，有一位女性民俗学会会员不客气地质问菅丰："如果你不同意福田先生对民俗学的定义，那你为什么要从事民俗学，你为什么不去干点别的。"菅丰对此作了长篇答复，但我只记住了一句："这是我的责任！"

菅丰在本次论辩和后来的论文中不断提及责任、目的、使命等话题，比如他在倡导公共民俗学的话题中说："正因为是凭借田野调查对地方社会具有深入了解的民俗学者，才有可能理解地方民众对于地方文化的想法和价值观，才能够把他们的想法和价值观向地方内外的社会进行广泛的传播。对这些难题进行挑战，建立新的公共民俗学，可以说是现在的民俗学者的使命。"④

吕微则是被陈泳超视为有"大愿心"的人文学者——"吕微是从根子上主动设定自己的学术就是为'他们'而写，'他们'不是有血有肉的某些人或区域社会，而是抽象的民众全体。吕微是想'为天地立心，为生民立命'……这需要有

---

① ［日］菅丰：《日本现代民俗学的"第三条路"——文化保护政策、民俗学主义及公共民俗学》，陈志勤译，《民俗研究》2011 年第 2 期。
② ［日］菅丰：《公共民俗学与新在野之学及日本民俗学者的中国研究——东京大学东洋文化研究所菅丰教授访谈录》，张帅、邢光大访谈并翻译，《民俗研究》2017 年第 3 期。
③ 吕微致陈泳超、施爱东书信，2018 年 11 月 17 日。
④ ［日］菅丰：《日本现代民俗学的"第三条路"——文化保护政策、民俗学主义及公共民俗学》，陈志勤译，《民俗研究》2011 年第 2 期。

'虽九死其犹未悔'的大愿心。"① 吕微承认这是他的追求，他说："我经常问，我这么努力地说道理，怎么一遇到具体问题，仍然'现实判断会出现偏差'，而我说的道理全都不管用呢？答案只能是，大家最多只是口头上接受了'本体价值观'，而内心里并没有真正地接受。"②

正是这种强烈的责任感和使命冲动，赋予了菅丰和吕微以挥斥方遒、指点江山的勇气和底气，敢于举起"新公共民俗学"和"实践民俗学"的旗帜，向整个民俗学界发起挑战和倡议。无论成功或者失败，虽九死其犹未悔。

五、"宏大理论"与"低微理论"

对于民俗学未来与出路的焦虑，不止发生在中国和日本，也发生在美国。美国民俗学会 2004 年的年会上，阿兰·邓迪斯受邀在全体大会上做了题为《21 世纪的民俗学》的主旨演讲。他开门见山地说："21 世纪之初的民俗学状况令人感到烦恼不安。全世界的民俗学研究生课程都遭到了废除或严重的削弱。哥本哈根大学一度颇有声望的学术课程不复存在。在德国，民俗学课程项目为了变得更加以民族学为中心而修改了其称谓。甚至在赫尔辛基这个众人向往的民俗研究圣地，赫尔辛基大学的研究生课程名称也做出了改变。"③

对于美国民俗学的衰落，邓迪斯给出的令人尴尬的诊断是："第一个也是最主要的原因是我们可称为'宏大理论'的创新持续缺乏。""尽管我们有丰富的图书馆资源和无穷的、拥有令人眼花缭乱的各种数据库的信息技术，美国民俗学家却几乎没有对民俗学理论和方法做出贡献。"邓迪斯警告说："没有这种或其他的宏大理论，民俗文本将永远只是有少量或根本没有实质性内容分析的文选。每当未经分析的民俗汇集又一次被发表时，民俗学者作为简单的收藏家、痴迷的分类员

---

① 陈泳超致吕微、施爱东书信，2018 年 11 月 16 日。
② 吕微致陈泳超、施爱东书信，2018 年 11 月 17 日。
③［美］阿兰·邓迪斯：《21 世纪的民俗学》，王曼利译，收入李·哈林编，程鹏等译《民俗学的宏大理论》，上海社会科学出版社，2018 年，第 3—4 页。

和档案管理员的刻板印象就又一次得到强化。"①

可是，邓迪斯的观点遭到了包括鲍曼在内的多数美国民俗学者反对。其中，多萝西·诺伊斯（Dorothy Noyes）就认为："宏大理论为他自己建构了宏大的对象：人类本性和社会本质等。民俗学没有与社会学、心理学或人类学竞争的资源。我们的历史只留给我们一个更小的花园来培育。"② 言下之意，民俗学的小花园里不可能培育出遮天蔽日的参天大树。因此，诺伊斯提出了一个"低微理论"的概念。她强调说，民俗学的花园虽然不大，但也不是不毛之地，主流人文学科的建造者们曾经弃置的石头正是我们建构民俗学大厦的基石，他们眼界未及的剩余物、意外和间质给了民俗学足够的施展空间，"我们的训练更有助于批判而不是建构宏大理论。不过同时我们可以继续研究宏大理论和地方阐释之间的中间区域"③。

在哈林主编的《民俗学的宏大理论》一书中，美国民俗学者们热烈地讨论着一系列关于"理论"的问题，学者们提到的相关概念，除了宏大理论和低微理论，还有强势理论、一般理论、浅显理论、弱理论、修复理论、批判理论、阐释理论、本土理论、外部理论，等等，每一个人都希望从各自的角度说明理论具有多样性，没有宏大理论的民俗学是合理合法甚至必然的。

那么，理论到底是什么？这是一个已经被学界和媒体用烂了，每个人脑袋里面都已经形成了自己的感性认知，再也无法取得共识的概念。一般来说，理论被认为是揭示事物运行规律或隐性特征的一种知识体系，它不是简单观测、说明的显性知识，而是运用一套独特的概念、原理而阐释的知识发明，对同类现象具有普遍的解释力。但是，即便是这样的看法也很难取得共识。

由于文化历史的差异，各国学界对于理论的理解也大相径庭，正如菅丰所

①［美］阿兰·邓迪斯:《21世纪的民俗学》，王曼利译，收入李·哈林编，程鹏等译《民俗学的宏大理论》，上海社会科学出版社，2018年，第8、10、15页。
②［美］多萝西·诺伊斯:《低微理论》，王立阳译，收入李·哈林编，程鹏等译《民俗学的宏大理论》，上海社会科学出版社，2018年，第97页。
③［美］多萝西·诺伊斯:《低微理论》，王立阳译，收入李·哈林编，程鹏等译《民俗学的宏大理论》，上海社会科学出版社，2018年，第99页。

说，中日民俗学之间，围绕着所谓理论追求，存在着不可通约性。日本学者对于理论的设定和要求比较高，菅丰认为："日本民俗学除了柳田国男的调查资料论（重出立证法、周圈论等）以外，并没有得出像样的理论。而柳田的那一套，在今天看来根本算不上理论。"如果连柳田那一套都算不上理论，其他人的就更不用说了。要求太高，学者们知道高攀不起，理论追求的动力自然就弱了。相反，中国学者对于理论的设定和要求比较低，因而理论追求的动力也强劲得多，各种项目申报书、用稿要求、开题报告、评议意见，都会要求说明"理论贡献""理论意义"，于是，赶鸭子上架，大凡观点、主张、见解、倡议、视角、方法等等，只要不是具体事项的纯实证研究，都被称作"理论"或"理论研究"。

美国学者对理论的认识似乎介于中日之间，因而更加复杂。为了调和不同理论诉求的分歧和矛盾，学者们试图对理论进行再分类。邓迪斯将他所推崇的理论称作宏大理论："真正的宏大理论能使我们理解那些如果没有该理论就令人十分费解或无法破译的资料。"[1] 也就是说，能够用来解释越广泛现象的理论就越宏大，如过渡礼仪、历史－地理学方法、故事形态学、顺势巫术法则等等。相应的，那些只能用来解释局部、个别、特定现象的知识则被视为低微理论、本土理论。而那些感性特征明显，允许不断质疑和修订的理性认知，则被视为弱理论、修复理论。借助这样的一系列定义，理论也被分出了三六九等，有了"高帅富"和"矮矬穷"，民俗学者自觉地把自己的工作归入后者，然后声称："它也许是低微，但我们有一个就是存在在那儿。我们这里有理论，不需要去指望着宇宙的或者学术的明星来拯救。"[2]

在一个学科的建设中，宏大理论是否必须？许多学者给出了否定的回答。20世纪中期，美国民俗学经历过一番与日本民俗学几乎一模一样的"学院化"道路，以多尔逊（Richard Mercer Dorson）为代表的一批民俗学者，先后借助国家

---

① [美] 阿兰·邓迪斯：《21世纪的民俗学》，王曼利译，收入李·哈林编，程鹏等译《民俗学的宏大理论》，上海社会科学出版社，2018年，第11页。

② [美] 多萝西·诺伊斯：《低微理论》，王立阳译，收入李·哈林编，程鹏等译《民俗学的宏大理论》，上海社会科学出版社，2018年，第100页。

防卫教育法案的拨款、福特基金会的支持，以及 20 世纪 70 年代印第安纳大学文理学院本科生课程调整等时机，及时抓住机会，做出调整，努力推进专业民俗学机构的建设，团结、培养了大批学院派的新生力量。[①] 与此相应，他通过边界限定，对商业化的、大众媒体的、猎奇的、哗众取宠的民俗调研，以及来自其他学科的、对民俗浅尝辄止的学者进行妖魔化，将之定义为"伪民俗学"，划定并捍卫了民俗学的边界，纯洁了民俗学的学术队伍，制造了美国民俗学的黄金时代。"多尔逊声称，民俗学的命运取决于对特定研究对象、研究方法、职业团体、文本材料和专业系科的排外性认同，而不取决于理论。"[②]

从中国民俗学的发展历史来看，可以称得上宏大理论的，除了学科发轫时期基于"层累造史"而形成的"历史演进法"，我们别无所有。但是，民俗学依然在钟敬文以及他的后继者们手上蓬勃发展起来。中国民俗学进入 21 世纪以来的鼎盛局面，主要不是基于内部的理论建设，而是基于外部的社会需求——非物质文化遗产保护工作对民俗学的需求。正如陈泳超所说："新世纪以来对民间文学 / 民俗学学科有全局性影响的有两件事情：一个是'非遗'运动，它为民间文学 / 民俗学带来的是契机也好，转型也好，甚至是一个很大的冲击也好，总之它对当下整个学术走向发生了极大的影响，这是学科外部的。而学科内部呢？我认为就是新世纪初的'民间文化青年论坛'。"[③]

我们再放眼看看国内的兄弟学科，古代文学专业有"宏大理论"吗？答案当然是否定的，可是，古代文学的学科地位却稳如泰山。20 世纪 90 年代以来，甚至不断有学者呼吁取消文学理论这门基础学科，但是，从来没有人动过取消古代文学学科的念头。没有宏大理论，古代文学研究为什么还能长盛不衰？一个最重要的理由是：社会需求。古代文学是国家精神文化的重要组成部分、国家认同的重要载体，无论国民教育、审美教育还是人格塑造等，都离不开古代文学的学术

---

① 崔若男：《多尔逊与美国民俗学学科的发展》，《民间文化论坛》2015 年第 3 期。
② [美] 查尔斯·L. 布里格斯：《规范民俗学科》，邵文苑译，收入李·哈林编，程鹏等译《民俗学的宏大理论》，上海社会科学出版社，2018 年，第 167 页。
③ 陈泳超：《闭幕式总结发言》，北京大学中文系"从启蒙民众到对话民众——纪念中国民间文学学科 100 周年国际学术研讨会"，2018 年 10 月 22 日。

滋养，其文化形态在今天仍有强劲的需求和旺盛的生命力。古代文学没有宏大理论，但有宏大需求。

需求永远是第一位的，也是影响我们学科兴衰的决定性因素。有了需求才有问题（选题），有了问题才有对象（材料），有了对象才谈得上理论或者方法。倒过来看，理论是统摄材料的，材料是围绕问题的，问题是因社会需求而产生的。宏大理论固然重要，但并不是必需的，只要问题明确、逻辑可靠、方法合理，没有宏大理论一样能产出好的成果。

每个国家的学术传统都不一样，中国学术界虽然非常重视和强调理论，可是，由于中国学界对于理论的门槛放得特别低，应用面铺得特别广，我们的研究、评论、思考、阅读，乃至生活实践，无时无刻不处在各种大大小小的理论框架之中，"无论是被公认为常识性知识的一部分，还是作为学术知识入门的精心设计的专门领域，采用任何解释框架为视角都是初步接触理论的一步"①。借助泛理论的眼光，我们甚至可以认为，每一条民间谚语都是民众生活实践中的一则弱理论。当理论被视作学术研究的空气和水的时候，理论研究就获得了至高无上的地位，但这种地位也像空气和水一样，触手可及，一点儿也不稀罕。

理论的界限到底应该划在哪里，这也是一个仁智各见的无解难题。菅丰对于理论的门槛定得比较高，他说："柳田的那一套，在今天看来根本算不上理论。"这个观点恐怕多数中国学者都不认可，但是，如果我们说"地球绕着太阳转，这个知识根本算不上理论"，恐怕很多人都会同意。后者虽曾是惊世骇俗的宏大理论，但对于今天的我们来说早已成为常识，几乎没有人会把它当作一种理论来看待。那么，对于日本学者来说，"柳田那一套"也已经成为常识，不再被菅丰视作理论也就可以理解了。

在什么是理论的问题上，我是赞同菅丰的。学术研究必须有门槛，学科必须有边界，理论当然也该有门槛和边界。刘魁立先生曾经在多个场合说过："当什么都是民俗的时候，民俗学就什么都不是了。"同样我们也可以说："当什么知识都

---

① ［美］基林·纳拉扬：《"换言之"：重铸宏大理论》，唐璐璐译，收入李·哈林编，程鹏等译《民俗学的宏大理论》，上海社会科学出版社，2018年，第155页。

是理论的时候，理论就什么都不是了。"理论是专业性的知识发明，理论研究必须是前沿性的、针对未知世界的、尚未成为公共知识的、有待于进一步讨论和修正的探索和发现。那些已经取得共识的理论命题，如果我们的研究不能进一步推进其深化，或修正其偏差，无论选题多高尚、龙门阵摆得多玄乎、用了多少深奥的理论词汇，充其量只是重做了一道"理论练习题"或"理论应用题"。

六、如果把民俗学比作一条船

对照日美，反观中国现代民俗学的发展道路，我们就会发现，虽然国情和体制大相径庭，但是大家都有一个共同点，都受到了社会需求的巨大制约，都在社会进程的大潮中不断调整自己的生存策略和发展方向。比如，在学术与政治的关系上，"多尔逊努力在大学内把民俗学系科化的努力与民族主义的诉求密切相连。在冷战的意识形态下，因为民俗学被认为是有利于国防的学科，印大的民俗学受到国家防卫教育法案提供的资金资助"[1]。

我相信，多尔逊的学科发展之道在菅丰和吕微看来，一定是需要批评的，正如吕微在《"内在的"和"外在的"民间文学》中批评钟敬文对于民间文学的定义过于意识形态化和政治化一样。

批评当然是应该的，学术政策需要接受理性批评的制衡；但存在也是合理的，世上没有真正的纯学术，适应性策略有助于推动事业的发展。虽然多尔逊本人就坚持民俗学的纯学术道路，坚决反对纯学术之外的任何民俗学活动，但在后人眼中，多尔逊却是一个比民族主义更狭隘的意识形态捍卫者。同样，钟敬文也是一个以学术本位自诩的民俗学者，但在吕微眼里，钟敬文也受到了意识形态的浸染。吕微认为自己是一个纯学术的爱智者，他说："20世纪90年代在妙峰山的一次会议上，乌丙安主张民俗学应该注重应用，我反对。我那时是一个纯粹的爱智者，主张纯学术。钟老是中间派，从总体上同意民俗学最终应该应用，但主张在研究之前和之中，不应该有功利考虑，对我表示了一定的同情。"[2]但是，今天

---

[1] 彭牧：《实践、文化政治学与美国民俗学的表演理论》，《民间文化论坛》2005年第5期。
[2] 吕微致陈泳超、施爱东书信，2018年11月20日。

的吕微却正在致力于把自己的民俗学理想推向整个民俗学界，乃至整个社会，这点跟菅丰也有相近之处。正如前文所述，他们都有经世济民的理想，可是，谁又敢说吕微和菅丰的理想就不是一种意识形态，不是一种政治呢？科学社会主义本来也是一种学说，但当它走向社会实践的时候，它就成了政治。

从学科本位而不是学术本位的角度看，如果没有多尔逊、钟敬文们的努力，也许民俗学科早就没落甚至退出大学学科目录了。民俗学本来就是因应时势需求而产生的，因此，随着社会时势变化、需求变化而调整也就成为题中应有之义，否则就如福田所言："日本民俗学如果已经不为时代所需要，无法适应时代，那么'理应消失'。"相反，理论民俗学者想通过"完美"的理论推想，为"未来民俗学"论证出一个颠扑不破的存在价值，指出一条光明正确的金光大道，即便不说徒劳，至少也是没什么实际效用。这就像邓迪斯，虽然激情高呼"民俗万岁！民俗学万岁！美国民俗学会万岁！"[1]但是，这是不顶用的。

并不是说"民"永远存在、"俗"永远存在，民俗学就会永远存在，不是的。中国民俗学如果不能适应时代变化，抓住时代需求，适时调整自己的项目和选题，一味地拒斥政治和体制的需求，坚持与政治的不合作态度，恐怕就只有一条必然的"消亡"道路。事实上，接受政府项目，通过项目提出建议，帮助政府在具体事务中做出更科学、更合理的决策，也应该是民俗学经世济民的有效途径之一。

菅丰式的新公共民俗学在当代中国几乎是不可能推广实施的，目前中国似乎还没有一个民俗学者能像他那样深入对象田野，融入社区践行"介入式的日常实践"。菅丰的倡导对于我们来说只具有借鉴意义，可以当作一面镜子、一种理想，用以自省和自勉。吕微的倡导就更是理想主义了，实践民俗学何时化作民俗学实践，目前看还遥遥无期。尽管如此，菅丰和吕微的工作依然是值得我们学习和尊敬的，正如理想国虽然遥远，但它为我们指出了一个可能的方向，提出了一套理想的方案，鞭策着我们励力前行。

---

① [美] 阿兰·邓迪斯：《21世纪的民俗学》，王曼利译，收入李·哈林编，程鹏等译《民俗学的宏大理论》，上海社会科学出版社，2018年，第42页。

进入 21 世纪以来，中国民俗学者正在努力适应"项目化生存"的高校管理体制，积极申报各种"国家课题"和"地方项目"，为社会治理献计献策，努力向非物质文化遗产、新型城镇化、一带一路、乡村振兴、乡愁文化等政策性项目靠拢。这与其说是"取悦"政治，不如说是为民俗学科寻找客户资源——解决民俗学的"社会需求"问题，因此也可以视作一种中国特色的、项目制的公共民俗学。这些学者充实了学科的生存资本，在制度化的学术格局中为民俗学拿下了更多订单，争取了更多需求。

民俗学是一门发现和描写民众在特定社会关系中的习惯性行为，进而理解其背后的习惯性思维的一门学问。对于有些学者尤其是地方民俗学者来说，如实地将民众的习惯性行为记录下来，整理成民俗志，完成到这一步就可以了；但对于另外一些学者尤其是学院派民俗学者来说，仅仅描述是不够的，他们会进而试图勾勒其结构规律、理解其文化意义、寻找背后的动力机制；但是，有些学者到此仍不止步，他们还想启蒙民众，用纯粹实践理性来分析民俗文化的伦理价值，制定民俗生活的形式规则，引导民众运用实践理性决定在特定情势下应该采取何种行为方式。从学科贡献的角度看，三者之间似乎没有价值高下，但如果从"皮"和"毛"的关系来看，我们甚至可以认为：民俗志书写是"皮"，是民俗学赖以存在的基础文本，没有民俗志就没有民俗学；理论民俗学是"毛"，虽然华丽精致，但必须依附于民俗志而存在，也即所谓皮之不存，毛将焉附。

如果我们把民俗学比作一条船，那么，船上必然有人掌舵、有人划桨、有人打鱼、有人掌厨，这是一个互为存在依据的共同体。掌厨的千万不要以为是自己养活了整船员工，也不要嘲笑打鱼的功利、划桨的技术含量低，更不能号召大家一起来跟你学掌厨。我们可以想象一艘所有船员都是大厨的船，恐怕最终只有沉沦的命运。所以说，同行之间的学术批评不应针对学术取向和选题，有效的学术批评应该针对作为"普通的学问"中那些有违学术规范、学术伦理，或者有助于提升操作水平的具体问题，诸如问题是否明确、田野是否扎实、抽样是否有效、材料是否充分、逻辑是否严密、论证是否可信、条理是否分明、观点是否原创、引述是否规范、评述是否公允、结论是否可靠等，而不是打击同行的研究领域、学术流派或书写范式。不同价值取向的民俗学者本来就是互相依存的"皮"和"毛"，大家只有同舟共济，皮不笑毛虚，毛不嫌皮厚，才能让自己和同行都变得更强大、更安全，让民俗学这艘船走得更稳、更远。

相对于日美民俗学，中国民俗学的研究对象更多样、学者成分更复杂、政策影响更深刻、意识形态更明显。钟敬文先生在世的时候，曾经对民俗学的未来有过多次规划，也有过许多倡导，现在回头再看，这些规划和倡导几乎都落空了。因为学术发展从来不是对预设目标的接近，而是对既有范例的延续和改进、对危机范式的反叛和突破，只能"按我们确实知道的去演进"[1]。

中国民俗学从业者众多（截至 2023 年 3 月，仅中国民俗学会会员即多达 3436 名），每一位从业者都有自己的兴趣和专长，你可以用自己的学术魅力去吸引部分目标追随者，但无法替整个学科预设未来，也不可能给所有学者指明出路。我们应该将"学术多样性"理解为中国现代民俗学的一项基本特性。中国民俗学只要能适应时代需求，与时俱进，不同学术取向的民俗学者彼此同舟共济，虽不可通约但相互包容，我们有理由相信，自由的学术生态必然会产出丰硕的学术成果，不需要人为引导，也不需要扬鞭策马。

---

[1] 施爱东：《钟敬文民俗学学科构想述评》，《民间文化论坛》2004 年第 4 期。

第十章
民俗学在国际与代际之间的相互理解

　　本章系本书作者与福田亚细男先生的学术对话录。该对话发生于《超越福田亚细男：我们能够从"20世纪民俗学"实现飞跃吗？》学术论辩会之后一个月，系2010年9月3日作者访问神奈川大学期间，由彭伟文博士策划的与福田亚细男先生的对话，彭伟文博士同时担任了对话中的现场翻译。录音整理完成之后，对话文本经过福田亚细男先生确认。收入本书时，增加了部分小标题，对话顺序略有调整。

　　福田亚细男，日本当代著名民俗学者，日本民俗学会前会长，其学术和社会活动对日本乃至整个东亚的20世纪民俗学影响巨大，被日本民俗学界称为"20世纪民俗学的代言人"。

　　福田亚细男1941年生于三重县，1959年进入东京教育大学，1963年毕业，是日本民俗学最早接受专业大学教育的学院派代表之一。曾先后执教于武藏大学、日本国立历史民俗博物馆、新潟大学、神奈川大学，长期兼任日本常民文化研究所研究员、日本文部科学省及文化厅无形文化财审议委员会委员等研究职务及社会职务。2011年退休后，还先后担任日本国立历史民俗博物馆名誉教授、柳田国男纪念伊那民俗学研究所所长等职，并受邀到北京师范大学等中国民俗学重镇讲学，在中日两国乃至整个亚洲的学术界都享负盛名。

　　福田亚细男是继日本民俗学之父柳田国男之后日本最重要的民俗学者，其学术贡献横跨实证性个案研究及民俗学理论建构的方方面面。在具体的学术贡献方面，福田引领了可以称为柳田方法对立面的地域民俗论，将柳田提出的历史民俗论精细化，在民俗学的村落社会论方面做出了巨大贡献。在二人的先后努力

出生于 1941 年的福田亚细男，在神奈川大学的荣体恳谈会上
图 / 彭伟文，2011 年 1 月 29 日

下，日本民俗学的理论框架得以成立，使日本民俗学成为不依赖西方人类学和社会学理论，具有独立且有效理论体系的学科，对东方文化下的民俗和民众生活、历史、记忆等研究具有深远影响。此外，福田作为大量的概论、手册、理论书、辞典、讲座等多种学术基础书籍的代表性编著者，致力于民俗学的学院派体系化。这些书，在民俗学的学术体系化方面起到了基础性的重要作用。福田在这种民俗学的体系化过程中，以对民俗学的目的和方法、对象、研究史进行定义、解说、批判的方式，做出了巨大贡献。此外，福田大量地参加了作为日本公共民俗学活动之一的 20 世纪 70—80 年代的自治体史编纂的社会实践，提高了民俗学的社会认知度。在 2005 年后到退休为止，以福田为核心，集合了民俗学、历史学及文学、美术史、建筑史等多学科的研究者，共同成立了由日本文部科学省指定的 21 世纪具有世界先进水平研究据点（21 世纪 COE），进行跨学科的研究和学术体系建设。继早年在国立历史民俗博物馆和神奈川县立博物馆设计和指导布置反映日本村落结构及运作机制的永久性展览后，作为 21 世纪 COE 学科建设的一环，还领导了对包括日常生活、历史记忆等在内的无形文化实践性展览，在学术

界和公众社会中都引起了很大反响。

福田在其长达半个世纪的学术生涯中，为中日两国民俗学界的合作与交流做出了巨大贡献。其中，由他牵头并全程负责实施的中日联合民俗调查具有特别重大的意义。这次联合调查从 1989 年持续到 2010 年，福田领导了由中日两国民俗学者共同实施，以浙江、上海、江苏为中心的江南民俗调查，为期 20 余年，共分为六期。这次联合调查获得了丰富的成果，对中日两国民俗学研究都起到了极大的促进作用。从第一期起，来自中日两国的大量年轻民俗学者通过参加这次大型联合学术活动得到了锻炼，成长为两国民俗学的骨干力量，并为两国民俗学界建立和保持良好的合作关系打下基础。[1]

一、柳田国男时代的日本民俗学

施爱东：我先说说这次对话的目的。我想通过与福田老师就中日民俗学史上一些问题的对答，一方面让中国民俗学者能更清晰地理解日本民俗学的历史，同时也让福田老师能了解到中国当代民俗学的一些不同的侧面。我想从柳田国男开始谈起。我读过一些福田老师的书，里面有介绍柳田国男创立民俗学之初的一些情况，我想了解一下，柳田国男之所以能够创立日本民俗学，能够深入到日本各地进行民俗调查，他的调查经费是哪来的？

福田：柳田没有经费，他的调查基本上是花自己的钱。从 1900 年到 1919 年他一直在做公务员，有比较稳定的收入；从 1919 年辞职到 1930 年他在《朝日新闻》做评论员，收入也比较稳定。他用这些收入支持他的民俗调查。

施爱东：但在后来，他组织民俗学讲习会之后，带了那么多学生，他制定调查问题和计划让学生出去调查的时候，这些学生的经费从哪里来？

福田：第一次有组织的调查是 1934 年的山村调查，后来还有海村调查等，当时有个日本学术振兴会，从学术振兴会申请到经费，基本的流程是柳田国男提交他的调查计划，从那边申请到经费。

---

① 关于福田亚细男先生的背景材料由浙江师范大学彭伟文教授提供。

施爱东：这些学生的构成是一个什么样的状况？这些人为什么会愿意跟着柳田国男从事一种前途未卜的工作和事业？

福田：参加调查的理由每个人都不一样，很难有统一的理由，其中比较重要的就是"转向"。"转向"应该是日本特有的词。20世纪20年代末开始到30年代初，抱有马克思主义思想的年轻人，他们进行各种各样的活动，政府出台一些对策和法律规定，像《治安维持法》等，对他们的活动进行了一定的压制，有一些人被抓捕，有一些人被起诉，政府要求这些年轻人放弃他们的马克思主义信仰，或者是唯物主义历史观，以及以这些思想为基础的革命运动。那这些年轻人就必须做出表示，认识到自己原来所持的马克思主义思想是错的。历史上不是会有这种事情吗？在国家的压力下去做一些什么事。这个就叫做"转向"。作为"转向"的证明之一，就是表示会另外参加一些跟马克思主义思想完全没有关系的活动。参加民俗调查活动就是这些另外的活动之一。其中一些学生就是这样转而参加了柳田国男的民俗调查。其中很有名的例子就是大间知笃三，他在东京大学成立了一个"新人会"①，自己担任干事，领导社里的各种各样的宣传活动，后来就被当局抓起来，政府让他必须有个"转向"，他就转而参加柳田国男的民俗调查。

施爱东：原来伟大的事业总是有一些因缘际会的因素。这么说柳田国男的学生其实大部分都是业余的，是转向来的、非专业的。只是类似于参加业余的民俗学活动，而非专职地从事民俗学事业。

福田：确实是这样。他们在自己的大学都是有其他的专业，在参加民俗调查之前没有专门学过民俗学；他们是来到柳田国男身边才开始学习民俗学，也许有人读过柳田国男的书，被柳田国男所吸引，从而参加他的活动。

彭伟文：这些参加活动的年轻人，他们在参加完活动之后有没有人一直跟随柳田国男，从事民俗学？

福田：刚才说大间知笃三就是其中一个，此外还有几个。在1933年的秋天到冬天，后来讲义被编成著名的《民间传承论》。柳田国男在自己家里，把这些

---

① 对体制持批判态度的学生运动组织。——福田补注

年轻人叫到自己家里，一周一次课，这是学生们开始系统地接触民俗学知识，这之前没有进行过系统的民俗学教学。

施爱东：讲课的内容、讲课的教材是柳田国男自己编纂的还是借助于西方的理论？

福田：基本上按照柳田国男自己的想法建构起来的民俗学理论和方法。

施爱东：柳田国男对于民俗学的第二代学者，对于民俗学进入高等院校，有什么看法？

福田：柳田国男对于民俗学进入大学占据一定的位置，有了国家的保障，还是有很大期待的。第二代民俗学者，和歌森太郎就是很典型的例子，和歌森太郎很年轻的时候就是东京教育大学很有名的日本史的老师，但是这批人在柳田国男的身边还是相对比较新的一批人，不是30年代聚集的那批人，他们是40年代才到他身边的那批人。柳田对这一批人比较重视，是因为他们在大学占有一定的位置，可以进行民俗学的研究和教育，柳田对他们这一代是寄予很高期待的。

施爱东：中国许多民俗学者对于折口信夫几乎是一无所知，但是在日本我看到很多关于柳田国男和折口信夫比较的论述，甚至还有专著，我想问一下，折口信夫在日本民俗学的发展过程中扮演一个什么样的角色？

福田：这个比较难说清楚。折口信夫一直以柳田国男的弟子自居，从柳田国男那里学习到民俗学，但是他做的民俗学跟柳田国男有很大的不同。首先主要的不同之处在于折口信夫主要是从国文学、古典文学出发。他的兴趣在那里，学术基础也在那里，跟柳田国男有很大的不同。折口信夫对他所在时代的民俗进行调查，但是他的学术取向按照现在的说法就是本质主义的学术取向，想知道这个东西在远古时代是怎样的，或者说从远古时代到现在的过程是怎样的，或者说这个东西的原型是怎样的，这个是很大的不同。柳田国男的民俗学是把一定的程序教给大家，谁都可以做的那种；折口信夫则是自己去看，自己去感觉，跟着自己的直觉去理解，建立假说。这点是很大不同的。

施爱东：也就是说柳田国男执行一种有既定程序的、模式化的，其他人可以操作的、相对稳定的研究方法？折口信夫的学生认可自己或者老师是民俗学者吗？

福田：折口信夫和他的学生认为是在做民俗学，但是日本民俗学会还是以柳田国男的方法为基础，折口信夫的学生也有加入学会，但是很少有非常明显的活动。折口信夫的学生对折口信夫创造的术语，像"来访者"①这样的术语，一直非常重视，一直在沿袭使用，如果没有充分理解的话，很难正确使用，翻译也很难翻译，他的学生在用这些词，珍视这些折口信夫创造的术语。

施爱东：我从资料上看，在1952年，有个叫窪德忠的学者，在国学院大学的一个汉学会上宣读过一篇关于"庚申信仰"的论文，他提出一个论断，认为日本的庚申信仰是受到了中国道教传统的影响，这个论断与柳田国男认为庚申信仰是日本本土文化很不一样，所以受到柳田国男众弟子的一致反对。窪德忠不服，为了证明自己的论点，花了七年时间进行了详细的调查研究。他在后来的回忆录中说，当年国学院大学是日本民俗学的大本营，虽然他捅了马蜂窝，但柳田先生后来曾大度地表示赞赏他的部分观点。可是，据说柳田的那些学生却一直都在反对他的论点，结果等柳田先生一去世，这些学生就不再反对窪德忠了。我想问的是，日本民俗学界在柳田国男去世前后有何变化？

福田：柳田国男的去世对日本民俗学界的影响非常非常大。柳田国男在世的时候，整个研究是围绕着柳田国男进行的，整个研究体制也是如此：大家都去民俗调查，拿回来的调查分析研究都是依靠柳田做，其他人只做调查，柳田国男去世和去世前几年，这些东西做不了的时候，研究就停滞下来了。以柳田国男为中

---

① 原文为"マレビト"，此处使用的"来访者"是该词汉字表记的一种，此外常用的汉字表记还有"稀人""客人""异人"等。折口信夫在20世纪20年代初进行了两次冲绳之旅，在1925年的《古代生活的研究——常世之国》提出这一概念，最后在1929年的《国文学的发生》进行了概括性阐述，即"来访者就是来访的神"。该理论的基本内容为：常世（长存的世界）被认为是死者所居住的国度，保护人们不受恶灵侵害的祖先就住在那里，由此农村的人们产生了每年祖灵从常世定期来访，为人们带来祝福的信仰。祭礼中使用的树干、竹竿等高高竖起的祭礼标志物（依代），就是为来访的神落脚而设的。因为这种来访很稀少，因此称为"マレ（'稀少'之意）ビト"。他推定现在成为佛教节日的"盆"，原本也与来访者信仰有着紧密关联。进而，偶然来访的过路旅人、漂泊艺人等也被归入来访者之列。这一概念是理解折口信夫民俗学思想的关键概念，给后世的民俗表演艺术研究带来了很大影响，"依代"则成为所有日本民俗学研究者都非常熟悉的常用概念。——译者注

心的研究是基本状态，也有一些柳田国男系统之外，在大学执教的研究者也在做些零星的研究。但在柳田国男去世前后那段时间，能够做独立研究的非常少，基本上就是登到杂志上面，或者把做调查的资料送到柳田国男那里，柳田国男把这些资料进行总结和研究，或者把这些资料用到柳田自己的研究中去。柳田国男一去世，很多民俗学者都处于比较空虚的状态，做过的调查没有人来用，没有人评价，他们不知道该怎么办。

施爱东：日本满铁调查部在中国进行了持续的情报调查工作，日本民俗学开始兴起的时候，正是满铁的用人之际，柳田国男培养了这么多训练有素的学生，这些学生有没有到中国来做调查的？

福田：满铁的调查基本上是政治、经济、法律这些人来做，柳田国男周围的人基本没有做。也有一些民俗学者，比如大间知笃三去满洲建国大学教书，还有直江广治念完大学去北京教中学，念大学时跟柳田国男做调查，后来在辅仁大学开过课。有几个这样的人到过中国。还有一些不是本人的意愿，被征兵派到中国去，作为普通的军人或军官，就在行军的过程中，观察中国的农村和农民，可能受过柳田国男民俗训练的影响，他们做过一些记录，就是对中国的农村有兴趣，有这样一些。像满铁的调查，在中国和日本要评价都是很困难的。民俗学界在中国进行过满铁调查这样组织性系统性的调查是没有的，只有一些个人的，因为各种各样的机会和原因，到旧满洲或者到北京近郊，做一些调查或者行军之余的观察和记录。

施爱东：这些人在从中国回到日本之后，有没有对中国的民俗现象做过一些相关的研究？

福田：这些人，包括大间知笃三回来以后，有一些是民俗学的代表人物，但是没有进行中国民俗的研究，可能写过一些相关的东西，但是没有研究类的。唯一回来之后还进行与中国有关的研究的，是直江广治。

施爱东：日本的民俗学之所以能够进入大学体系，是因为这些民俗学者做了很大的努力还是遇到了什么机会？

福田：作为一个大的背景，二战结束以后，日本学术整个都有一个很大的变化，普通人的研究也变得非常重要。当然也还是因为民俗学界的努力。

二、中日两国民俗学交流的开始

施爱东：福田老师是第二届的民俗学学生，作为第二届的学生，你们受到了哪些民俗学的训练？

福田：我是 1959 年进大学。东京教育大学 1958 年就开始招收民俗学的学生，民俗学的老师们对于进入大学教育体系的民俗学学生也没有足够充分的经验。当时的民俗学教学是非常朴素的。当时人文科学的教学分成讲义和特殊讲义两种，简单地说就是基础理论的教学和特殊领域的具体问题的教学，还有一些地理学、社会学的教学，还有就是实习和实地调查。

施爱东：再问一个比较个人化的问题。听说福田老师在东京教育大学改为筑波大学之后，就再也没有回去过，这事跟民俗学有关吗？

福田：跟民俗学没有关系，是我个人的一些看法。

施爱东：菅丰能够去东京大学执教，是因为他的人类学做得好还是民俗学做得好？

福田：菅丰能够在东京大学东洋文化研究所，是因为他的中国民俗研究成果比较大，基本上还是以民俗学学者的身份，在日本认真做中国民俗学研究的人还是比较少的。

施爱东：钟敬文先生 20 世纪 30 年代在日本早稻田大学留学两年，柳田国男的一个学生跟钟敬文通过信，编乡土研究，钟敬文本来想通过他认识柳田国男的，就在他来日本时，那个学生就去世了。福田老师有没有问过钟先生，他为什么没有见到柳田国男？

福田：我没有问过钟先生。但当时的情况好像不大适合见柳田国男这样的大人物，钟先生自己的文章中好像有写到。

施爱东：日本第二代民俗学者与中国民俗学者的合作是从福田老师开始还是从宫田登先生开始？

福田：不是从我开始，最早应该是从伊藤清司开始的。伊藤是做中国研究的学者，他虽然是个民俗学者，但不是日本民俗的研究者。他从 20 世纪七八十年代开始到中国，中国民俗学界也希望从他那里了解日本民俗学的一些状况，他就介绍了日本民俗学的一些情况，比如柳田国男等等，他本人是做中国研究的。

施爱东：说到伊藤清司先生，随之想到另一个问题，在日本民俗学界，民间文学和民俗学是怎样一种关系？

福田：民间文学是民俗学的一个部分，可以这样讲。做民间文学研究的学者与做民俗学的学者，他们之间是这样的关系：做民间文学的学者也有做民俗学研究的，但在民俗学之外，他们有些人可能不认为自己在做民俗学，比如口承文艺。两者有重合的部分，也有各自属于自己的部分。

施爱东：那些做口承文艺研究、做歌谣研究和民间故事研究的学者，他们另外还有其他的学术组织吗？

福田：他们有自己的组织，人员构成上与日本民俗学界有不相重合的部分。比如这位叫作高桥的，他是做民间故事研究的，他不把自己当作民俗学者，他把自己放在文学领域。在日本做口承文艺研究是比较边缘的。

福田亚细男夫妇与钟敬文合影。福田回忆说："第一次见到钟敬文先生是在 1985 年 3 月。当时我是完全以个人身份，跟家人一起来到北京，那时在张紫晨先生的帮助下见到了钟敬文先生。当然，我不会中文，当时陪同钟先生的王汝澜先生作为翻译从中沟通。"

三、中日民俗学联合调查

施爱东：福田老师最初是因为什么样的机缘要跟中国民俗学者合作？到中国去做调查，为什么会选中浙江？

福田：最初我是去贵州，应该是 20 世纪 80 年代中期。当时去中国做汉族调查，由于政治上的原因，基本上得不到许可，但是少数民族地区的研究在那之前就有人类学、民俗学的人在做，可以到少数民族地区去做，所以最初选择了黔东南的凯里一带。我自己也想去看看中国的农村是什么样子。当时因为有别人也在这个地区做过，就跟人去，像搭便车一样，结果我们反倒成了调查的主力。当时调查过的苗族村落后来都成了观光地。刚好那个时候有一位中学的英语教师被选派担任外事工作，后来这个人就参与了观光开发，比如民俗村什么的。

施爱东：福田先生在浙江持续做了 20 年的田野调查，前前后后大约有六次，为什么每次都选取不同的地方？

福田：实际上是在上海做了一次调查，在浙江五个地方做了调查，总共六个。应该是 1990 年吧，刚开始在浙江和江苏两个地方做调查的时候，交通上不是太方便，后来江苏就不再做了。当时整个大背景是这样的：在贵州、云南、广西这些少数民族地区，这种边缘一点的地方日本民俗学者去做调查的很多，我们觉得挑汉族居住区做会更有学术意义。当然我也不是想做比较研究，但还是有意选择了一个稻作文化的地区，看看中国的稻作文化是什么样的、作业情况是什么样的，就选择了作为稻作文化中心的两个省，最后集中到浙江。之所以选了浙江，还有一个个人的原因就是，当时我想看中国的东西，但到了北方之后，很不适应，灰蒙蒙的，还是选择去水多的地方吧，北方农村跟日本农村差太远了。在浙江做的时间长了以后，认识的人也多了，慢慢有些亲近感，人际关系会比较好，所以一直在浙江做到现在。当时我在千叶县的国立历史民俗博物馆，那是当时日本最大的民俗学研究机构，全部都齐的话有 13 个民俗学研究者。作为日本民俗学代表性的研究机构，我们必须要成为海外交流的窗口，首先要跟中国有交流。后来我们去了北京，见到钟先生，也见到张紫晨先生，张紫晨当时负责民间文学研究室，大家就一起做了一个中国调查的计划，事情就是这样开始的。

施爱东：福田老师在中国的调查，现在已经出了五份报告，加上这次的田野报告，后面还有什么进一步计划没有？福田老师会不会像柳田国男先生那样，再把这些报告归纳、总结、分析，做一些整体性的分析研究？

福田：现在还没这个计划。这20年有很多人参加了中国浙江的调查，这些人也有自己的一些成果，以这个调查为出发点，进行真正的中国民俗调查研究的也不少，但我目前还没有进一步研究的计划。

施爱东：当年跟随福田先生一起做调查的中国民俗学者，很多成了现在民俗学界很有成就的学者，比如巴莫曲布嫫等一批中青年学者；而当初跟随福田先生一起做调查的日本学者在日本民俗学界似乎并不十分活跃，这些学者现在大都去了哪里？

福田：在这20年的调查里，成长最显著的应该是菅丰。参加调查之前，菅丰对中国的情况基本是一无所知，在调查之后，这个中国研究成为他个人学术研究很重要的组成部分。还有一个是渡边欣雄，他原来也是做中国研究，但他只是局限于在台湾调查，对大陆的东西很不了解，参加这次调查之后，对大陆的情况有了了解，因为这次调查，还得到机会去北师大待了一年，现在在日本算是比较权威的中国民俗研究者。

四、福田与菅丰对于民俗学的意见分歧

施爱东：站在福田老师这样的一个高度来看，日本民俗学界目前面临的主要问题是什么？

福田：问题很多很多，最大的问题就是民俗学作为一个学科，它的力量正在衰退。民俗学这个学科，它的研究有什么作用？通过研究能得到什么东西？从这个角度，我们已经看不到民俗学这个学科的前景。具体说来，民俗学没有新的方法产生，从柳田国男开始使用的方法一直沿用至今，没有新方法的情况下，很多民俗学者看不到民俗学的未来。

施爱东：我看了福田老师对柳田国男的反思。我在想，福田老师自己对于研

究的目的、对象和方法这三位一体的内在结构有非常严格的限定，会不会因为这个结构过于严密、过于封闭，反而限制了民俗学研究范畴的拓展？

福田：日本的民俗学是从在野的学问发展而来的，作为一个在野的学科，民俗学可以很大方，可以很朴素或者很暧昧，而一旦进入大学，进入学院派体系之后，你要成为一个可以与其他学科对话的学科、要跟其他学科进行对抗的话，你就必须有一个非常明确的系统和定义。所以，我认为从历史发展过程来说，一个严密的结构和系统是很有必要的，也是不得已而为之。但事实上，把学科进行一个限定之后，确实可能把原来很宽广的世界给压缩了。这个问题，一方面需要反思，一方面也是不得已的情况。

施爱东：我非常佩服福田老师对于民俗学对象的严格限定，逻辑很严密。我自己非常担心的是，按照福田老师的要求，绝大多数的民俗学者就没法工作了，他们达不到福田老师的这种要求。

福田：这不仅是民俗学的问题，历史学也存在这样的状况。除了大学的研究之外，还有在野业余的研究，考虑到这样的情况，给这种学问一个太过严格的限制也是不应该的。但是，如果为了照顾多数人而放掉一个学科的严密性，那也是不对的。这是一个比较困难的问题，对于大学的学科的研究，是需要一个严密的体系和结构的。历史学也有这样的问题，因为有在野的和学院派的两部分研究者，但是，像社会学这种纯学院派的学科就不会有这样的困惑。

施爱东：从理论上讲，我对福田老师的要求，你对理想的追求、你的逻辑思辨，我都没有意见。我现在担心的是现实状况，民俗学的研究人员本来就非常的少，民俗学在大学的地位也比较低，如果严格按照福田老师的要求来从事研究工作的话，可能会遇到很大的麻烦，菅丰说，能够进行民俗学研究的学者不会超过100人，我怀疑，可能不会超过30人。

福田：我觉得自己的理论对于民俗学的束缚没有那么大。

施爱东：可能你对于其他民俗学者的能力估计过高。

福田：民俗学的范围是非常广的，用不同的研究对象和研究方法来做，这都是可以的。但如果就因为这样，说这也是民俗，那也是民俗，这样很暧昧地去做的话是不好的，这样就没办法前进。

施爱东：还有一个问题，就是菅丰提出的"普通的学问"的问题。按照菅丰的说法，第二代民俗学者包括福田老师，都为民俗学的学科发展做了很多的努力，力图将民俗学这样一个"特殊的学问"变成一个"普通的学问"，变成一个能够和其他学院派的现代学术平等对话的学问，也即将民俗学作为一门正规的学科纳入一个正常的学科体系当中。到了今天，这个普通的学问出现了什么问题吗？

福田：首先关于第一代、第二代的问题，很复杂，把柳田国男及其周围的人当作第一代，像和歌森太郎这样在大学有职业的研究人员当作第二代的话，我可能算是第二代的结尾时代的代表。普通的学问的问题、普通的学问的标准是怎样的，从方法来看，还是从组织来看，不同的角度看有不同的问题。

施爱东：菅丰所说的普通的学问，是指用一般的，也即普通的学术标准来衡量，看你算不算是一种正规的学术研究。从这个角度来说，如果要将民俗学作为普通学问中的一门，你就不能总是强调你的特殊性，回避普通学术对你的要求，这种要求包括：逻辑是否严密、材料是否可靠、对话是否可行，等等。从这个角度来讲，福田老师对目的、对象、方法的限定，其实也是从普通学问的角度来对民俗学加以限定。为什么这样说呢？因为福田老师所做的工作，对于第一代民俗学的反思，其实就是站在科学哲学的角度对民俗学的可靠性所做出的反思，这种反思本身就是一种普通的学问。

福田：你刚才所说的严密的逻辑体系是其中一部分。另外，柳田国男和第二代学者在描述民俗学的时候，常常使用一些只有民俗学者自己才能明白、理解的词汇术语，以此强调民俗学的特殊性，像日本人的民族性、日本人的特色这样一些概念，要把民俗学变成一门普通的学问的过程，其实就是去掉这些所谓民俗学的特殊性的过程，去掉民俗学的自我定义的过程。

施爱东：我理解菅丰所说的意思是，由于民俗学本身的种种限定，和民俗学最近以来对自己特殊性的强调，会不会又让民俗学这门好不容易正在逐步成为普通的学问的学科，再次走回原型，变成一门"不普通的学问"，从而自外于现代

2010 年 7 月 27 日，左边的菅丰和中间的福田亚细男参加本书作者在神奈川大学的学术报告会

学术？

福田：现在确实有一种强调继承柳田国男和折口信夫的民俗学才是真正的民俗学这样一种声音，在民俗学的普通化、一般化的大背景下，反对的意见肯定会有。

施爱东：福田老师如何评价菅丰试图突破民俗学的既有框架、进行一些新尝试的努力？

福田：菅丰扩大民俗学研究对象和范围，将新的东西也拿进来，我是给予一定的肯定评价的。但是，现在暂时还看不到他的结果，看不到能产生什么新的东西，所以他进行了这样的尝试和努力我就举双手赞成，我目前暂时还是做不到的。

五、参与地方文化保护

施爱东：福田老师去过中国很多次，在中国和非物质文化遗产的专家学者打交道，对中国的非物质文化遗产的运动有什么看法？

福田：我的基本想法是，民俗不管在什么地方都是一直在变化的，我认为借助外力将民俗固定下来的做法是有问题的，所以我认为非物质文化遗产保护运动，实际上是一种把民俗固定下来的外力，这个是很大的问题。但是我一直以来所交流和认识的很有名的中国民俗学者，似乎都在做非物质文化遗产保护。

施爱东：这大概是中国的国情。政府投入了大量资金，动用了大量行政资源，民俗学者就会围绕着这个政府项目来转。这一点恐怕和日本不太一样，日本政府对于学术的控制力可能不会像中国政府这样具有时效性。

福田：日本也有对行政指引或者国家行为很敏感的学者，会参与无形文化财产、无形民俗文化财产的保护什么的。但日本民俗学界很大的一个问题，就是去参加的人是自己去参加，那是他们的个人行为、个人责任，整个学界对这种民俗和行政之间关系的问题不进行讨论，这是日本民俗学界的一个问题。

施爱东：福田老师有没有参与到日本的地方文化保护，诸如无形文化财产保护之类的工作当中，对地方的工作做些指导？福田老师也是做博物馆出身，在很多地方，在他们的文化保护工作中，也会请福田老师做一些指导性的工作吗？

福田：日本文化财产里面也有民俗文化财产这样一个部分，就是它的审议、指定什么的，有一个很复杂的程序，我也担任过评议保护委员会的委员，参加过东京都、山梨县、横滨市等地的民俗文化财产的评定。从这个角度来讲，我也算是参加了的。具体的保护工作，我就没有做，就是在做审议员的时候，有意识地把"变化"这一点放到里面。一般民俗指定以后就被固定了，认为只有这种形式才有价值，这样的倾向比较强烈。所以我会把容许变化的范围也放在审议意见里面。此外，在文化财产指定的时候，评委往往是对江户时代，那些以前的、比较古旧的东西认为有意义，这个倾向比较强烈。我就是在指定做评议的时候，将那些稍微新一点的、近代的民俗，也给它们的价值以一定的评价。我在做这些自己不太想做的工作时，也把自己的提案，自己的想法、思考放到里面去。

六、当代日本民俗学的人才结构

施爱东：再问一个中国学生可能比较关心的问题。我看到福田先生20世纪90年代在中国的一份讲义上说，当时日本有七八个大学开设民俗专业，到了现在，大约还有多少大学开设民俗学专业？

福田：在这十年里，好像没有什么增加的情况，勉强要说的话，在京都佛教大学历史学里面开设了民俗学专业，如果这个算的话那就算是有增加。

施爱东：现在招收博士生的大概是哪几所高校？

福田：国立大学的话，就是筑波大学有，原来大阪大学曾经有过，小松和彦教授离开以后就没有了。基本上就是这样的情况，在其他学科，比如历史学里有一两个做民俗学的人的话，那个地方就会有，那个人走了或者退休了那就没有了。真正收民俗学博士生的地方很少，国立大学只有筑波大学，私立大学就比如神奈川大学、成城大学等有。

施爱东：日本民俗学专业的博士生毕业后的去向主要是哪方面？

福田：拿到民俗学博士学位的学生非常希望在大学里面任职，但是毕业后马上进入大学教书的很少。经过一些年的锻炼，后来进入大学还是挺多的。在毕业之后到进入大学任职这段时间，一般会去做临时讲师，或者到博物馆做一些事情，这也是临时的比较多。80年代是博物馆发展比较迅速的时期，一般的人文类的博物馆都会有民俗展示的部分，很多民俗学专业的学生就会在这些地方做展览或研究。对学民俗学的学生来说既是一种就业的去向，也是民俗学继续研究的一种基础。五六十年代基本上没有在大学做研究的民俗学者，很多从事民俗学工作的都是各地的中小学教师；现在基本反过来，中小学教师基本上不参与民俗学研究，反过来这些在博物馆做学艺员①的就多起来了。他们的文章可以发表在民俗学会的机关刊物。日本民俗学会的一个特点是各地都有民俗学的研究团体，这些研究团体可以发行自己的学术杂志，可以投稿到那些杂志去。

---

① 日本的博物馆里根据法律规定，在本人所从事的专业受过专门训练，并获得国家颁发的资格证书的工作人员，工作内容包括研究、调查、收集、展览普及、保存、管理等。——译者注

施爱东：这些地方性的研究团体是不是一些民俗学爱好者的自娱自乐？他们是不是很难进入民俗学理论的建构层面？

福田：有很多的层次、很多不同的水平。有一些非常业余的同人杂志，但也有一些和日本民俗学会机关杂志一样，有很高理论水平的杂志。

施爱东：另外想问一下，日本民俗学会的会长遴选机制是怎样的？任期是多长？可以连任几届？

福田：今年可能会有些变化，原来是各个地方不同的选区选出评议委员，由评议委员选出理事，再由理事里面选出会长。任期是一届三年，会长最多可以连任一次，也就是两届，但是可以休息一届之后，再次担任。虽然惯例上可以连任，但基本上不连任，不过由于可以再次当选，所以还是会有一些多次担任会长的人。学界在努力压缩这些人当选的时间，尽量让更多的人来做这份工作。今年可能还会将规则制定得更加严格，任期的限定不单指在一个职位的任期。由于会长基本上也是评议委员中的一个，任期事实上从评议委员开始就计算时间了，如果你不是评议委员，就失去了当选会长的权利。那些做了很多年评议委员的老资格的人，以为凭资格就可以当上会长的人，以后可能就没有机会了，不是你论资排辈就可以当上会长的。

施爱东：就是说，你一旦当上理事，得快点走上领导岗位，如果没有突出贡献，想凭着资历慢慢上位，就变得没有可能了。

福田：2003年的时候还没有任期的规定，只是说不能连任三届，至多只能连任两届。今年开始可能会很严格。对于老资格的还没有当上会长的理事，就没有机会当会长了。①

施爱东：在上次东京大学菅丰主持的"超越福田亚细男：我们能够从'20世纪民俗学'实现飞跃吗？"会议上，我看到民俗学会的女性会员们都很崇拜福田老师。另外，我在翻阅柳田国男先生的生平画册时，也发现很多女性崇拜者围绕在柳田先生身边，我想，在日本是否有这样一种崇尚"男神"的传统？日本民

---

① 自2014年10月起，原本是自由组织社团的日本民俗学会获得法人资格，成为"一般社团法人日本民俗学会"。

福田亚细男重访中日联合民俗调查地浙江兰溪市姚村时留影

图／王京，2018 年 4 月初

俗学会女性会员在日本民俗学界起到了一种什么作用？

福田：柳田国男身边聚集的学生基本上以男性为主，他当时有一种想法：女性的问题由女性去研究有一定的有利条件，或者认为女性能发现一些女性独有的问题，然而女性研究者进行民俗研究的机会不是很多。当时他发起成立了一个女性学会，跟后来的女性民俗学会有点关系吧。大概是在战后，有一段时间认为女性研究，以及女性研究者都是非常重要的，但女性研究者在大学里很难得到研究职位，所以就成立女性民俗学会，一个女性民俗学者的组织，它对日本民俗学的发展作用还是挺大的。

施爱东：现在的女性民俗学会和女性民俗学者一般会做些什么样的工作和研究？

福田：很难说她们具体在做什么，她们编杂志、开研究会，她们的成员在大学进行学院派研究的几乎没有，有点业余研究者团体的性质。基本上她们做的也是正统派的、一直以来民俗学界所关心的问题，最近也开始有人关心民俗学里面的性别研究。

七、中日两国学术史研究的差别

施爱东：在中国，第一代民俗学者，像顾颉刚，他对民俗学的界定可能是最接近福田老师的，他将民俗学界定为关于"平民"的历史和生活的学问。到了1949年之后，民俗学被压缩成了民间文学，钟敬文先生为了适应当时的政治环境，将之界定为"劳动人们的口头创作和生活"。20世纪90年代之后，一些新生的民俗学者试图摆脱民俗学的政治化束缚，将"劳动人民"修改为"民"或"公民"。你可以说这是在去政治化，但也可以说是另一个侧面的新政治化，无论是"平民""劳动人民"还是"民""公民"，没有一个概念能够摆脱时政的束缚。还有一些学者更倾向于将民俗学修订为"人的生活文化"，随着这种变化，民俗学的研究范围和对象变得越来越大。

但是，我看福田老师所论，似乎正与此相反，经过福田老师的限定将民俗学进行了更严格的限定，而不是扩大。相比之下，由于中国人多，研究者也多，鱼龙混杂，谁也没有办法对别人的工作旨趣进行限定，似乎只能任其泛滥、扩张。

福田：在日本其实也是如此，就整个大环境来讲，"常民"这个词已经慢慢地没有人用了，已经变成一个过去的词，也有人还在限定性地用。没有"常民"这个词以后，慢慢就开始扩展到关于人的研究了。

施爱东：顾颉刚的书有翻译成日语吗？在中国，顾颉刚是新一代民俗学者最推崇的前辈学者，甚至被刘魁立先生认为是五百年一出的民俗学者。

福田：我对中国民俗学史的研究，不是很了解。就我看到的现状来说，像日本民俗学史的研究中，对柳田国男的研究，需要总结他对历史，对这个社会是怎么看的，他想了解这个社会的什么东西，他是通过什么方法去了解，诸如此类，民俗学者对这些问题的总结性研究有很多，但在中国基本上这样的研究相对就较少。

比如对钟先生的研究，就基本上没有说钟先生他想做什么，他是怎么做的，没有这种研究。我所看到的一般都只是说钟先生做过什么事情，评价他作为一个伟人的文章比较多，但是对他的研究方法的总结很少。尤其是研究方法的问题，民俗学的前辈是通过什么方法进行研究，对他们的方法进行总结应该比较重要。我看到周星做过这方面的工作。

施爱东：周星并没有系统地进行学术史的梳理和研究，他只是用相关的论文编了两本书，谈不上专著。真正就研究方法问题对前辈民俗学者的成果进行过认真梳理和评价的，主要是陈泳超，只不过日本的民俗学者可能看不到。陈泳超选取了顾颉刚、郑振铎、朱自清、周作人、江绍原，等等，详细地梳理过他们的成就、理论和方法，一个一个地梳理，做得很仔细。

福田：我认识的都是60多岁的，按理说是第二代的学者，年轻的都不是非常熟悉。

施爱东：但是按照福田老师的代际标准，中国似乎不存在第二代民俗学者。在我们所说第二代里面，刘魁立可能是极少见的跟钟先生研究范式不一样的学者，其他的学者大都是沿着钟先生的路子在走。

福田：在钟先生这个系统中，像乌丙安先生这样的，他们虽然受了钟先生的影响，但是各自都有自己的研究领域。像这些老师是用什么方法进行研究的，需要好好整理，这是有一定意义的。

施爱东：中国第二代民俗学者著述宏富，但是，在理论和方法上似乎没有什么突出的成就。因为钟先生的影响力直接延伸到了第三代，第二代学者在他们最富于创造力的时候，完全生活在钟先生的阴影中，他们不大可能提出自己的理论和方法，就算提出来了，也不可能得到响应，不会产生影响。他们做出了很多有价值的研究成绩，他们的研究成果可以给我们提供许多资料参考，但是他们没有发明和使用过属于他们这一代的独立的理论和方法，没有在这一方面做出特别的成绩，他们只是把钟先生的理论和方法运用到了自己的研究实践中。而钟先生的理论和方法又主要来自两个方面，一是来自顾颉刚的历史演进法，一是来自日本以及西方的文化人类学方法，其实钟先生也没有一个属于自己的独特的方法论体系，他是个方法论的集成者，综合了西方人类学和中国历史学传统的方法。

福田：中国的文化人类学者像费孝通，通过阅读他们的代表性著作，大概可以了解到他们研究的方法论。而中国的民俗学者，读了他们的著作，很难看出他们自己的理论和方法。

施爱东：在中国民俗学的早期历史中，顾颉刚、江绍原是有自己明确的理论和方法的。第二代民俗学者不大敢对前辈学者进行分析和批评，因为钟先生像一座大山一样摆在他们面前，他们的目光无法越过钟先生。但是现在的年轻一代的民俗学者，就更少有这一方面的顾忌，他们会像福田老师解剖柳田国男的成就一样，解剖和分析顾颉刚的著作。

福田：日本的民俗学有柳田国男那样伟大的学者在那里，说不出是幸运还是不幸，只要对柳田国男进行检讨，就可以产生新的东西，这也算日本民俗学的一个幸运。

施爱东：大约在 2002 年的时候，当时的一批年轻学者曾经在一家茶馆做过一次策划，准备像福田老师说的那样，对刘魁立、乌丙安、陶立璠、柯杨，包括张紫晨等前辈学者的学术著作进行系统的评价或者批评。但是到了后来，大学教师的工作任务和压力加重了，大家忙于完成自己的工作任务，都没有认真地落实这个计划。

福田：能不能继承是一回事，不继承、放弃，还是超越，都需要认真地整理。

施爱东：现在的学术史研究，只说前人做过什么研究，然后阐释这些研究的意义和影响，只说前人的各种好，很少有人会认真指出前辈学者的不足。中国缺少批评的学术史，因为这样做会得罪很多前辈学者，得罪他们的学生，会招来非议。如果你批评前辈学者，就会受到许多阻力，我本人在进行学术批评之后，就有一个学者找到我的上司吕微告状，说他并没有得罪我，不知道我为什么要批评他。我和陈泳超都曾因为学术批评得罪其他学者，后来我们都认为，我们不能把有限的精力用来研究别人的成果，我们需要做更重要的事情。这里面还有一个问题，你的研究对象的价值可能影响到你的研究工作的价值。如果你的对象很伟大，你的研究也许会很有意义；但是如果你的对象本来就不值得研究，你的批评就会显得意义不大。刘宗迪对我的学术史研究评价就很低，他曾经批评我"一流的聪明，三流的题材，充其量只能做二流的学问"。所谓"一流的聪明"当然是为了安慰我，是铺垫，不重要的，关键他认为我做的学问价值不高，这才是最终的结果。

福田：我对这个问题不是很明白。其实，再糟糕的研究也需要对它进行研究和总结，比如，是什么原因使他们的工作做得这么糟糕？关键可能还是在理论和方法上。

施爱东：我们在整理一些成果的时候，有时就像看小学生的作文，看到后来就会失去耐心，我们花了很多的时间和精力，收获甚少，我觉得现在已经到了需要我们下决心放弃许多东西的时候了。

福田：如果这样，只能从什么都没有的基础上，创造自己的理论和方法。

施爱东：当然也不是什么都没有。如果从量的角度来看，中国民俗学界的研究成果太多了，根本读不完。我们只是希望选择性地继承那些有价值的研究范式和研究成果，比如顾颉刚的历史演进法之类，至于第二代民俗学者所做的工作，理论和方法上可供我们借鉴的并不多，但他们对于具体问题的整理和阐释，对我们的具体研究还是很有意义的。但从方法论的角度来说，就算钟先生的研究，也是很简单的。钟先生那一辈的学者，很少有人受过严格的现代学术训练，第二代学者在这方面就更弱了。日本民俗学史的发展是连续的，中国民俗学史是间断的，受政治干扰太大，其间中断了好长时间。历史对第二代民俗学者是不公平的，但是没办法，学术批评只讲结局，不讲同情。

福田：钟先生没有进行自觉的民俗学的研究，他主要做了民俗学科的建构，但是他自己的代表性的研究成果还没有看到。

施爱东：钟先生的研究受到政治和时局的干扰太大，他无法一以贯之地沿着一条学术道路往下走。他不像柳田国男那样可以非常明确地执着于一个学术目标，坚守一套自己的研究方法，他既是中国现代史的既得利益者，也是中国现代史的牺牲品，他无法主宰自己的学术，甚至无法主宰自己的命运，他的学术思想一直在变，每一个时期都在变化，作为钟先生的研究者，我们无法把焦点集中在他的学术成果上，我们不得不去讨论他的学术思想的变化，而这种变化又与政治、文化、时局关系密切。对于我们这些学术史研究者来说，我们需要花很多时间来梳理各种历史细节，却未必能做出合乎福田先生要求的成绩。

福田：我有很多钟老的书，但许多的具体情况我也不是很清楚。

施爱东：钟先生给我们划定了一个巨大的民俗学对象空间，为我们确立了一个学术领域，培育了一个相对稳定的学术共同体。但是，在这个巨大的对象空间内，我们只能自己寻找兴趣点、立足点，甚至是随机地寻找所谓的田野基地，民俗学无法明确地告诉一个初入门的学生，他应该做些什么，以及具体如何做。前辈们只是说："你看，田野中到处都是宝藏，去捡吧。"我们的学术经典很少，大家只能拿钟先生的著作来当学术经典，比如在北师大，几乎每一本博士论文都得引用一些钟先生的话，有些是为了引用而引用，许多引用的话都没什么特别的价值，只是因为它是钟先生说的，所以要引用，他们以这种引用来表明自己民俗学论文的身份。当然，包括我自己在内，我们都愿意把钟先生当作我们的祖师，没有钟先生就没有中国现代民俗学。

钟先生在严肃的政治背景下，利用他的政治智慧和聪明才智保护和培育了这门学问。钟先生一辈子受过很多委屈，但他一直坚持呼吁，要求在高校和学术机构建立这样一门学科。我把钟先生比喻成这门学科的经营者，把他看作民俗学的"老板"。钟先生是一个好的"老板"，但他不是一个好的技师，他没有做出一件堪称范本的作品。第二代民俗学者虽然做了很多的工作，出了很多书，各地都出版了很多"民俗事典"一类的书，可是，我们这一代民俗学者不可能跟在屁股后面继续做民俗事典。那我们能做什么呢？在这方面，前辈学者并没有给出具有示范意义的学术成果。

福田：对你刚才说的话，我不是很接受。我了解王文宝出了四本书，资料很多，但里面没有对方法的总结。非常详尽，但没有对方法的总结。

施爱东：王文宝的书，与其说是论著，不如说是形式上看起来像论著的编年史。从他的书中根本看不出谁做得好谁做得不好，王文宝跟谁的关系密切一些，就在书中多写他一点，跟谁的关系疏远一些，就在书中少写他一点，甚至忽略不写。比如我注意到，他写的学术史中很少出现刘守华，事实上刘守华在中国当代民间文学史上是个非常重要的学者。如果让学生来看王文宝的书，最多就知道过去有的学者写过些什么东西，其他什么也得不到。王文宝的书，作为学术史资料索引倒是不错的，但是没有什么有价值的评论。还有段宝林老师，他连这一点都很难做到，他有一些学术史论，所依据的材料和本来的历史正好相反，他没有看到原始材料，很多评论是建立在想象的基础上。

中国学术界有很多怪现象，也许是福田老师无法想象的。刘魁立先生写过一篇关于"狗耕田"的论文，得了一等奖，有同辈学者告状说，另一位学者写龙，居然没有得到一等奖，为什么写狗可以得一等奖，写龙反而不行？

中国的第二代民俗学者里面，刘魁立先生是唯一偏离钟先生研究范式的一位，刘先生跟福田老师有很多相近的地方，逻辑严密，富于思辨，不是纯粹的学科本位。刚才我浏览福田老师的书架，我发现在福田老师的书架上，我认为的中国最好的民俗学著作大部分都看不到，除了顾颉刚先生这本书。当然，福田老师书架上的这些书，许多作者的地位是很高的，但是学术地位和学术水平并没有必然联系，真诚地希望福田老师能常来中国走走，能和第三代中国民俗学者多接触一些，也许能增进相互之间的了解。